한국어로 내려온
New Bible

새로운
성 경

제49권

4부 | 총10부

하얀마음

하나님 말씀 중에서

1. 사랑의 하나님

- 세상을 창조하신 하나님은 모두를 사랑하신다. 인간만 특별히 더 사랑하지 않고, 우주 만물을 다 똑같이 사랑하신다. 그러니 하나님이 창조하신 천지 만물과 화친하고, 미물까지도 소중히 대하라.

- 하나님은 특정 종파나 민족만을 더 사랑하지 않으신다. 자기 자신만 구원받겠다는 욕심을 버리고, 자기 종파만 구원받는다는 편협한 교리에서 벗어나야 한다. 종파를 초월해서, 모두를 사랑하라.

- 원수까지 사랑하라 했으니, 이 세상에 사랑하지 못할 자가 누가 있겠는가? 종파가 다르다고 해서 부모 형제와 원수처럼 지내는 자는 인간의 근본을 모르는 자다. 가장 가까운 가족부터 사랑할 때 남도 진심으로 사랑할 수 있다.

- 한 사람을 원수같이 생각하던 마음에서 사랑하는 마음으로 돌리면, 자기 자신의 마음이 가장 기쁘고 행복하다. 하나님께서는 인간의 마음속에 무거움이 없이 기쁘고 행복한 삶을 살기를 바라신다.

- 이웃을 "내 몸처럼" 사랑하라 했으니, 마지막 한 장 남은 천국의 티켓도 이웃에게 양보하라. 자기 중심적인 신앙에서 벗어나서 남을 위해 살아야 한다.

- 독초도, 약초도, 이단도 사탄도 천사도 다 필요하기에 존재한다. 독초일지라도 극소량을 사용해서 생명을 살릴 수 있고, 약초라 하더라도 남용하면 생명을 잃을 수 있다.

- 세상 모든 것을 명약으로 활용하는 것은 인간의 지혜에 달렸다. 어떤 것이든 어떤 사람이든 적재적소에 꼭 필요한 명약으로 승화시키라.

- 사탄도 이단도 천사도 모두 하나님의 주관하에 존재한다. 진정한 하나님의 백성은 사탄과 마귀까지도 감화시켜서 천사로 거듭나게 한다.

2. 기도

- 하나님은 인간의 생각까지 모두를 다 알고 계신다. 우리의 소원도 이미 알고 계시기에, 소원의 기도를 할 필요가 없다. 우리가 받을 자격이 되면 내려 주신다.

- 죄를 짓고 아무리 회개를 해도 용서받지 못한다. 도둑질한 자는 용서해 달라고 기도하고, 도둑맞은 자는 도둑을 잡게 해 달라고 기도하면, 공의의 하나님은 누구의 편에 서시겠는가?

- 자기가 잘못한 것은 그 사람에게 직접 갚고 용서를 구하라. 그가 용서하면 하나님도 용서하신다. 땅에서 매면 하늘에서도 매이고, 땅에서 풀리면 하늘에서도 풀리는 이치다.

- "회당에서 기도하지 말고 골방에서 기도하라" 했다. 눈에 보이는 골방이 아니라, 골방과 같이 고요한 마음이다. 잡념을 버리고 하나님을 향해 마음을 집중하며, 사랑하고 용서하는 아름다운 생각만 나오도록 하라.

- "두드리면 열릴 것이다." 하는 것은 육의 소원을 위해 두드리라는 것이 아니라, 진리의 깨달음을 얻기 위해 두드리라는 것이다.

- 기도하는 방법: 생활 속에서 수시로 기도하는 삶을 살아야 한다.

- "저의 죄를 용서하여 주옵소서." 하는 회개의 기도를 하라.
- 범사에 "하나님! 감사합니다." 하라. 현재 가진 것에 감사하며, 과욕하지 말라. 자기 노력 이상의 것을 더 갖고자 기도하는 것은 도둑놈심보다. 공의의 하나님은 각자 노력한 만큼 주신다.
- "하나님 뜻대로 살아가겠나이다." 하며 마음의 각오를 다지라.

- 기도는 하나님의 말씀을 받아서 "행하는 것"이다. 하나님이 계심을 굳건히 믿고, 하늘을 향하여 한 점 부끄럼 없이 사는 삶 자체가 가장 위대한 기도이며, 삶이 곧 예배다.

3. 지도자

- 똑같이 사랑한다는 말을 해도, 순수하게 하는 말은 천사의 말이지만, 사기 쳐서 재산을 가로채려고 하는 말은 사탄의 말이다.

- 종교 지도자가 아무리 훌륭한 설교를 해도, 신도의 재물을 거둬서 더 큰 교회를 짓고 자기의 부귀영화를 바라며 설교하면 사탄의 가르침이 된다.

- "저희 교회는 만원사례요, 믿음은 다 같으니 이웃의 개척 교회에 가서 예배를 드리시오." 하며, 이웃 교회의 부흥을 먼저 생각하여 제 신도를 보내는 종교 지도자가 있다면 그를 따르라. 그가 하나님의 사랑을 실천하는 자다.

- "부자가 천국에 들어가는 것은 낙타가 바늘구멍을 통과하는 것보다 더 힘들다" 하였거늘, 지금의 교회에서는 부자가 되기만을 기도하고 소원하니, 이는 곧 천국을 포기하고 지옥 행 열차의 티켓을 사는 것과 같다.

- 예수는 빈손이었다. 종교 지도자가 예수보다 더 호화롭고 편안하게 살아간다면 잘못된 것이다. 부귀영화와 명예를 바라는 자는 절대로 갈 수 없는 좁고 협착한 길이 종교 지도자의 길이다.

- 종교 지도자는 유리로 비춰 봐 한 점의 부끄러움이 없이 살아야 한다. 의식주도 직접 일해서 해결하고, 예수의 가르침과 행함을 그대로 따라야 한다.

- 종말은 없다. 지금의 잘못 가는 종교 집단에게만 종말이 있다. 보이지 않는 하나님은 보이는 육의 종말은 관여하지 않으신다. 환경 파괴로 인간이 스스로 멸망을 자초하는 것이다. 종파끼리 싸우기 전에, 무너진 인성을 바로잡고 지구의 몸살을 해결하는 데 뜻을 모으는 게 급선무다.

4. 성전이란

- 이 세상 자체가 하나님께서 만드신 성전이다. 자연보다 더 아름다운 성전이 있는가? 보이는 건물이 성전이 아니라, 성스러운 마음가짐이 성전이다.

- 반석 위에 교회를 지으라 했다. 지상의 단단한 돌은 인간이 쪼갤 수 있으나, 마음속의 굳은 결의는 세상 무엇으로도 쪼갤 수 없다. 바르고 굳건한 믿음으로 성경의 가르침을 실천하는 것이 마음의 반석 위에 교회를 짓는 것이다.

- 손으로 지은 건물의 교회에 모여서 복음을 전하는 것이 아니라, 교회를 개인과 가정에 심어 주어야 한다. 무너지고 부서지는 건물을 짓지 말고, 마음속에 영원히 불변하는 참진리의 교회를 지으라.

5. 십계명

- 십계명은 인간이 죽어서 반드시 통과해야만 하는 열 개의 관문이다.
  - 부모를 공경하지 아니한 자는 "네 부모를 공경하라." 하는 제5계명의 관문이 열리지 않으니 구원받을 수 없다.
  - 살인, 간음, 거짓, 우상 등의 나머지 계명도 마찬가지다.
- 십계명은 하나님의 친필이다. 모기소리만 한 하나님의 음성이라도 들어 보겠다고 여기저기 찾아 헤매지 말고, 십계명부터 암송하고 지키라.
- 십계명은 영혼을 구원하는 양식이며, 십계명을 지키는 것이 구원을 받는 길이다. 인간이기에 지키고자 노력하고 또 노력한다면 지킬 수 있다.
- 십계명을 지키고 천사처럼 아름답게 살아가는 그 마음 하나면 세상에 이루어지지 않는 것이 없다.

6. 보물

- 하나님은 재물이 아니라 우리의 마음을 받으신다. 사랑을 실천하며 천사처럼 변하는 마음이 하나님께 바치는 보물이다.
- 보이지 않는 하나님께 재물을 바치려 하지 말고, 너희를 길러 준 부모에게 용돈 드리고, 찾아뵙고, 효성을 다하라. 그것이 하나님께 효도하는 것이다.
- 하늘에는 선과 악의 창고가 있다. 자기 창고에 선이 많으면 천국으로 구원을 받고, 악이 많으면 심판받아 지옥으로 간다. 그것이 바로 "선한 일을 행한 자는 생명의 부활로, 악한 일을 행한 자는 심판의 부활로" 나오는 것이다.
- "선악과를 따먹지 말라"는 것은 양심을 지키라는 것이다. 선과 악을 구분할 수 있는 양심을 최초에 인간에게 주셨다. 선한 열매는 취하고, 악한 열매는 버리며, 양심에 비추어 부끄럼 없는 삶을 살아가라.
- 가장 작은 거짓말을 하지 않고, 가장 작은 죄를 짓지 않으며, 가장 작은 선행을 하고, 가장 작은 악행을 멀리하는 것이 율법의 일점 일획도 빠뜨리지 말고 다 지키는 삶을 사는 것이다.

7. 우상

- 박물관에 있는 불상은 하나의 예술품이다. 그 조각품에 대고 제 소원을 빌 때 우상숭배가 된다. 십자가라 하여도 그 앞에서 소원을 빈다면 우상숭배하는 것이며, 하나님께 소원을 빈다면 하나님을 우상으로 전락시키는 것이다.

- 지금 기복신앙에 젖어 있는 모든 사람이 우상 앞에 절을 하고 있다. 조각품을 우상이라며 파괴하지 말고, 네 마음속에 있는 욕심의 우상을 무너트리라.

- 생수를 약초가 먹으면 약을 만들고 독사가 먹으면 독을 만든다. 같은 성경을 봐도 선한 지도자는 신도를 천사로 만드는 데 활용한다. 그러나 욕심이 가득한 지도자는 재물을 거두어들여 제가 부귀영화를 누리는 데 악용한다. 그가 바로 성경을 우상숭배의 도구로 전락시키는 거짓 선지자다.

- 성경을 한 획도 빼거나 더하지 말라는 것은, 그 가르침을 빠트리지 말고 온전히 지키라는 것이다. 성경 속에서 자기에게 유리한 구절만 보는 것은, 자기에게 불리한 구절들을 빼 버리는 것이다. 믿음이 제일이요, 행함은 구원과는 관계없다는 것은 자신에게 유리한 쪽으로 성경을 악용하는 것이다.

- 진정한 종교 지도자는 종파에 관계없이 어떤 종파든 어떤 책이든 접하고 보고 깨우쳐 견문을 넓히도록 인도한다. 참진리를 모르고 자신이 없는 자가 남을 이단이라며 배척하고, 신도들의 눈과 귀를 가린다.

8. 예수

- 예수의 재림은 없다. 예수가 다시 온다 해도, 과연 누가 그를 예수라고 믿겠는가? 예수와 같은 삶의 행함이 곧 예수의 재림이다. 각자 모두가 "재림 예수"가 되는, 차원 높은 믿음으로 가야 한다.

- 예수는 "주여 주여 하지 말고, 아버지의 뜻대로 행하라"고 했다. 예수가 전한 하나님의 뜻이 곧 "길이요, 진리요, 생명"이며, 그 가르침이 예수의 보혈처럼 소중한 것이다. 예수를 믿는 것은, 예수의 가르침을 믿고 따르는 것이다.

- 예수는 낮은 자로서 만백성을 섬기고자 했다. 만나는 모든 사람을 다 하나님이라 생각하라. 돈을 벌수록 겸손하고, 높은 지위를 얻을수록 낮아지라.

- 예수는 종파를 만들지 않았다. 인간이 만든 종교와 인간의 교리를 따르지 말고, 예수를 통해 전한 하나님의 참진리를 연구하고 따르라.

- 예수가 2천 년 전에 만백성을 위해 죽었으니, 지금 이 땅에는 예수의 가르침대로 사는 천사만 존재해야 한다. 예수가 죽어 가면서 바란 것은 만백성이 천사가 되어 예수의 자리를 채워 주는 것이지, 지금과 같이 재물을 바치면서 중언부언 제 소원만을 비는 백성들을 바란 것이 아니다.

9. 구원

- 천사가 사는 천국에는 천사만 갈 수 있으니, 천사 같은 마음을 길러야 한다.

- "천국 열쇠를 네게 주리니 땅에서 무엇이든지 매면 하늘에서도 매일 것이라" 했다. 땅에서 천사같이 사는 자가 하늘에서도 천사가 되어 천국에 들어간다. 모든 사람에게 천사같다는 말을 듣는 삶을 살아야 한다.

- 천사의 곱고 아름다운 마음은 부모를 공경하고 어른을 어른으로 대접하는 데에서 출발한다. 효도하는 자는 형제와 화목하게 지내기에 가정이 화목해지고, 이웃과 화목해지고, 국가가 화목해지고, 온 인류가 화목해진다.

- 그러므로 지상의 아름다운 소왕국은 가정에서부터 이루어야 한다.

- 선택된 14만 명만 구원받는 것이 아니라, 천사처럼 변하고자 하는 14만 명을 기초로 온 인류가 천사처럼 거듭나는 영적인 개혁이 시작되는 것이다.

- 천 년에 걸쳐서 하늘에서 이루어진 것같이 이 세상을 낙원으로 만들어, 만백성이 지상의 천국에서 살다가 죽어서 그대로 하늘의 천국으로 들어가는, 영원한 지상 낙원을 건설하는 것이 하나님의 계획이다.

- **이것이 구약과 신약에 이어 "새로운 성경"으로 역사하시는 하나님의 창조의 완성이다.**

- 지금의 믿음으로 구원받을 수 있다면 그 길을 가라. 그러나 자신이 없다면 하나님께서 직접 내리신 160권의 "새로운 성경"을 읽고 구원의 길을 보라!

하나님 머리말씀

이 새로운 성경을 읽는 너희 모두는
이 율법에 따라 행하면 영원히 구원받을 것이니라.

너희 인간이 수년, 수십 년, 평생
성서를 공부하고 기도하는 것은
하늘나라 나의 곁으로 오고 싶은 소망일진대,

몇천 년 전의 너희 인성과 생각이
지금의 너희와는 판이하게 다르니,

꺾여 가고 병들어 가는 너희를 고칠 수 있는 길은,
오늘 내가 선지자에게 내리는 새로운 성경과 같이
너희가 변화되는 것뿐이니라.

나의 예수가 태어난 것처럼
내가 아들 선지자를 선택하여
나의 새로운 성경을 온 세계에 전하고자 하니,

묵은 것은 버리고 새로운 것은 취하여,
너희 모두는
'여호와 하나님! 저의 죄를 용서하여 주옵소서.'
하는 기도문으로 기도하고, 죄를 뉘우치라.

이 새로운 성경은
수천 년간 내려온 성서를 요약한 것이니,
너희는 이 책을 정독하여 쉽게 깨달음을 얻고,
이대로 실천하여 하늘에 오르라.

대역자 머리말

■ 하나님의 율법을 지키는 선지자로 선택을 받도다.

저는 남들처럼 그저 열심히 살아온 평범한 사람이었습니다. 그러나 50대 중반에 사업에 실패하여 많은 부채에 시달렸으며, 건강도 악화되어 눈이 잘 안 보이고, 걷기도 어렵고, 두통이 심해서 잠을 이룰 수 없는 고통의 나날을 보냈습니다. 그때 제가 선택할 수 있는 것은 육의 삶을 끝내는 길뿐이었습니다.

죽기 직전에 그동안에 죄를 지은 이들에게 용서를 빌고 인생을 끝내기로 작정하였습니다. 어려서부터 지은 죄를 빌고 빌다 보니 끝이 없었고, 죽음으로도 그 많은 죄를 용서받을 길이 없다는 생각에 하염없이 눈물이 흘렀습니다. 그 순간 '재래식 화장실의 구더기는 죄를 짓지 않는데, 나는 인간으로서 구더기만도 못한 삶을 살았구나.' 하는 생각이 들면서 괴로움에 몸부림칠 때, 갑자기 하나님의 음성이 들렸습니다.

"나는 여호와 하나님이니라. 너는 십계명을 암송하고 내가 내려 주는 메시지를 받아 책으로 만들어 만백성을 구하라." 하시며, 제 눈을 손으로 문지르게 하시고, 아픈 머리와 다리를 손으로 두드리게 하셨습니다. 그러고 나니 눈도 잘 보이고 걸을 수 있었으며 머리의 통증도 말끔히 낫게 되었습니다. 그때부터 십계명을 암송하고 나면 들려주시는 말씀을 기록하였고, 1999년 8월부터 2004년 7월까지 권당 288쪽, 총 160권을 받아서 "새로운 성경"이라는 책으로 펴내게 되었습니다.

그러한 저에게 죽기보다도 힘든 길이 시작되었습니다. 모든 교인들이 저에게 사탄이요, 이단이요, 악마요, 마지막 시대에 온 거짓 선지자라 하면서 공격하였고, 저를 짐승을 보듯이 대하는가 하면, 편협한 종교 지도자들의 선동으로 신도들이 이 책을 직접 읽어 보고 평가할 기회마저 막아 버렸습니다. 그래서 하나님의 말씀을 세상에 내는 데 많은 어려움을 겪으며, 피를 토하는 심정으로 책을 전하고 있습니다.

그러나 아무리 인간의 힘으로 막으려 해도, 하나님의 뜻이 세상에 전해지는 위대한 역사는 계속될 것입니다. 책으로 전해지는 "하나님의 말씀"은 세상 끝날까지 항상 우리와 함께하실 것입니다. 사람은 죽어도, 책에 기록된 말씀은 영원히 남으니까요.

■ 따뜻한 실천

하나님께서는 어려운 사람들에게 삶의 터전을 마련해 주고, 미래를 열어 주는 것을 기뻐하십니다. 어려운 이웃이 스스로 자립할 수 있도록 이끌어 주는 것이 진정으로 이웃을 돕는 것이라고 말씀하셨습니다. 그래서 일자리가 없는 제자들에게 작은 사업장을 만들어 주는 "달란트 사업"을 하고 있습니다. 식당, 반찬 가게 등을 차려 주고, 기존의 어려운 사업장이 자립할 수 있도록 돕고 있습니다(커피숍, 미용실, 의상실 등).

하나님께서는 교회에 나와서 모든 시간과 재물을 쏟기를 원하지 않으시고, 그 시간과 재물을 교육에 투자하여 스스로 미래를 열어 가기를 원하십니다. 그래서 제때 공부하지 못한 제자들에게 학업을 이어 가도록 하였습니다. 중화요리 주방장을 하며 초등학교 검정고시부터 공부하여 2012년에 방통대를 졸업한 36세 남성, 만학도들의 2년제 중학교에 입학해서 2007년에 명지대학을 졸업한 38세 여성, 중학교 검정고시를 시작으로 숭의여자대학을 졸업한 47세 여성 등이 있습니다. 그밖에도 많은 제자들에게 나이를 초월하여 배우고 깨우쳐서 사회 속의 당당한 일원이 되도록 인도하고 있습니다.

학자금 대출로 힘겨워하는 젊은이들을 위해 "따뜻한 바람 장학회"를 발족하여(2016년 12월) 대출받은 학자금 전액을 매월 갚아 주고 있습니다. 또한, 다문화 가정을 위해 "다문화 가족 랜드"를 조성하여, 각종 시설을 무료로 활용하도록 하고 있습니다.

이러한 따뜻한 실천이 아직은 미약합니다. 그러나 책의 수입이 늘고, 저와 뜻을 같이하는 분들이 늘어나면 계속 확대할 것입니다. 지도자로서 신도의 재물을 헌금으로 거둬들여 착복하는 것이 아니라, 하나님께서 기뻐하시는 일에 사용하도록 중매 역할만 하며 살아가고자 합니다. 이런 제가 과연 사탄이고 이단인가요? 하나님께서 기뻐하시는 일이라면, 저에게 사탄이라 하든 거짓 선지자라 하든 굽히지 않고 실천해 나갈 것입니다.

끝으로, 일상의 삶 속에서 "지금 내가 하는 행동이 과연 하나님께서 기뻐하실까, 슬퍼하실까?" 생각하고, 매사에 하나님께서 기뻐하시는 길을 택하기 바랍니다. 교회에 모여서 집단적으로 예배 드리는 것이 아니라, 개인이나 가정 단위로 새로운 성경을 읽어 스스로 깨우치고 그대로 행하면 충분합니다. 그것이 마음속에 성전을 짓고, 신령과 진정으로 예배 드리는 길입니다. 그러면 천국의 문에 들어서게 됩니다.

2017.2.1.

하나님 말씀 대역자 김용철

차 례

십계명

이 책은 십계명을 암송하고 나면 내려 주시는 "하나님의 음성"을 듣고 그대로 받아쓴 기록입니다. 하나님께서 십계명을 모세에게 내려 주셨지만, 그것은 만백성에게 내려 주신 것입니다. 마찬가지로 이 책의 모든 말씀도 저에게 내려 주셨지만, 만백성 각자에게 들려주시는 말씀입니다. 여러분도 이 책을 접할 때마다 십계명을 암송하고 나서 정독해 주시기 바랍니다.

제일은, 너는 나 외에는 다른 신들을 네게 있게 말지니라.
제이는, 너를 위하여 새긴 우상을 만들지 말고, 또 위로 하늘에 있는 것이나, 아래로 땅에 있는 것이나, 땅 아래 물 속에 있는 것의 아무 형상이든지 만들지 말며, 그것들에게 절하지 말며, 그것들을 섬기지 말라.
제삼은, 너는 너의 하나님 여호와의 이름을 망령되이 일컫지 말라.
제사는, 안식일을 기억하여 거룩히 지키라.
제오는, 네 부모를 공경하라.
제육은, 살인하지 말지니라.
제칠은, 간음하지 말지니라.
제팔은, 도적질하지 말지니라.
제구는, 네 이웃에 대하여 거짓 증거하지 말지니라.
제십은, 네 이웃의 집을 탐내지 말지니라.

나 여호와가 존재함을 믿는 그 자체가 구원의 길에 들어서는 기본이요, 근본이며, 나의 새로운 성경을 가슴에 안고 정독하는 자, 반석 위에 서서 하늘에 오르는 찬란한 빛을 보게 되는 영광을 얻게 됨이니라. 진정 나를 따르고 믿는 자는 감히 사탄이나 마귀도 근접하지 못하느니라.

〈하나님 말씀〉

2002년 9월

3,542 번째 하나님 말씀

2002년 9월 28일 09시 27분

1 사랑하는 나의 아들아!
2 "네, 아버님! 말씀하옵소서."
3 너희가 나의 명에 의하여 지금 이루어
가는, 5달란트의 뜻을 받아 하는 그
사업이 얼마나 너희에게 영광된 것이
며 축복된 것이며 귀중한 사업인가를
너희는 알아야 할 것이니라.
4 이제 그와 같은 사업장이 생김으로 인
하여 모든 종파가 저희 스스로 비상이
걸릴 것이며 저희 스스로 몸을 떨게
될 것이니라.
5 그들은 수십 년, 수천 년 동안 흘러왔
으나 그와 같이 저의 제자들이요, 신
도들에게 편안히 살아갈 수 있도록 자
금을 투자하여 사업의 역사를 이루어
준 것이 없느니라.
6 오늘날 너희들이 나의 성령에 의하여
160권의 법전을 세상에 내 지금 50여
권을 기록하였으며 계속 나의 음성을
받아써 가며,
7 이 동양의 작은 너희 나라의 언어가
세계 공통어가 된다는 그와 같은 부르
짖음에 그들이 처음에는 너희를 정신
이상자요, 바보라 말하나,
8 너희들이 달란트의 사업장을 하나하
나 만들어 너의 제자들이 살아갈 수
있도록 이루어 주는 그 역사 앞에 그
들은 두려워하게 되느니라.
9 너희들이 백 번 천 번 말하는 것보다,
나의 법전을 천 권 만 권 전하는 것보
다, 한 사람을 놓고 열 번 백 번 전하
는 것보다 달란트의 그 역사가 더 위
대하며, 그것은 눈으로 보고 피부로
느끼기 때문에 그 역사가 소중함을 알
아야 할 것이니라.
10 그리하여 달란트의 사업을 시작함이
얼마나 영광된 것이며 위대한 나의 사
업인가를 알아야 할 것이니, 이를 너
희는 명심해서 행해야 할 것이니라.
11 나의 달란트 사업이 이루어지는 그 주
변의 모든 기존의 종파요, 기존의 세
력들이 비상이 걸리며, 그와 같은 역
사 앞에 저희들이 감히 공포의 분위기
를 벗어나지 못할 것이니라.
12 더욱이 너희들이 '하얀 마음 쉼터'라
하여 많은 사람이 편안한 마음으로 그
곳에 와서 쉬어 가고, 너희들이 편히
살 수 있도록 사업을 하며 편의를 제
공하는 그와 같은 역사 또한 그들은
감히 행하지 못하니, 그들은 지금 불
안과 공포 속에 있을 것이니라.
13 그리하여 그들은 내가 이루는 달란트
의 사업에 고통을 가할 것이며, 그곳
에 저희 신도요, 저희들과 관계된 사
람들이 가지 못하도록 말할 것이며,
심지어는 편하게 쉬는 그 쉼터까지도
가지 못하게 할 것이니라.
14 그러나 너희들이 하는 달란트 사업이
진실하며, 너희들이 친절하며, 그리고
쉼터에 부담 없이 가서 대화하고 놀
수 있고 많은 사람이 거쳐 갈 수 있는

그와 같은 역사를 이루는 것을 세월이 지나면서 그들은 보게 될 것이며,

15 그 신도들 또한 거기를 이용하게 될 것이며, 저희들이 생각했던 것이 얼마나 어리석은 것인가를 스스로 알게 될 것이니,

16 오늘에 그곳에 가지 못하게 가르치는 종교 지도자가 세월이 지난 다음에 그 못지않은 충격을 받게 될 것이니라.

17 저희 신도들로부터 그가 위선자며 잘못된 자라는 것을, 남이 하는 것을 사랑하지 못하고 칭찬하지 못하고 격려하지 못하며,

18 누구도 감히 하지 못하는 그 역사를 이루는 자들을 사탄이요, 이단이요, 사악한 자라 비방하는 그 종교 지도자가 얼마나 잘못됐고 우매한 자인가를 너희들이 스스로 판단할 때가 있을 것이니,

19 그때 가서 그 종교 지도자들이 지금 그곳에서 거래하지 못하게 하며 그곳을 찾지 못하게 했던 것이 얼마나 저희에게 역으로 큰 충격으로 돌아갈지 그것은 아직 저희들이 모르고 있음이니라.

20 지금은 그들이 하늘을 손으로 가리듯이 내가 만든 그 달란트의 사업장에서 거래하지 못하게 하며, 심지어 너희들이 편하게 쉬고 서로 교류할 수 있도록 만든 쉼터까지도 사탄의 소굴이라며 가지 못하게 말하나,

21 그들은 세월이 지나면서 그곳에 들리게 되며 그곳을 사용하게 되며 거기를 찾아오게 되어 있음이니라.

22 그리하니 그들의 종교 지도자가 얼마나 잘못되었는가를 그들이 깨우칠 것이니, 거기에서 모든 역사의 바람이 부는 것이니,

23 너희들이 지금 행하고 있는 달란트의 사업이요, 그 역사가 얼마나 중요하고 위대한 것인가를 알아야 할 것이며, 그곳에서 이루어지는 그 모든 역사가 얼마나 축복된 것인가를 알아야 할 것이니라.

24 그곳에서 모든 바람이 일어남이니라.

25 그리하여 그곳에서 너희들이 처음에는 고통과 시련을 겪으나, 세월이 지나면서 너희들이 나로부터 달란트 사업의 그 역사를 이룬 영광과 축복의 은혜를 지상에서 받을 날이 머지않을 것이니,

26 오늘의 힘들고 어려움에 너희들이 변하지 말며 굳건히 지키고 끌어나가도록 그리하라.

3,543 번째 하나님 말씀

2002년 9월 28일 10시 59분

1 사랑하는 나의 아들아!

2 "네, 아버님! 말씀하옵소서."

3 귀가 있어도 듣지를 못하며 눈이 있어도 보지를 못하는, 잠자고 있는 나의 백성을 구원하는 것이 너희의 책무이며 너희가 해야 할 일이니라.

4 암흑의 세계에서 허덕이며 저희들이 구원의 길이라 그리 믿고 가는 자들이 정녕 나와는 관계도 없는 멀고도 먼 길로 달려가고 있음이니,

5 그들을 깨우쳐 구원하여 바로 나에게 오를 수 있는 그와 같은 역사를 이루

는 것이 너희들이니,
6 나에게 오르는 진정한 빛이요, 하늘에
오르는 길을 모르고 사는 백성, 그들
이 다 잠자는 자이니 깨어 있지 아니
한 자인 줄 알아야 할 것이니라.
7 이제 나의 피조물 만백성, 잠자는 나
의 백성을 깨우쳐 구원하는 것이 너희
들의 책무임을 알아야 할 것이니라.
8 정녕 그들을 잠에서 깨우지 못하며 지
금의 믿음이요, 지금의 형태요, 지금
의 형국으로 그대로 흘러간다면 그들
은 정녕 구원을 받지 못하며 구원의
길을 볼 수도 없음이니라.
9 그러니 그 버려지는 자들을, 암흑에서
방황하는 나의 피조물 만백성을 구원
할 자는 너희뿐이며, 구원할 수 있는
것은 나의 법전뿐이니라.
10 나의 법전으로써 그들을 깨우쳐 하늘
에 오르는 길을 바로 인도하지 아니한
다면, 그들은 정녕 깨우칠 수가 없으
며 구원받을 수 없음을 알아야 할 것
이니라.
11 여기서 나의 피조물 만백성이요, 너의
제자들에게 너는 깨우쳐 주어야 할
것이니라.
12 잠자는 자를 깨우쳐 하늘에 오르는 길
로 인도한다는 것은 진정 자신의 마음
을 비운 자, 그리고 비워진 상태에서
살아가는 그와 같은 자가 아니면 그들
을 깨울 수 없음을 알아야 할 것이니
라.
13 자신을 비워 놓지 아니하며, 자신을
채워 놓고 자신을 먼저 생각하는 그와
같은 형태에서는 잠자는 그들을 깨우
쳐 하늘에 오르는 길로 인도할 수 없
으며 안내할 수 없다는 것을 알아야
할 것이니라.
14 너희는 여기서 하나를 더 깨우치고 나
가야 할 것이니라.
15 너희들이 나의 피조물 만백성을 깨우
치기 위하여 나의 법전을 가지고 그들
에게 전하며 나의 아들에게 와 강론을
듣도록 그리 인도하나,
16 너희 자신이 깨우치고 너희 자신이 비
운 그와 같은 자세를 그들에게 보여
주지 아니한다면 그들은 너희를 보고
깨우치지 못할 것이니라.
17 너희 자신이 비워져 있는 모습을 보여
야 할 것이며, 너희 자신이 나에게 무
엇을 요구하고 원하는 것이 아니라,
너희들이 나에게 무엇을 바치며 어떠
한 형태로써 살아가야 하는가를 먼저
깨닫고 깨우쳐 행하는 모습을 그들에
게 보여 주어야 할 것이니라.
18 그와 같은 너희들의 변화된 모습으로
써, 너희들이 나에게 무엇을 달라고
요구하는 것이 아니요,
19 너희 스스로 나에게 오르고자 하는 그
길을 위하여 참진리를 찾아 나의 법전
을 보고 깨우치고 연구하고 공부하며
노력하고 변화되는 모습을 보여 주는
그와 같은 형태에서만 그들이 바로 설
수 있을 것이며 그들이 너희를 따를
것이니, 이를 명심하여 행하도록 하여
야 됨을 잊지 말라.

3,544 번째 하나님 말씀

2002년 9월 28일 11시 03분

1 사랑하는 나의 아들아!

2 너는 너의 제자들의 어렵고 힘든 그 생활을 풀어 주고 내가 명하여 달란트 사업을 하도록 주라 하는 자에게 주는 것, 그 모두가 네 생각과 네 뜻대로 이루어지지 아니한다 하여 그들을 보고 안타깝게 생각하며,

3 먼저 온 자에게 달란트 사업을 늦게 주며 나중에 온 자에게 먼저 주라 하는 나의 명령과 또한, 그들의 어렵고 힘든 고비를 풀어 주지 아니하고 그들이 편안한 생활을 할 수 있도록 나 여호와가 풀어 주지 아니함을 보고 안타까운 생각을 가지고 있음이니,

4 내가 일찍이 너에게 그러한 마음을 버리라 깨우쳤거늘, 어찌하여 너는 지금도 너의 제자들의 어렵고 힘든 것만을 보며, 먼저 온 자가 달란트 사업이요, 모든 은혜를 나로부터 먼저 받아야 한다는 그와 같은 생각을 버리지 못하고 있는가?

5 그것은 너희 인간 세계의 서열인 것이니라.

6 그러나 정녕 믿음의 세계요, 구원의 세계요, 하늘의 이치는 너희들이 먼저 오고 나중에 온 그 서열에 의하여 모두가 이루어지는 것이 아님을 알아야 할 것이니라.

7 먼저 온 서열에 있는 자가 잘못했을 때 나중에 온 자까지도 깨우치지 못하는 그와 같은 너희들의 행할 수 없는 역사가 역으로 이루어지는 것을 너희들은 많이 보고 깨우쳤을 것이니라.

8 내가 명하는 모든 것은 내가 그들을 알고 있으며 그들의 속마음을 알고 있기에 너에게 명하는 것이며,

9 내가 베풀어 주지 아니하고 이루어 주지 아니하는 자는 그만큼 받을 만한 자격과 준비가 아직 아니 되었기에 내가 베풀어 주지 아니하거늘,

10 어찌하여 너는 너의 제자들의 애달프고 고달픈 삶을 위하여 그들에게 무엇인가를 내려 주지 아니하는 나 여호와를 원망하는 그와 같은 마음 자세로 나에게 기도하는가?

11 그와 같은 마음 자세로써 네가 생각하는 것은 너의 권한이 아니요, 너의 책무가 아님을 알라 내가 하였음이니라.

12 너희는 정녕 구원이나 무엇인가를 얻고자 거두고자 하여 나 여호와가 존재함을 모르고 사는 자들이 있음이니라.

13 너희는 무엇을 얻고자 무엇을 이루고자 하는 그 소원하는 마음 때문에 나 여호와가 너희와 항상 같이 있으며 너희와 같이 행동하며 너희의 일거수일투족을 내가 다 같이하고 있다는 것을 생각하지 못하고 있음이니,

14 너희는 먼저 온 서열을 따지며 나로부터 은혜를 먼저 받고 구원받고자, 무엇을 얻고자, 무엇을 이루고자 하는 기도를 하기 전에,

15 나 여호와가 너희와 항시 같이하고 있다는 것을 먼저 깨닫고 너희들의 모든 행동함에 있어서 나를 대신하는, 나와 더불어 하는 행동이라 생각하는 그와 같은 깨달음을 얻지 아니하는 자는 정녕 얻을 수가 없음을 알라.

16 이제 너의 제자들에게 이르라.

17 먼저 온 그 서열에 연연해서는 아니 될 것이며, 너희들이 또 먼저 온 자에게 달란트의 역사를 이루어 주지 아니

한다 하여 거기에 대해서 나의 아들에
게 갑론을박해서는 아니 됨을 알라.
18 스스로 나 여호와가 존재함을 인정하
지 아니하며 내가 너희들과 같이하고
있다는 것을 인정하지 아니하는 자,
천날 만날 나에게 기도하고 경배해도
그 깨우침의 길이 없음이니, 우선 그
들에게 전하라.
19 먼저 나 여호와가 너희와 모두를 같이
하고 있음을, 내가 보고 있음을, 내가
보는 데에서 너희 행동이 행해짐을 그
것부터 먼저 깨달은 자, 나에게 선택
을 받을 것이며 구원과 영광의 축복이
있음을 잊지 말라.

3,545 번째 하나님 말씀

2002년 9월 28일 17시 50분

1 사랑하는 나의 아들아!
2 "네, 아버님! 말씀하옵소서."
3 네가 나의 아들이라 하여 나의 성령이
요, 나의 뜻을 160권으로써 세상에 내
보내며 지금 열여섯 권이라는 법전이
세상에 나갔으나 지금 그 숫자를 가지
고도 모든 종교 집단이요, 너와 관계
된 자들, 그리고 네 주변의 모든 종교
집단에서 그를 보고 분석하고 연구하
고 그들이 대책을 세워 가고 있음을
알아야 할 것이니라.
4 하물며 나의 법전이 여기서 3부요, 48
권이라는 책이 세상에 나와 전해질
때, 너에 대한 그 모두를 내가 무어라
말했더냐?
5 요리사가 요리하기 위해 생선을 도마
위에 올려놓고 갈기갈기 작은 뼈까지
바르듯이 그들은 너의 모두를 다 들추
어 낼 것이며 그 모두를 가지고 너희
를 공격할 것이니라.
6 그리하여 작은 흠집이라 하여도 그로
하여금 나의 법전이 잘못된 것이며 사
탄의 짓이라 말할 것이니라.
7 내가 오늘 이와 같은 것을 여기에 기
록함은 나의 아들 네가 나로부터 선택
되어 나의 법전이요, 나의 성령을 받
아쓰기 시작한 그 후부터 네가 잘못
가며 잘못된 역사에 대해서는 그 누구
에게도 변명할 여지가 없으며, 그들이
질책할 때 네가 항변할 것이 없음이니,
8 네가 나의 법전을 받아 기록한 그 이
후로 네가 바르고 곧게 서야 함이 여
기에 있음이니라.
9 지금 모든 종파에 속해 있는 자들이
너에 대하여 하나하나를 다 감시·감
독하며 네가 살아온 과거부터 그들이
지금 벌써 모두를 뒤지고 알고자 하고
있음이니라.
10 그러나 그들이 얼마나 어리석고 우매
한 자들이던가?
11 그들은 성서에서 읽고 깨우친 것을 어
찌하여 저희들의 생활 속에 대입하여
생각하지 아니하는지 그것이 알 수 없
음이니라.
12 네가 살아온 그 과거를 가지고 그들이
오늘의 너의 옳고 그름을 따진다는 것
은, 나의 아들 예수를 죽이고자, 그 믿
음으로 가는 백성을 핍박하고 죽였던
그들도 회개하고 반성하여 복음이요,
역사를 이룬 자들이 있듯이,
13 그와 같이 저희들의 성서에서 그를 가
지고 공부하고 깨우치며 예수를 핍박

했고 그 신도들을 핍박했던 자에 대한
과거의 행적은 저희들이 말하지 아니
하고 오로지 그가 변화된 역사만을 가
지고 가르치고 깨우치면서,
14 나의 아들이 나의 법전을 받아 세상에
전하고 내가 마지막에 옳고 그름을 구
별하며 구할 자 버릴 자를 심판하는
책이 세상에 나왔거늘,
15 그를 받아서 기록한 나의 아들에 대해
서는 그가 과거에 어려서부터 살아온
그 모두를 들추어내어 공격하고자 함
이니,
16 그와 같이 어리석은 생각과 행동을 하
는 것이 지금의 믿음의 관계자들이니
라.
17 그리하여 그들은 저희들이 하는 것은
진정 옳은 것이며 남들이 가지고 있는
것, 남들이 깨우치는 것, 남들이 가르
치는 것, 남들이 인도하는 것은 다 이
단이요, 사탄이라 그리 몰아붙임이니,
그들이 바로 그와 같은 형국이니라.
18 지금 나의 법전을 가지고 읽어 보지도
않은 종교 지도자가 이와 같은 책은
잘못된 것이며 이는 이단이요, 사탄이
니 보지도 말며 듣지도 말라 함이니라.
19 그리하여 그들이 지금 그 신도들을 가
르치고 그들에게 그리 세뇌 교육을 시
키니,
20 또한 그것을 듣는 자, 저희 종교 지도
자가 보지 말라 하였으면 스스로 그것
이 무엇인가 두려워서라도 한 번 봐야
할 것이거늘,
21 그들은 그저 보지 말라 하는 것만이
구원을 받으며 하늘에 오르는 길에 도
움이 된다 하여 그를 들여다보지도 아
니하고 보지 않으려 하며 벌레 보듯이
하고 있음이니, 그들이 과연 어찌 구
원을 받겠는가?
22 그러나 지금의 종교 지도자가 단상에
서서 이는 이단이요, 사탄이라 하나
나의 법전은 세상을 덮어 나갈 것이니,
23 과연 그때 가서도 그들이 할 말이 있
겠는가?
24 그들이 무너짐이 머지않았음을 알라.
25 네가 나의 아들로서 그를 감내하지 못
하며 인내하지 못할 그와 같은 자라
하면 내가 너를 선택하지도 아니하였
을 것이거늘,
26 그를 가지고 그들이 공격하고자 지금
너에 대한 모두를 다 파악하며 조사하
며 연구하고 있음이니,
27 그리하여 그 후에 3부라 하여 48권이
나왔을 때 그게 도화선이 되어 너희를
공격할 것이니라.
28 그리하여 160권이 나오지 못하도록
그들은 방해할 것이며 그 역사를 반대
할 것이니라.
29 그러나 그를 읽고 깨우치는 백성들이
또한 너를 따를 것이며 너를 보호할
것이니,
30 네가 그리 알고 기도와 경배로써 나의
법전을 받아 160권을 세상에 내는 데
모두를 다하고 최선의 노력을 다하라.
31 지금 너의 모든 일거수일투족을 그들
이 다 관찰하고 바라보고 있음이니,
32 그를 항상 의식하며 네가 살아가야 함
을 잊지 말라.

3,546 번째 하나님 말씀

2002년 9월 28일 17시 54분

1 사랑하는 나의 아들아!
2 "네, 아버님! 말씀하옵소서."
3 너희가 나로부터 하나의 생명이요, 너
희가 살아가는 존재의 근본인 너희 영
혼을 받아 나가 하나의 육신으로 세상
에 태어남이니,
4 너희는 날 때부터 나의 은혜와 은총
속에서 태어난 자들이니, 나 여호와에
게 소중한 아들과 딸임을 알아야 할
것이니라.
5 그리하여 너희가 소중함이라 하였으
니, 믿음의 길을 가며 나로부터 구원
을 받고자 하는 자들은 너희 자신이
소중한 자라는 것을 먼저 깨우쳐, 자
신을 소중한 자라 인식하며 그리 자신
을 평가하는 삶 속에서 너희가 믿음의
길을 볼 수 있다 내가 말하였음이니라.
6 내가 너희의 한 생명을 은혜와 은총
속에서 세상에 내보내며, 내가 너희에
게 나의 뜻에 의하여 살다가 나에게
와 나의 품에 안길 수 있는 그와 같은
삶을 살도록 그리 명하였음이니라.
7 그러나 너희는 세상에 나와 나의 명대
로 살지 아니하며 나의 뜻대로 살지
아니하며,
8 또한 너희가 성장하여 살아가면서 내
가 내린 계명대로 살다가 나로부터 구
원을 받는 그 길을 따라 나 여호와 창
조주의 나라에 와서 너희가 다시 나와
더불어 아름다운 삶을 살도록 그리하
라 하였거늘,
9 너희는 계명대로 살지 아니하며, 내가
너희에게 처음에 내려 주었던 그 아름
답고 고운 심성은 다 버리고 팽개친
채,
10 너희의 육신의 세계에서 육신의 욕심
이요, 육신의 생각이요, 육신의 부귀
영화를 위하여 살아,
11 너희에게 최초에 내가 내려 준 그 곱
고 아름다운 심성은 찾아볼 수가 없으
며 너희가 그리 살지 아니함이니라.
12 여기서 너희는 하나 깨우치고 가야 할
것이 있음이니라.
13 내가 너희에게 생명을 내려 주는 그
은혜와 은총이요, 영광을 주었으며,
14 너희를 세상에 살아갈 수 있도록 만들
어 내가 너희 한 생명 한 생명을 세상
에 내려보낼 때, 너희에게 지키고 행
하여 나에게 오라 명한 것을 너희는
지키고 행하지 아니함이니,
15 너희가 그에 대한 대가를 받는 것은
당연한 것이 아니던가?
16 이 이치를 너희가 하나 깨우쳐야 할
것이니라.
17 내가 최초에 내렸던 그 아름답고 고운
심성대로 살아온 자는 나에게 구원을
받을 것이며 그와 같이 살지 못한 자
는 그 대가를 반드시 치르게 되어 있
음이니, 그 대가가 무엇이던가?
18 너희가 지옥 불에 가 영원히 사는 동
안 너희가 지은 죄에 대한 대가를 받
는 것은 당연한 것이 아니던가?
19 너희에게 생명을 내보내 준 창조주인
내가 너희들이 지키고 살 계명과 너희
에게 내가 처음에 영혼을 심어 같이
내려 줬던 그 곱고 아름다운 심성대로
살라 하였거늘, 너희는 그 모두를 다

거역하였으며 나의 뜻을 듣지 아니하
였음이니,
20 그리하여 너희가 그 대가를 치르는 것
은 당연한 것임을 알아야 할 것이니라.
21 이제라도 너희가 깨우쳐 나 여호와가
너희에게 생명을 불어넣어 세상에 내
보낸 그 은혜를 감사하며, 세상에 너
희가 육의 삶을 사는 그 자체가 감사
하며, 구원을 받을 수 있는 나의 가르
침을 듣고 보는 것이 감사하다 생각하
면,
22 너희는 지금 바로 깨우쳐 마음을 비우
며 오로지 나의 법전에 따라 살아가는
그와 같은 귀하고 소중한 삶을 살아가
도록 그리하여야 할 것이니, 이를 잊
지 말라.

3,547 번째 하나님 말씀

2002년 9월 28일 18시 03분

1 사랑하는 나의 아들아!
2 "네, 아버님! 말씀하옵소서."
3 너의 제자들이나 만백성 그 모두가 생
각하기를, 지금의 믿음은 많은 종파
속에서 기적의 역사를 이루는 자만이
정녕 진실한 믿음이요,
4 그가 나 여호와로부터 선택된 자라 생
각하여 그와 같은 역사를 보며 그 기
적을 보는 속에서 너희들의 마음이 굳
어지며 믿음이 굳어진다 그리 말하느
니라.
5 그리하여 너희는 나로부터 선택된 나
의 아들이요, 나의 목자요, 나의 선지
자가 너희에게 무서우리만큼 예수의
시대에 신약에 기록되었던 그와 같은
역사의 기적을 이루어 주기를 바라고
기대하는 자 있을 것이니, 그와 같은
생각을 해서는 아니 됨을 알아야 할
것이니라.
6 너희는 앉은뱅이를 일어서게 하며 병
든 자를 고치는 그와 같은 기적의 역
사를 어찌 그리 바라고 생각하는가?
7 그것보다도 나의 법전이 세상에 내려
가는 것이 더 위대한 역사며 기적이라
함을 먼저 알아야 한다 내가 그리하였
음이니라.
8 너희는 여기서 하나 깨우칠 것이 있느
니라.
9 내가 너희에게 전하기를 무어라 말했
는가?
10 너희가 지금까지 살아오면서 역사한
모든 것으로 아무도 구원받은 자 없으
며 구원받을 자 없다 내가 너희에게
말하였음이니, 이는 바로 무엇이던가?
11 나의 뜻이요, 나의 성령대로 살아오고
바르게 산 자가 없다 함이니,
12 그와 같은 속에서, 너희들이 바르게
살지 못하는 그 생활 속에서 어찌하여
너희는 나로부터 기적과 축복의 은혜
를 받을 수 있다 생각하며 받을 자격
이 있다 생각하는가?
13 그리하여 너희들이 기적의 역사를 생
각하면서 지금 나의 아들을 따라가며
믿음을 갖고자 한다면 너희는 그 헛된
꿈을 거두어야 할 것이니라.
14 너희들이 그 기적을 이루는 것은 너희
들이 받을 만한 자격이 있을 때, 자격
이 갖추어졌을 때 내가 나의 아들을
통하여 기적의 역사를 이루는 것이며,
15 꼭 필요한 자, 꼭 거두어들일 자에 한

하여 내가 역사를 이룸이니라.
16 지금 나의 아들이 기적의 역사를 이루
며 앉은뱅이를 일으켜 세우며 눈먼 자
눈뜨게 하며 죽어 가는 자 살리는 그
와 같은 역사를 이루었을 때, 수없이
많은 인구가 나의 아들의 성전에 모여
들 것이니라.
17 예수의 시대에 어떤 기적을 이루었던
가?
18 나의 아들 예수의 시대에 그와 같은
역사의 기적으로 이루었음이니, 그리
하여 모였던 그 백성들의 결과는 무엇
이었더냐?
19 나의 아들 예수가 기적을 이루고 역사
를 이루었던 그 백성들이 나의 아들을
그리 죽게 하지 아니하였으며,
20 나의 성령이 지금의 지상에 계속 내려
와 너희가 최소한 십계명을 지키고 사
는 것만이 나로부터 구원받는 백성이
라는 그와 같은 하나의 깨달음과 가르
침만 있다 하여도
21 지금과 같은 말세의 험악한 세상은 오
지 아니하였을 것이니라.
22 부모와 자식이 거래하는 심성이며, 형
제간에 우애가 없으며, 너희가 화기애
애한 하나의 가정을 이루는 것도 거래
에서 이루어짐이니,
23 너희가 말하지 아니하는가, 얼마를 갖
다 바치고 결혼을 하였으며 얼마를 갖
다 주고 결혼을 하였다고.
24 남녀가 동등히 만나 이루는 신성하고
아름다운 결혼에 여자는 여자대로 그
집안에 소중한 딸이요, 남자는 남자대
로 그 집안에 소중한 아들이거늘,
25 너희 자식이 소중하면 남의 자식도 소
중함을 안다 하면 어찌 너희가 재물로
써 그 모두를 맞추려 하는가?
26 그와 같이 재물로써 모든 것을 계산하
고자 함이니, 이것이 너희들의 지금
잘못된 형태의 가는 길이니라.
27 너희는 서로 맞지 않는 수준에 있을
때 부족한 자가 재물로써 채움이니,
28 어찌하여 거기에 사랑이 있고 아름다
움이 있으며 영원히 사는 삶이 있을까?
29 생각하는 격의 차이가 있는 자가 재물
로써 임시로 그 자리를 메울 수는 있
으나, 한평생을 살아가는 동반자로서
는 파탄 지경에 이르는 것이 너희의
삶이니,
30 신성시되어야 할 결혼도, 서로의 만남
도 그와 같이 거래하는 형국으로 지금
전락하는 시대가 되었음이니, 과연 너
희는 어찌 말하는가?
31 부모와 자식 간에도 거래하며 너희가
말하는 도둑이 세상을 지배하며 사악
한 자들이 세상을 덮은 이와 같은 시
대가 오지 아니하였다면,
32 나의 아들 예수가 이루었던 기적과 같
은 그 역사를 지금 내가 나의 아들을
통하여 또 이루고 거둬들이는 그와 같
은 역사를 보일 수 있으나,
33 나의 예수에게서 그와 같은 역사를 보
았던 그 백성이 그를 팔았고 지금 너
희들의 믿음의 형태가 이와 같이 사악
한 쪽으로 흘러가,
34 나를 위하여 경배한다 하나 진정한 하
늘에 오르는 길을 모르고 구약과 신약
이라는 그 성서를 가지고 재탕, 삼탕
하면서 나의 피조물 만백성을 가르치
는 이와 같은 형국이니,

35 나의 아들이 지금 너희에게 기적을 이
룬다면 온 백성들이 이 성전에 와서
모일 것이나, 그들 중에 정녕 진실한
자가 있으며 거기에 믿음이 있겠는가?
36 너희들 백 명 중에 한 명을 고치는 역
사를 했을 때, 나머지 그들은 나의 아
들을 따르는 것이 아니요, 그 기적을
보고 따름이니,
37 그들이 어렵고 힘든 그 믿음의 길을
과연 갈 수 있다 생각하며, 내가 이루
는 천 년의 새로운 역사를 이 지상에
이루고자 하는 그 어렵고 힘든 길에
과연 그들이 동참할 수 있다 생각하는
가?
38 너희 눈에 보이는 기적을 이루었을 때
그들은 그 기적으로써 끝나는 것이며,
또한 그들이 나의 아들 예수를 살해했
듯이 그보다 더 포악하고 더 험난한
형태로 변화될 것이니,
39 내가 나의 법전으로써 만백성을 구하
는 새로운 시대를 여는 그 역사가 이
루어질 수 없을 것이며,
40 또한 2천 년이 흐른 지금 너희가 그
예수의 시대를 선호하듯이, 몇천 년의
역사가 흐른 다음에 그들은 지금 나의
아들이 이루는 기적을 선호하면서 사
악한 지도자들에 의해 그리 갈 것이니
라.
41 그러나 내가 천 년에 걸쳐 새로운 역
사를 이루는 나의 법전이요, 나의 성
령이 책으로 나가 가르침이니,
42 이것으로써 바로잡고 선한 자를 구원
하며 악한 자를 버림이니, 이것으로써
모두를 다 통제할 수 있고 다스릴 수
있음이니,
43 그리하여 내가 법전이 기적이라 말하
느니라.
44 그리하여 내가 육의 나의 아들에게 명
을 내려 믿음이 곧고 바른 자, 구원하
고 살릴 자, 그들을 돕고 살리도록 함
이니,
45 너희는 나의 아들이 이루는 그 기적을
보지 못하며 듣지 못함이니,
46 지금 육의 기적과 말씀의 기적이 같이
나의 아들을 통해 이루어지는 그 역사
를 알지 못할 것이니라.
47 기적 속에서 깨닫는 그 역사의 흐름은
너희들의 깨달음을 막고 나의 진실을
막는 그와 같은 형국이 될 것이기에
내가 나의 아들을 통하여 너희에게 기
적을 이루지 못하게 함이요,
48 오로지 성령을 받아 기록하여 세상에
법전을 내어 만백성을 구하는 책을 만
드는 데에만 모두를 전념하게 하니,
49 이것이 곧 대역사의 기적이요, 앉은뱅
이를 일어서게 하며 눈먼 자 눈을 뜨
게 하며 죽어 가는 자를 살리는 그와
같은 단순한 기적보다도 더 위대함을
알아야 할 것이니라.
50 그 외에 무엇을 바라는 마음이 있다
하면 너희는 진정한 믿음의 길을 가지
아니하며, 나의 성령을 진정한 나의
뜻이라 믿지 아니하며, 나의 법전이
나의 것이라 믿지 아니함이니,
51 그와 같이 믿지 못하는 마음을 가진
자, 너희가 어찌 나의 법전을 가지고
세상에 나가 만백성 속에 뛰어들어 그
들을 구원할 수 있다 하는가?
52 너희는 정녕 구원할 수 없음이니라.
53 그리하여 여기에 나의 뜻이 있음이니,

너의 제자들이요, 나의 법전을 읽은 백성, 너희는 나의 아들이 160권의 법전을 세상에 내게 하는 그것이 첫 번째요, 그것이 더 큰 기적이라는 것을 깨닫고,
54 그것 외에 나의 아들에게 무엇을 얻고자 하는 그와 같은 생각을 가지고 믿음의 길을 가고 나의 성전을 찾는다면, 오늘부터 그 마음을 완전히 지워야 할 것이니 그리 알라.

3,548 번째 하나님 말씀

2002년 9월 28일 18시 09분

1 사랑하는 나의 아들아!
2 "네, 아버님! 말씀하옵소서."
3 너희가 나로부터 삶을 명받은 만큼 살아가기 위하여 세상에 태어남이니,
4 태어나는 그 순간에 너희 마음이 얼마나 곱고 아름다운가?
5 그 마음이 천사와 같은 마음이니라.
6 그러나 너희가 세상에 살아가면서 육의 삶에 의한 그 생활 속에서 악한 마음이 너희 가슴속에 서서히 스며들기 시작함이니,
7 그리하여 너희 마음속에는 악한 마음과 선한 마음이 더불어 존재하게 됨이니라.
8 그러나 너희는 여기서 깨우칠 것이 있느니라.
9 악한 마음이 후자에 의해 서서히 너희 마음에 침투하였다 하여도 너희의 그 사악한 마음이 가슴속에 남아 있는 그와 같은 형태에서는 어떠한 선한 생각이요, 선한 마음을 너희 가슴속에 심으며 머릿속에 심어 아름답고 선하게 살아가고자 하며 그 아름답고 선한 것을 외부로부터 배우고 내부에서 깨달으며 그리하여 너희 가슴속에 곱고 아름다운 생각을 저장하려 아무리 노력하여도 사악한 마음이 자리 잡고 있으면 그와 같은 것이 뿌리내리지 못함이니,
10 너희 마음이 사악해지고 추해지며 더러워지는 것이니라.
11 그리하여 너희 마음속에 악함의 뿌리가 조금이라도 남아 있다 하면 선한 마음이 너희 가슴에 충만할 수 없음이니,
12 그리하여 내가 너희에게 마음을 비우라 함이며, 천사 같은 마음으로 너희가 돌아서야 된다 하며,
13 너희가 악한 씨의 한 톨도 남아 있지 아니하도록 그를 다 뽑아냈을 때만이 너희 가슴속에 선함을 저장할 수 있으며 나의 성령으로써 충만해질 수 있다 내가 너희에게 말하였음이니라.
14 너희가 이와 같은 사악한 마음이요, 악한 마음을 가슴속에서 지우지 못한다면, 그로 하여금 너희는 선한 마음이 충만되지 못함이니,
15 항상 무너지고 쓰러질 수 있는 그와 같은 형국에 처해 있는 것이 내 사랑하는 피조물 만백성, 너희들의 형태이며 너희들이 존재하는 그 삶이니라.
16 그러하니 너희가 힘들고 어려운 그 악의 뿌리를 뽑는 그곳에 모두를 다 바치며, 피나는 노력보다 더 진한 노력으로써 악을 뿌리 뽑고자 노력하여 그를 제거했을 때,

17 너희 가슴속에 아름답고 선한 마음이
자리를 잡아 너희를 이끌어 감이니,
18 그게 바로 구원의 길을 보는 길이며
구원의 길에 들어서는 근본임을 알아
야 할 것이니라.

3,549 번째 하나님 말씀

2002년 9월 28일 19시 04분

1 사랑하는 나의 아들아!
2 "네, 아버님! 말씀하옵소서."
3 너희 인간의 마음에는 악과 선이 존재
하며, 너희들의 선이 악을 얼마만큼
지배할 수 있느냐에 따라서 너희가 선
한 길을 갈 수 있다 하였으며,
4 그 악의 잔재까지도 너희 마음속에 존
재해서는 아니 된다 내가 말하였음이
니라.
5 그리하여 너희는 한 마음에 악과 선이
항상 같이 존재하나 그와 같이 서로
그들이 극과 극으로 가고 있음이니,
6 너희 영혼이 나 여호와의 나라, 창조
주인 나에게 와 심판을 받을 때까지
너희들의 한 마음속에 악과 선을 같이
가지고 갈 수는 없음을 알아야 할 것
이니라.
7 영원히 악과 선이 함께 너희 가슴에
존재할 수 없음이니, 이가 같이 존재
한다면 너희들이 파멸이요, 파괴로 그
와 같이 무너져 가며 쓰러져 감이니라.
8 지금 나에게 오르는 길이요, 구원의
길에 들어서 있다 하는 그들이 또한
악과 선 속에서 선은 보지 못하며 구
원을 받았다는 그 생각만을 가지고 있
으니 그 악의 잔재가 그들을 부추기며,
9 그 악의 마음이 그저 저희들은 구원을
받았음이니 육의 삶의 생각은 관여할
것 없이 나 여호와로부터 구원을 받았
다는 그것 하나만 믿으면 저희 마음대
로 살아도 되며, 육의 행실은 영과는
관계없다 그리 가르치니,
10 그것이 너희 마음속에 있는 선은 죽은
것이요, 악이 선을 잠식하여 악이 존
재하여 너희를 그리 만들어 가고 있음
을 너희는 알아야 할 것이니라.
11 악은 선을 보지 못하며 악은 선을 향
하여 항상 공격하며 선을 향하여 대항
하고 있으며 선을 파멸시키고자 하며
그저 그것을 존재치 못하도록 그리 나
가느니라.
12 그리하여 악은 거짓과 사악한 행위로
써 모두를 다 대체함이며, 또 악은 거
짓과 사악한 것, 추한 것, 그리고 남들
에게 부끄러운 그와 같은 것과 공존하
며 가는 것이니,
13 그 악이야말로 육의 마음을 즐겁게 하
며 육의 삶을 행복하게 만드는 것 같
으며,
14 육의 삶의 쾌락을 위해서 그 악이 존
재하는 것만을 너희가 더 받아들이게
되며, 그 모두를 절제하며 다스릴 수
있는 선에 대한 그 마음을 갖지도 못
하고 사는 것이 너희이니,
15 악과 선이 공존하는 마음속에서 악은
선을 잠식하며, 선이 악을 이길 수 있
는 그와 같은 힘이 부족함이니, 너희
는 이와 같은 이치를 알아야 할 것이
니라.
16 그리하여 너희는 마음속에 항상 싸우
고 있는 선을 다스려 그를 너희 생활

에 접목시키지 아니한다면 정녕 선은
악에 쓰러지게 되어 있음이니라.
17 선은 악을 몰아내고자 무한한 싸움을
너희 체내에서 하고 있으며, 너희 정
신세계요, 너희 영혼의 세계에서 그는
비참할 만큼 악을 몰아내기 위해서 무
한한 싸움을 하고 있음이니,
18 참진리의 길을 가고자, 구원을 받고자
하는 너희가 그 악과 선의 싸움에서
선의 손을 들어주는 그와 같은 자가
되지 아니한다면,
19 정녕 너희는 악으로부터 모두가 다 잠
식되어 선이라는 것이 너희 가슴속에
존재하지 못하니, 너희가 구원을 받을
수 없음을 알아야 할 것이니라.
20 그리하여 내가 너희에게 말하였으니,
악과 선은 영원히 나 여호와로부터 심
판을 받을 때까지 절대로 같이 존재해
서도 아니 되며,
21 나에게 올 때까지 너희가 그를 정리하
지 못하며 다스리지 못한다면 아니 됨
이니라.
22 그리하여 너의 제자들은 심판대에 서
기 전까지 악의 씨를 뿌리 뽑으며 선
한 것으로써 바로 설 수 있는 그와 같
은 깨우침의 굳은 마음과 고통의 시련
속에서 선을 양성시키는 그와 같은 삶
으로 가야만 되는 것을 알아야 할 것
이니라.
23 너희가 악을 키워 지옥으로 갈 것인지
선을 선택하여 선을 키워 악의 뿌리를
뽑아내고 천국의 문에 들어설 것인지
이제는 결정해야 할 때가 되었음이니
라.
24 너의 제자들의 영혼이 나에게 와 심판
을 받을 때까지 악과 선의 그 두 마음
을, 극과 극인 그 상태를 가슴에 안고
있어서는 너의 제자로서 만백성을 구
할 수 없는 것이니라.
25 그러하니 나의 법전을 읽으며 나의 아
들의 강론을 들어 깨우친 지금의 너의
제자들이 어떠한 길을 선택할 것인가
를 결정하여야 할 것이니라.
26 악의 길이냐 선의 길이냐를 선택하여
너희들이 어느 손을 들어 주느냐에 따
라서 너희가 영원히 사는 삶이나 죽음
의 삶으로 그와 같이 가게 되어 있음
이니라.
27 그리하여 너희는 마음속에 싸우고 있
는 그 악을 제거하고, 선이 싸움에서
이길 수 있는 그와 같은 마음 자세를
갖지 아니하고 노력하지 아니한다면,
28 악으로부터 선이 잠식되어 너희들은
파괴되고 쓰러지며 영원히 구원의 길
에 오를 수 없는 것이니라.
29 그리하여 내가 너희에게 선과 악은 좁
쌀 한 알의 높이만큼의 차이도 안 된
다 하였음이니, 백지장의 그 얇은 것
만큼도 차이가 안 남이니라.
30 그러니 너희들의 악과 선의 싸움은 너
희 가슴에서 선이 이길 수 있도록 노
력함과 피나는 인내와 고충이 따르는
것이니,
31 그 길을 인내하고 이기는 자만이 구원
을 받을 수 있으며, 너희들이 선으로
써 악의 뿌리를 뽑아내야 나의 성령
이 너희 가슴에 그득히 채워짐을 알아
야 할 것이니라.

3,550 번째 하나님 말씀

2002년 9월 28일 19시 09분

1 사랑하는 나의 아들아!
2 "네, 아버님! 말씀하옵소서."
3 너희 인간사에 살아오면서 한 사람이
두 임금을 섬길 수 없으며, 두 임금을
섬기는 자는 신뢰받지 못하는 사람이
니라.
4 또한, 너희들의 작은 인간의 삶에서
두 주인을 섬길 수 없는 것이 너희 마
음가짐이 아니던가?
5 하물며 너희가 사악한 마음과 천사 같
은 그 두 마음을 한 가슴에 가지고 산
다 하는 것은 결코 있을 수 없는 것이
며,
6 너희 가슴에 두 마음이 너희들이 나에
게 와 심판을 받는 날까지 그대로 존
재한다면,
7 너희는 심판대에도 설 수 없는 그와
같은 자격 미달자이며, 너희가 영원히
구원을 받는 것은 고사하고 구원의 길
을 볼 수도 없는 것이니,
8 인간의 마음에서 두 주인을 섬길 수
없듯이, 더군다나 너희들이 하늘에 오
르는 길과 지옥으로 가는 그 두 마음
을 너희 가슴속에 두고 살아갈 수는
없는 것임을 너희는 알아야 할 것이니
라.
9 선과 악은 무엇이더냐?
10 극과 극의 형태로써 존재함이니, 그리
하여 그 극과 극의 형태로 존재하는
선과 악의 두 마음을 가지고 너희가
살 수 없는 것이 여기에 있음이니라.
11 너희 마음속에 있는 악마의 마음의 뿌
리를 뽑지 못한다면 너희는 견딜 수
없으며,
12 뽑아 버리는 그와 같은 피나는 노력을
하지 아니할 때 악의 뿌리를 뽑아낼
수 없음이니, 그렇게 될 때 너희는 구
원의 길을 볼 수가 없음이니라.
13 너희 가슴에 있는 두 마음 중에 그 어
느 것을 선택할 것인가를 내가 너희에
게 물었으며, 너의 제자들은 그 선택
의 결정을 이제 할 때라 하였음이니라.
14 너희가 나의 피조물 만백성을 구하는
지도자로서 세상에 나의 법전을 들고
가 전할 것이니,
15 그것을 전하고 깨우치는 자가 바로 어
떠한 마음이어야 되겠는가?
16 너희들이 악과 선의 두 마음을 가슴에
안고, 극과 극의 마음을 가슴에 안고
나가 만백성을 상대하며 가르친다 하
면,
17 너희는 재물 앞에서 일순간에 생각하
는 그 착오로 인하여 너희 마음에 있
는 악이 선을 누르며 악한 행동을 함
이니,
18 너희는 그 악한 행위를 알지 못하고
그를 인정하며 그를 따르려 하는 것이
너희 마음이니, 그리하여 너희가 무너
지게 됨이니라.
19 이제 이 세상에 나의 법전을 가지고
새로운 시대를 열고 새 역사를 창조하
는 이곳에 동참한 나의 소중한 아들딸
이요, 나의 아들의 제자 너희는 가슴
에 두 마음을 가질 수 없음이니라.
20 오로지 너희는 나 여호와를 향하여 달
려오는 그 마음 외에는 너희 가슴에
두어서도 아니 되며 생각해서도 아니

되듯이,
21 너희들의 악과 선의 그 두 마음이 너
희 체내에 한 형태 속에 있어서는 아
니 됨이니라.
22 그리하여 너희는 오로지 악을 버리고
선을 선택하는 그와 같은 용감한 나의
백성이요, 용기 있는 나의 아들딸로서
다시 태어났을 때,
23 너희가 법전을 들고 거리에 나가 만백
성에게 전하면 그 백성들이 그를 받아
깨우칠 것이며, 너희가 하는 행위요,
너희 삶 속에서 그들은 깨우치게 될
것이니라.
24 이제 나의 피조물 만백성에게 아무리
무엇인가를 전하고자 하며 이것이 진
실이라 하여 그 손에 쥐여 준다 해도
너희가 바른 삶이요, 바른 깨우침이
요, 바른 행동으로써 살아가는 그 모
습보다 더 위대하고 그들에게 감명을
줄 수 있는 것이 없음이니,
25 너희는 이제 바로 너희 가슴속에 악을
완전히 제거하는 그와 같은 삶을 살아
야 하며,
26 극과 극으로써 한 사람의 체내에서 항
상 싸워 너희가 악과 선을 분별하지
못하고 선을 선택하지 못하면 너희들
이 악으로 쓰러지니,
27 이와 같은 삶을 살아가서는 아니 될
것이니, 완벽한 너희가 되어야 함을
잊지 말라.

3,551 번째 하나님 말씀

2002년 9월 29일 06시 22분

1 사랑하는 나의 아들아!
2 "네, 아버님! 말씀하옵소서."
3 모든 나의 피조물 만백성과 믿음이라
는 그 길을 가고 있는 자들은 저희들
이 정녕 선택된 자요, 구원을 받은 자
며 특별히 나로부터 선택된 백성이라
착각하며 가고 있으니,
4 네가 나의 아들이요, 나의 목자로서
세상에 지금의 가고 있는 믿음이 잘못
되었으니 그를 바로잡는다 하여 네가
나의 성령을 받아 책으로 기록하여 세
상에 내놓음이니,
5 이를 보는 그들이 무어라 말하는가?
6 정신이상자요, 잘못된 자라 그들은 말
할 것이며, 세상천지에 저희들이 정말
보지 못할 꼴을 본다 그리 말하며 너
를 한없이 비웃을 것이니라.
7 그러나 너희는 여기서 깨우쳐야 할 것
이니라.
8 2천 년 전에 나의 아들은 과연 누구의
뜻에 의하여 누구의 성령을 받아 말하
였으며 가르쳤던가?
9 그는 나의 성령이요, 나의 뜻을 가지
고 만백성을 깨우치고자 말로써 가르
쳤으며 또한 행함으로써 가르쳐 주었
음이니라.
10 지금 내가 너를 나의 아들이라 하여
네가 근거할 수 있는 법전이라 하는
책을 만들어 나의 성령을 기록하여 너
희에게 증거하여 전함이니,
11 너희는 이를 기록하여 만드는 자를 정
신이상자라 그리 말하느니라.
12 그러나 너희는 여기서 듣고 깨우쳐야
할 것이니라.
13 이제는 내가 나의 성령을 너에게 내려
보냄이니, 내가 나의 아들 예수에게

내리며 그 시대에 역사한 것과 지금의
역사하는 것이 같다 하는 증거는 무엇
으로 말할 수 있는가?
14 나의 아들 네가 예수와 같은 삶을 사
는 그 길밖에 없음이니라.
15 그리하여 그 어렵고 힘든 인간의 변화
는 오로지 나의 아들이요, 나의 혈통
인, 내 뜻을 이루는 너밖에 할 수 없음
이니,
16 그 누구도 너와 같이 무서운 변화의
역사를 이룰 수 없음이니라.
17 네가 이제 예수의 삶과 같은 삶을 살
아가는 것으로써 그 모두를 증거함이
니라.
18 너희가 나의 아들을 정신이상자요, 잘
못된 자라 바라본다면, 정신이 없는
자요, 잘못된 자가 내가 암송하라는
그 십계명을 허구한 날 기억하여 암송
하며 그를 지켜 행하겠는가?
19 그리고 네가 변하여 살아가도록 내가
너에게 가르침이니,
20 60평생 인간의 세속에서 살아갔던 네
가 나의 뜻을 따라 하나하나 아름다운
삶 쪽으로 변하여 가는 그 역사를 과
연 이룰 수 있다 하는가?
21 정신이상자요, 정신분열자는 똑같은
것을 기억하여 행할 수 없는 것이며,
또한 가면 갈수록 그 자신을 잊어 감
이니, 제가 누군지 그 자체도 알지 못
함이니라.
22 너희는 너희 스스로 이를 받지 아니하
였으며 너희가 선택되지 아니하였기
에,
23 또한 너희가 아무리 믿고 나 여호와에
게 경배하고 기도하여 하늘에 오르는
길을 찾는다 하여도 너희 가슴속 한곳
에는 정녕 나 여호와를 믿는 그 신념
과 믿음이 부족함이니라.
24 그리하여 너희가 지금 나의 법전이요,
나의 성령이 전해지는 것이 사탄이요,
이단이요, 사악한 자요, 정신박약아
같은 자가 하고 있는 미친 짓이라 그
리 말함이니라.
25 너희들이 나의 법전을 읽어 보면, 정
녕 나의 법전이 나의 성령이 아니면
이와 같이 일관성 있는 깨우침을 전할
수 없음을 알게 될 것이며,
26 또한 나의 아들이라 선택된 자의 변하
는 그 모습 속에서 너희들이 알게 될
것이니라.
27 사랑하는 나의 아들아!
28 "네, 아버님! 말씀하옵소서."
29 네가 누구도 변할 수 없는 그 마음의
자리를 잡으니, 내가 너에게 세상에
다시없는 그 찬란한 왕관을 내림을 너
는 보았을 것이니라.
30 그것이 내가 너에게 내리는 크나큰 상
의 왕관이니라.
31 이는 네가 그와 같이 마음이 변하였음
이니, 나 여호와가 이제 그 왕관을 쓸
자인 너에게 내림이니,
32 모든 시련과 고통의 그 역사가 거두어
질 것이니라.
33 그를 가지고 증거함이니라.
34 사랑하는 나의 아들아!
35 "네, 아버님! 말씀하옵소서."
36 너 자신이 싸워 이기는 그 모습이 곧
네가 나의 아들로서 만백성을 구하는
길임을 너는 알고 있지 아니한가?
37 인간 너희 마음속에는 선과 악의 두

가지 마음이 있다 하였으나,
38 너희가 죽을 때까지 선과 악의 두 가
지 마음은 절대 가질 수 없다 하였음
이니라.
39 이는 곧 극과 극의 성격의 두 가지 마
음이 하나의 체내에 있을 때 그 결과
는 파괴의 역사를 이룬다 하였음이니,
40 그러나 너희들의 두 마음 중에 악은
강하며 선은 약함이니라.
41 그리하여 악에 선이 먹히는 그와 같은
형국에 이르기에, 종교 지도자라 하여
나로부터 선지자라 명받은 자, 대제사
장이라 명받은 자, 나로부터 선택을
받아 만백성에게 기적을 이루었던 그
모두가 어찌 되었는가?
42 그들은 마음속에 선과 악이 있었음이
니, 그 선이 악에 잠식되었음이니라.
43 그리하여 그들은 변질되었으며, 스스
로 저희가 신이 되고자 하며 저희가
교주라 하는 그와 같은 자리를 영위하
고 지키는 삶으로 가서 모두가 다 재
가 되어 쓰러져 갔음이니라.
44 너는 여기서 너의 제자들과 만백성이
이를 깨우칠 수 있도록 가르쳐야 할
것이니라.
45 나로부터 무엇인가를 들어서 깨우쳤
다는 자, 똑바로 그 길을 가지 아니하
고 육의 삶 속에서 스스로 신이 되고
자 하며 나 여호와가 되고자 하는 그
와 같은 마음으로 교주라 하는 그 자
리를 지키기 위하여 그리 변질됨이니,
46 그와 같이 변질된 자의 그 죄가 더 무
서움을 너희는 알아야 할 것이니라.
47 그것이 바로 나의 아들과 나의 아들이
아님의 차이이니, 상속자와 상속자가
아닌 자의 차이가 거기에 있음이니라.
48 내가 너희에게 말하였으니, 선지자라
부르는 자는 제가 깨우쳐 노력하는 만
큼 하늘에 오를 수 있으나,
49 나의 아들은 하늘에 오를 수 있는 자
라 말하였으며 나의 모두를 다 상속받
을 수 있는 상속권을 가진 자가 아들
이라 하였음이니,
50 오로지 너와 같이 무섭게 변하는 역사
는 그 누구도 할 수 없을 것이니라.
51 네가 오늘 너의 제자들 앞에서 말하였
느니라.
52 약속이란 지키기 위한 것이라는 그 말
한마디가 천금과도 바꿀 수 없는 소중
한 너의 깨우침이요, 네 마음의 변화
의 역사이니,
53 내가 오늘 너에게 그 아름다운 왕관을
내리는 것을 너는 본 것이니라.
54 내가 너에게 세상에 없는 그 아름다운
왕관을 내렸다 하면 미친 자, 정신 나
간 자가 헛소리한다 할 것이니라.
55 그러나 오늘부터 네가 어렵고 힘든 그
모든 역사가 풀림이니, 네가 나에게
깨우쳐 바친 그만큼 상을 내리니,
56 네가 더 이상 변할 것이 없으며 깨우
칠 것이 없음이니 나 여호와의 기쁨이
이루 말할 수 없느니라.
57 네가 말하지 아니하였는가?
58 약속은 지키기 위해서 있는 것이라는
그 하나의 깨달음과 그리고 너 자신이
바르게 가야 너의 제자들이 희생되지
아니한다는 그 깨달음을 네가 체험하
고 보았으니,
59 그를 보지 못하고 듣지 못하는 백성들
의 깨달음과 변화는 너를 따를 수 없

음이니라.
60 사랑하는 나의 아들아!
61 완벽하게 서서 완벽하게 가고자 하는 너를 내가 사랑함이니라.
62 네가 바로 서기 위하여 모든 너의 제자들의 희생이 따랐음이니,
63 그는 그들의 희생이 아니요, 영광이요, 축복이니, 그 상을 받을 것이니 그리 알도록 기록하여 전하라.

3,552 번째 하나님 말씀

2002년 9월 29일 06시 30분

1 사랑하는 나의 아들아!
2 "네, 아버님! 말씀하옵소서."
3 눈물을 거두라.
4 내가 너에게 무어라 말하였던가?
5 네가 지금 앉아 흘리는 눈물은 나의 만백성이 깨달음을 얻지 못하며 바른 길을 보지 못하고 그들이 죽어 지옥으로 가며 흘리는 그 눈물을 네가 대신 흘림이라 하였음이니라.
6 오늘 눈물의 시련과 고통 속에서 그 누구도 넘을 수 없는 인간의 한계선을 넘어 달려가는 네가 오늘에 흘리는 그 눈물은 지옥으로 가는 나의 피조물 만백성을 구하는 눈물이라 하였음이니,
7 어찌하여 네가 그리 눈물을 흘리는가?
8 너는 눈물을 거두라, 사랑하는 나의 아들아!
9 내가 모세에게 가르쳤던 것도 나의 음성으로써 나의 뜻을 전하였으며, 나의 아들 예수에게 전한 것도 나의 음성이요, 나의 가슴에 있는 성령을 전했음이니,
10 다만 내가 오늘 나의 아들 너에게 전함은 말로써 전함이 아니요, 책으로써 기록하여 만들어 냄이니,
11 이것이 다르며 이게 마지막 시대임이니라.
12 나의 아들 예수의 시대와 같이 말로써 너희에게 전했을 때 너희는 과연 믿겠는가?
13 정녕 나의 아들을 미친 자라 그리 말할 것이니라.
14 그러나 너는 160권의 장서로써 모두를 증거하니, 그를 읽고 깨우치는 백성들 스스로 일어섬을 너희는 감당하지 못하는 변화가 이루어질 것이니라.
15 다만, 이것이 나의 아들 예수가 전했던 것과 나의 아들 네가 하는 행위가 다르거늘,
16 너희 백성들은 어찌하여 책으로써 너희에게 근거하며 보여 주고 들려주는 것을 더 믿지 않으려 하는가?
17 그저 말로써 전하는 것은 너희가 믿으면서 내가 책으로써 전하는 것은 믿지 않으려 하며 그를 두려워함이니, 바로 너희들의 사악한 심성이니라.
18 종교 지도자라 하는 너희가 말로써 전하는 것은 너희 마음대로 만들어 지껄일 수 있으며 너희가 편한 대로 조작하여 그를 전하고 깨우칠 수 있으나,
19 책으로 전하는 것은 거기에 기록되어 있으니 만백성 중에 책을 읽은 자가 다 스승이요, 깨우친 자들이 되기에,
20 말로써 너희들이 편하도록 대충 만들어 넘어갈 수도 없으며 어영부영하는 그와 같은 자세로 얼렁뚱땅 넘어갈 수도 없기 때문에 이 책의 무서움과 두

려움을 너희는 알고 있음이니라.
21 그리하여 지금까지 살아왔던 종교 지
도자요, 가르쳤던 그 누구도 이대로
지키고 행할 수 없다 함이니,
22 너희 신도요, 많은 백성들이 이를 읽
고 너희를 감시·감독하게 될 것이며,
너희 신도들은 지키고 가나 종교 지도
자인 너희가 지키지 못함이니 그들이
이것을 보고 깨닫는 것이 두려울 것이
니,
23 너희는 책으로 증거하는 것이 더 소중
하며 확실한 것이거늘, 너희가 지킬
수 없고 그리 살 수 없기에 두려워 이
를 잘못된 것이라 하는 것이니라.
24 말로써 전하는 것은 너희가 순간순간
에 모면할 수 있으며 너희 생각으로써
나의 피조물 만백성을 세뇌하여 그들
이 옳고 그름을 판단할 수 없는 그 지
경으로 몰고 가 너희 마음대로 주무를
수 있으며 너희 마음대로 요리하여 너
희 입맛에 맞추어 활용할 수 있음이니,
25 그러나 책으로 근거한 것은 아니 됨이
니라.
26 잘난 자 못난 자 관계없이 너희 아들
이요, 손자들이 이 책을 읽었을 때,
27 아버지요, 할아버지가 잘못 행하면 그
손자는 그것을 보고 아버지요, 할아버
지가 잘못하는 것을 지적할 것이며 잘
못 알고 있음을 지적할 것이니,
28 너희는 이리 가지도 못하며 저리 가지
도 못함이니라.
29 뒤로 물러설 수도 없으며 앞으로 나갈
수도 없으며 너희 마음대로 고칠 수
없는 것이 책으로써 명시하여 전하는
것이니,
30 이것이 너희는 두렵고 무서움이니, 너
희가 얼마나 사악하고 간악한 자들인
가?
31 나의 성령의 법전이 신약과 구약을 덮
는 이유가 여기 있으며,
32 너희가 수천 년 동안 흘러오면서 성서
를 손대지 아니하였다 하나, 그와 같
은 억지스런 말을 하지 말라.
33 너희 생각으로써, 기록하는 자의 생각
으로써, 너희들이 옳지 않음을 말하는
대목을 빼고, 너희들이 행하기 어려운
것은 행할 수 없기에 뺐으며, 성서는
비유니 그 비유의 뜻을 알 수 없는 것
들, 너희들이 설명할 수 없다 생각하
는 것들은 다 빼 버렸음이니라.
34 그것이 인간의 한계며 너희들의 잘못
된 것이니라.
35 그리하고 너희는 성서를 한 자도 고칠
수 없으며 빼도 더해도 안 된다 그리
못 박아 놓아, 나의 피조물 만백성이
지금 저희들이 만들어 기록한 것을 오
로지 나 여호와의 뜻이라 하니,
36 내가 너희에게 너희 손으로 만든 계명
을 지키는 것이 지금 너희들이 가고
있는 믿음의 형국이며 그는 나와 관계
없다 하는 뜻이 여기에 있음을 나의
피조물 만백성 너희는 나의 법전을 읽
고 깨우쳐, 너희들이 정녕 하늘에 오
르는 길을 돌아다보아야 할 것이니라.
37 내가 너희에게 말하지 아니하였는가?
38 자식이 어버이를 찾는 것은 가장 기쁜
마음이요, 행복한 마음으로 와야 한다
하였음이니라.
39 지금 나의 아들이 너희에게 깨우치는
것은, 나 여호와를 경배하는 것은 가

장 편안한 마음이요, 행복한 마음으로
해야 하며, 어떠한 부담과 고통을 갖
고 가는 것이 아니라 그리 가르치니,
40 너희에게 재물이나 어떠한 것을 거둬
들이지 아니함이니라.
41 그러나 너희들이 재물을 거둬들이는
것이요, 재물을 바치는 것으로써 구원
을 받는다 그리 말하여 너희에게 평생
고통스러운 부담을 주며 가르치는 그
들과 이것 한 가지를 양손에 놓고 기
록해 보고 깨우쳐도 그것을 알 것이거
늘, 어찌하여 나의 백성들이 그리 우
매하던가?
42 너희보다 뛰어난 두뇌요, 생각과 판단
력이 없음이니, 너희가 악하고 악한
곳에 행하는 그 마음은 번갯불처럼 결
단력을 행하나,
43 선을 행하는 데는 그리하지 못하며 재
고 따지고 계산하다가 너희 생명이 다
끝나 그 선을 행하지도 못하고 지옥으
로 가고 있는 것이 너희들의 지금의
삶임을 알아야 할 것이니라.

3,553 번째 하나님 말씀

2002년 9월 29일 06시 37분

1 사랑하는 나의 아들아!
2 "네, 아버님! 말씀하옵소서."
3 이제 네가 지금까지 고통의 시련 속에
온 너의 제자들에게 일깨워 주라.
4 이 모든 역사는 창조주인 나 여호와가
주관함이니, 너희는 두려워하지 말며
겁먹지 말라 그리 이르라.
5 너희들이 정녕 두려운 마음이요, 겁먹
는 마음으로써는 내가 이루고자 하는
그 역사를 이룰 수 없으며, 너희들이
나로부터 선택된 그 의의가 하나도 없
음이니라.
6 너희는 지금의 가는 길에 두려워하지
말며 겁먹지 말며 무서워하지 말라.
7 이는 나 여호와 창조주가 이루는 역사
이며, 정녕 천 년에 걸쳐 하늘의 낙원
을 지상에 이루고자 하는 것이 나의
뜻임이니,
8 이는 엄연히 살아 있는 나 여호와가
지금 너희에게 임하고 있음을 알라.
9 내가 너희들과 같이하기에 너희들이
오늘의 그 깨달음의 경지에 올랐으며,
나의 아들을 따라 너희가 나의 법전을
만들어 세상에 전하는 일에 너희 모두
를 바치고 있음이니,
10 여기서 두려워하는 자, 겁먹는 자, 무
서워하는 자는 탈락되는 자가 될 것이
니, 너희 마음 자세부터 두려워하는
마음, 겁먹는 마음, 계산된 마음을 버
리라.
11 오로지 오늘의 이 길에 들어선 자는
나 여호와로부터 선택된 자며, 이 길
을 벗어나서는 영원히 구원의 길을 갈
수 없는 것이니,
12 너희들이 얕은 생각으로써 계산을 두
며 너희 머리로써 생각한다면 두려운
마음이 앞설 것이며,
13 그 두려운 마음을 갖는 자는 영원히
나로부터 선택받을 수 있는 백성이 아
니며, 내가 이루고자 하는 천 년의 역
사에 참여할 자격이 없음이니라.
14 이제 이 세상의 모든 것은 다 너희 것
이거늘, 너의 제자들에게 이르라.
15 두렵고 무섭고 겁먹는 마음을 버리라

그리하라.
16 그 마음 자체가 나를 믿지 못함이며
너희들이 이길 수 없는 것임을 알아야
할 것이니라.
17 너희는 눈싸움이라는 것을 하지 아니
하는가?
18 눈으로 서로 제압하는 것으로써 이미
승부가 났다는 말을 하고 있음이니,
그는 마음을 다스림이니라.
19 너희들이 마음으로써 정신적으로 진
자는 그 싸움에서 이길 수 없는 것이
며, 어떠한 경쟁에서도 이길 수 없는
자이니라.
20 눈이 살아 있으며 마음이 살아 있으며
마음으로 이기고 있는 자만이 경쟁에
서 이길 수 있는 것이니라.
21 마음으로 지고 있는 자, 마음으로 물
러서 있는 자, 마음으로 나약해져 있
는 자, 마음으로 겁먹고 있는 자, 그는
정녕 그 경쟁을 하나마나 무조건 패자
가 되는 것이니라.
22 이것이 너희 인간이 살아가는 삶의 형
태가 아니던가?
23 나 여호와요, 창조주의 음성을 들으며
내가 이루고자 하는 그 역사에 참여한
너희가 사탄을 두려워하며 악마를 두
려워하며 모든 잘못 가는 종파를 두려
워하며, 너희들이 가는 길이 정녕 나
에게 오르는 길인가 아닌가 하여 두려
워하며 겁을 먹는다면,
24 너희는 상대방과 경쟁하기 전에 눈싸
움이요, 기싸움에서 짐이니, 그 경쟁
에서는 너희들이 이길 수 없음이니라.
25 그리하여 내가 너희에게 명하나니, 겁
먹지 말며 두려워하지 말라 함이니라.
26 새 역사를 이루는 그 대명을 맡은 자,
너희들이 두려워하고 겁을 먹는다면
이 세상에 아무것도 이루어짐이 없음
이니라.
27 너희들이 전사요, 나를 향하여 나의
뜻을 이루기 위해 목숨을 바쳐 전쟁터
에 가서 싸워 결과를 얻어야 할 전사
들이 겁을 먹는다면 그 전쟁은 이미
패한 것이니라.
28 그러니 너희는 두려워하지 말라.
29 승자는 너희들이며 이 모두는 다 너희
로 하여금 역사가 이루어짐이니, 내가
무어라 말하였는가?
30 내가 나의 아들 예수를 통하여 나의
피조물 만백성을 깨우치기 위하여 성
령을 내린 2천 년 전의 그 역사나 지
금 내가 나의 아들을 통하여 나의 성
령을 내려 만백성을 구하고자 하는 이
역사가 같으나,
31 지금은 책으로써 근거하여 내려보냄
이니 이가 더 소중하다 내가 말하지
아니하였는가?
32 다만, 이제 나의 아들이 예수와 같은
삶으로 변하는 그것만이 남아 있으니,
나의 아들의 가슴에 지금 심어 놓았음
이니라.
33 그가 그리 변하여 가고 있음이니,
34 그리하여 내가 이 아침 나의 그 기쁨
을 너희에게 전하며, 내가 나의 아들
에게 누구도 볼 수 없고 만들 수 없는
왕관을 내림이니,
35 그 왕관으로 하여금 너희들의 모든 고
통과 시련을 벗고 간다 했으니, 너희
가 승자이니라.
36 두려워하지 말며 겁먹는 마음을 갖지

말라 이르라.
37 그와 같은 마음을 갖는 자는 탈락자가
될 것이며 낙제생이 됨을 그들에게 깨
우쳐 주며,
38 그들이 고통과 시련이 없는, 하늘에
오를 수 있는 그 삶을 더불어 갈 수 있
도록 그리 깨우쳐 주라, 사랑하는 나
의 아들아!

3,554 번째 하나님 말씀

2002년 9월 29일 06시 53분

1 사랑하는 나의 아들아!
2 "네, 아버님! 말씀하옵소서."
3 네가 나의 아들이며, 법전이라 하여
세상에 내려보내니,
4 지금의 믿음의 길을 가고 있는 모든
종파 속에서 열여섯 권의 법전을 읽고
깨우친 자들이 두렵고 겁이 나 너의
모두를 다 파헤치며 뒤지고 다니고 있
음을 너는 알아야 할 것이니라.
5 내가 요리사가 생선을 도마 위에 놓고
모두를 다 갈기갈기 해부하듯이 그들
이 너를 그리한다 하였음이니,
6 지금 열여섯 권의 법전이 세상에 나가
이를 전함이니, 과연 이를 쓰는 자가
어떠한 자인가를 그들 나름대로 깨우
쳐 알고자 다니고 있음을 너는 모를
것이나, 지금 속속들이 뒤지고 있음을
알아야 할 것이니라.
7 그러하니 여기서 3부요, 48권이라는
법전이 세상에 나올 때 그 모두가 뒤
집힘을 그래서 내가 너에게 알려 주었
음이니라.
8 그들은 정녕 지금 가고 있는 것에 자
신이 없으며, 그것이 진정한 믿음의
길이 아니라 두렵기에,
9 진정한 선지자요, 나 여호와의 아들이
요, 진실이 세상에 내려올 때 저희들
의 기존 세력이 다 무너짐이니,
10 그들은 그것이 두렵기에 그와 같은 행
동을 함이니라.
11 그들이 정녕 나로부터 선택된 백성으
로서 부끄러움이 없으며 죄짓지 아니
하며 나의 계명대로 산다 하면,
12 세상에 누가 무엇을 가지고 와서 떠들
든 그들이 어떠한 관심을 가질 필요도
없으며 저희와는 관계도 없음이니라.
13 여기서 내가 나의 아들을 통하여 깨우
치며 나의 법전이 세상에 나감이니,
14 저희들이 정녕 나의 뜻에 의하여 살아
가며 나의 진리를 가르친다 하면,
15 네가 160권이 아니라 몇천 권의 법전
이라 하여 책을 써내도 그들과는 아무
런 관계가 없으니, 그들 스스로 저희
믿음만 가면 될 것이니라.
16 그러나 그리하지 않으니 그것이 진정
한 믿음의 길을 가지 못하고 있음을
증명하는 것이며, 그들이 얼마나 믿음
을 잘못 가고 있는가를 알아야 할 것
이니라.
17 나로부터 받은 생명을 가지고 있는 것
이 얼마나 소중하며 귀한 것인가를 모
름이니,
18 그리하여 저희와 뜻이 다르고 생각이
다른 자, 저희와 같이 믿음의 길을 가
지 않는 위대한 자가 나왔을 때, 위대
한 참진리를 가지고 세상에 강론하는
자가 나왔을 때,
19 그를 사탄이요, 이단이라 하여 이 세

상에 존재하지 못하도록 사악한 형국
으로 그들이 돌변함이니,
20 그들이 사랑이라는 것을 모르며, 정녕
저희와 뜻이 다른 것은 이단이요, 사
탄이라 그리 평가하면서 그들이 어찌
생각하는가?
21 이단과 사탄이라는 것은 저희들이 하
늘로 가는 길을 막는 자이기에 그를
잠재워야 되며 그를 죽여 세상에 없도
록 하여야 된다 하여, 그와 같은 심성
을 가지고 나를 믿는다는 자들이 나의
아들 예수를 그리 죽였음이니, 그들이
무슨 심성이던가?
22 참진리를 가지고 온 자를 보고 깨우쳐
저희 것으로 만들어 회개하고 반성하
면 저희들이 구원을 받을 것이며,
23 세상은 지금같이 말세요, 너희가 말하
는 도둑이 들끓는 사악한 시대가 되지
아니하였을 것이며,
24 사람의 몸을 팔고 사며 생명을 팔고
사는, 재물 앞에 인간의 존엄성까지도
말살시키는 이와 같은 사악한 시대는
오지 아니하였을 것이니라.
25 그러나 지금 나의 법전이 세상에 나가
는 것이며 나의 아들이 너희를 깨우쳐
강론하는 것은 정녕 너희가 하늘에 가
는 길을 막는 것이라 하여 그를 세상
에 존재치 못하도록 하는 것이 바로
지금의 너희들의 마음이니,
26 나의 아들 예수를 죽였던 그들과 지금
의 너희들이 하는 형국이 똑같음이니,
무슨 형태가 다르던가?
27 너희들이 똑같은 짓을 하고도 남을 자
들이니라.
28 너희들이 구원을 받고 안 받는 것은
너희 믿음이 바르면 구원을 받는 것이
지,
29 어찌하여 나의 아들을 통하여 내가 성
령으로써 너희를 깨우치는 법전이요,
나의 성령인 책이 나와 이 책으로 하
여금 너희가 구원을 받지 못하며 하늘
에 오르는 길을 막는다 하여 그가 세
상에 존재하지 못하도록 그를 살해하
고자 하는 그와 같은 독한 마음을 갖
는 것이던가?
30 제 갈 길을 가면 되는 것이거늘, 나의
법전을 너희들이 읽고 깨우치지 못하
는 것도 죄이거늘,
31 어찌하여 이와 같은 위대한 나의 성령
이요, 창조주의 뜻이 세상에 내려가는
것이 너희 자신을 지옥으로 이끄는 것
이기에 이가 존재하면 아니 된다 하여
이를 묵살하며 존재치 못하도록 그리
하는가?
32 그것이 얼마나 어리석은 자들인가?
33 너희들이 말도 안 되는 명분으로 그리
하고 있음이니, 이것이 바로 종교 지
도자들이 사주하는 방법이요,
34 저희들 기존 세력이 부서지고 깨지는
것이 두려우며, 진실이 아닌 저희들이
지금까지 나의 피조물 만백성을 우롱
하고 왔으나 저희가 나의 피조물 만백
성을 노예화하여 우롱할 수 있는 그
기회가 다 말살되기에
35 그것이 두려워 저희들의 신도라는 자
들을 명하여 그와 같이 사주를 함이니,
36 아무것도 모르는 신도는 그를 죽임으
로 인하여 저희가 하늘에 오르는 길을
막지 아니하며 저희들이 하늘에 오르
는 길이 트인다 생각하여 그와 같은

사악한 행위를 함이니, 너희는 나의
법전을 읽고 깨우쳐야 할 것이니라.
37 너희 스스로 진정한 믿음으로 가 나
여호와의 아들 예수의 보혈로써 구원
을 받았다는 자, 그리 울부짖고 가면
될 것이지,
38 나의 법전이 세상에 나옴으로써 너희
들이 천당으로 가지 못하며 지옥으로
인도하는 역사가 이루어진다 하는 그
와 같은 너희들의 그 사악한 생각을
버려야 할 것이니라.
39 그가 또한 두 번째 너희들이 깨우치지
못하며 주제 파악을 못 하며 너희가
처해 있는 너희 자신을 모름이니라.
40 나의 법전이 세상에 나오며 나의 아들
이 강론을 한다 하면 그걸 너희들이
듣고 깨우쳐서, 아니라 생각하면 아니
요, 맞다 생각하면 맞는 것을 너희 것
으로 만들면 될 것이거늘,
41 그가 존재하여 너희들이 천국을 가지
못하며 지옥으로 감이니 이를 제거하
여 세상에 존재하지 못하도록 그를 죽
임으로써 너희들이 영웅이요, 하늘의
나를 기쁘게 하며 그것이 나에게 와
구원을 받는 길이라 하며,
42 나 여호와를 기쁘게 하겠다 하여 나의
아들을 통하여 내린 나의 법전을 불사
르며 나의 아들을 죽이려 하는 것이
너희들의 심성이니라.
43 나의 아들을 죽임으로써 나 여호와를
기쁘게 하며 나로부터 너희들이 상을
받을 것이라 그리 생각함이니,
44 내가 그와 같은 것으로써 너희에게 상
을 내리고 기쁨을 줄 수 있다면 내가
사악한 것을 나 스스로 다 제거할 것
이거늘,
45 너희가 남의 생명을 죽여 나에게 기쁨
을 준다 그리하지 말라.
46 그러니 너희들이 얼마나 어리석고 우
매한 믿음으로 가고 있는가?
47 너희들은 다 형제요, 같은 나의 자식
이요, 아들딸이라 하였거늘, 어찌하여
너희와 생각이 다르다 하여 저희 형제
를 죽여서 그 부모에게 기쁨을 준다
생각하며 그것이 부모의 기쁨이라 생
각하는가?
48 너희들 인간사에 자식이 잘못되었다
하여 다른 형제가 그 자식을 죽임으로
써 그 부모를 기쁘게 한다 하는가?
49 어리석은 백성이 너희들이요, 지금의
잘못 가르치는 종교 지도자들이 그와
같이 나의 백성을 잘못 가르쳤음이니
라.
50 너희는 들어 알고 있지 않은가?
51 열 손가락을 깨물어 아프지 않은 손가
락이 없듯이, 열 자식을 사랑하지 않
는 부모가 없다 하였거늘,
52 너희는 지금 잘못 갔다 생각하는 그
자식이 정녕 그것이 아니라 모자란 듯
하나 부모에게 효도하는 것이거늘,
53 어찌하여 너희 눈에는 그것이 부모를
거역하는 것으로 보이며, 형제끼리 그
형제를 죽인다 했을 때 그것을 부모가
기뻐하며 그것이 부모를 위하여 영광
된 길이라 생각하는가?
54 이것이 너희들의 지금의 작태이며 추
한 모습이니, 이를 어찌 바로잡을 수
있겠는가?
55 나의 법전을 읽고 깨우치는 백성, 너
희는 들어야 할 것이니라.

56 나의 법전을 세상에 없게 하는 것이
나 여호와를 기쁘게 하는 것이 아니
요, 나를 울리며 나에게 가장 큰 죄를
지음이니,
57 그 죄를 짓는 자, 너희가 얼마나 무서
운 형벌을 받는 것인가를 알라.
58 이 세상에 있는 모두는 나의 아들딸이
니, 나의 아들딸의 생명을 너희들이
마음대로 단죄하고 평가하지 말라.
59 내가 너희에게 형제를 평가하는 것도
지옥 불로 간다 하였으며 화목하지 못
한 것도 지옥 불로 간다 하였거늘,
60 너희는 형제지간에 죽이고 살리는 그
와 같은 권한이 없거늘, 그와 같은 행
위를 하는 자가 얼마나 무서운 죄를
짓는 것인지 알라.
61 너희들이 나의 아들을 해하며 나의 법
전을 세상에 존재치 못하게 하는 것이
나 여호와를 가장 기쁘게 하는 것이라
는 생각에서 그와 같은 행위를 하는
자, 그 죄가 얼마나 무서운가를 알라.
62 나는 나의 아들딸들을 다 사랑하느니
라.
63 그리고 나의 아들이 정녕 나의 아들로
서 나의 성령을 기록하여 법전이라 증
거하여 책으로 내어 너희를 구원함이
니,
64 근거하며 증거가 있는 것을 어찌하여
너희는 묵살하려 하는가?
65 너희들이 지금의 사는 형국이 어떤 것
인지 아는가?
66 남과의 약속을 지키기 위하여 너희가
문서라 하는 것에 도장을 찍어 놓고도
그 도장을 찍지 아니하였으며 너희와
는 관계없다 그와 같이 하는 그 사악
한 마음 자세로 되어 있는 것이 너희
들이니,
67 나의 법전을 읽고 깨우치지 아니하는
자, 그리 구원받고자 몸부림치고 발버
둥쳤던 그 모두가 지옥으로 가는 형국
임을 잊지 말아야 할 것이니라.
68 나의 아들이요, 나의 백성을 해하는
자, 용서치 아니할 것이니라.
69 나에게 기쁨을 준다 하여 그 피묻은
칼로써 나에게 기도하는 짓을 하지 말
라.
70 그게 왕사탄이요, 사탄으로 변질되어
있는 자며, 사탄의 자식으로서 행하는
것임을 너희는 알라.

3,555 번째 하나님 말씀

2002년 9월 29일 12시 28분

1 사랑하는 나의 아들아!
2 "네, 아버님! 말씀하옵소서."
3 네가 수백 번, 수천 번 암송하는 십계
명의 그 구절의 내용이 너희에게 어디
잘못 살라 하는 것이 있으며 잘못 가
라 기록된 것이 있던가?
4 너희 말대로 내가 직접 쓴 그 십계명
은 너희 삶의 기본이요, 기초이니라.
5 그를 지키는 자 구원받을 수 있으며,
그 십계명을 지키고 사는 것이 영혼의
양식이라 하였음이니,
6 그 내용 하나하나를 너희가 짚고 한번
그 질문의 답을 들어 보라.
7 거기에 과연 너희가 얼굴 붉히며 나
여호와를 경배치 아니할 내용이 있는
가?
8 그렇다면 십계명이 이와 같이 완벽한

나의 뜻이요, 너희 영혼을 구하는 것
이라 할 때,
9 나의 아들이 나에게 기도하고 경배하
며 그 십계명을 간절히 암송하며 그에
따라 살아가고자 하는 마음의 각오하
에 생활하고 가는 것을 너희는 알지
못할 것이니라.
10 여기에 내가 한 구절을 더 넣었음이니
라.
11 내가 너희에게 십계명을 내린 후 몇천
년 만에 한 구절을 더 넣었음이니,
12 나 여호와가 존재함을 믿는 그 자체가
구원의 길에 들어서는 기본이요, 근본
이라 하였으며,
13 내가 나의 피조물 만백성을 구원하기
위하여 나의 아들을 통하여 160권의
법전을 세상에 내보냄이니,
14 이를 건성으로 읽고 그저 던지는 것이
아니요, 가슴에 안고 정독해서 깨우치
는 자가 하늘에 오르는 찬란한 빛을
보게 되는 그 반석 위에 일어선다 하
였음이니,
15 너희는 내가 이와 같은 한 구절을 넣
은 것이 어디에 이치에 맞지 않는 뜻
이 있으며 내가 너희에게 깨우침에서
반대된 것이 있는가 다시 한 번 음미
해 보도록 하라.
16 나의 법전을 정독하지 않으면 깨우칠
수가 없음이니, 나의 법전을 정독하여
읽고 또 읽어 깨우쳤을 때 바른길을
볼 수 있으며 너희 삶의 변화의 역사
가 이루어짐이니, 곧 그것이 무엇이더
냐?
17 하늘에 오르는 빛이요, 그 길을 볼 수
있는 것이 내가 한 구절을 더 넣은 것
이니,
18 이 하나를 더 암송하고 지키는 너희들
만 하더라도 십계명이 나의 뜻이라 배
우는 그 백성보다 얼마나 앞에 가는
백성이며 나에게 가까이 와 있는 자들
인가를 알아야 할 것이니라.
19 내가 아무도 모르는 한 구절을 더 너
희에게 깨우쳐 너희가 바로 듣고 배워
하늘에 오르는 길을 볼 수 있도록 깨
우쳐 주었음이니,
20 이것 하나만 보더라도 너희가 나에게
선택된 백성이요, 그것이 나의 뜻을
역사할 너희들이 가야 할 길이라는 것
을 잊지 말라.
21 내가 나의 아들에게 왕관을 내렸다 하
였음이니라.
22 왕관이란 무엇이더냐?
23 나의 아들 예수가 세상에 나갔을 때
그를 따르던 모든 백성들이 이 세상을
지배하는 왕이 온다 하였음이니,
24 그들은 그 아들이 지금의 나의 아들에
게 내린 왕관을 육신의 머리에 쓰고
있는 왕이라 생각하였느니라.
25 그리하여 저희 육의 부귀영화요, 공명
이요, 명예요, 영광을 주는 자로 생각
했으나,
26 그와 같지 아니하고 마구간에 태어난
나의 아들의 모습을 보고 그들이 동요
하고 흔들렸음이니라.
27 그 누구도 쓸 수 없는 하늘의 왕관을
내가 나의 아들에게 내렸음이니,
28 그 위에 누가 대적할 자 있으며 그보
다 더 영광된 자 있겠는가?
29 너희들의 모든 은혜와 영광의 축복이
나의 아들을 통하여 내려질 것이며,

그로 하여금 너희 스스로 나에게 선택
된 것이요, 부름 받음이 무엇인가를
알게 될 것이니라.
30 사랑하는 나의 아들아!
31 "네, 아버님! 말씀하옵소서."
32 여기서 지금의 믿음으로써 하늘에 오
르는 길로 인도한다는 그들의 가르침
이요, 그들의 행함을 너희들은 하나
깨우쳐 가야 할 것이니라.
33 너희 인간사에 살아가는 세속에서 너
희는 남에게 실수하고 잘못했을 때 그
를 깨우치고 다스려 주며 용서하고 이
해해 주며 그를 인정해 주고 그의 잘
못됨을 깨우쳐 주는 것이 너희 인간사
에 살아가는 형태이니라.
34 지금 종교 집단에서 저희와 같이 믿음
의 길을 가지 아니한다 하여 이단이
요, 사탄이라 하는, 나의 그 믿지 않는
백성들은 그와 같이 서로 깨우쳐 주며
용서함이 있느니라.
35 그러나 너희 손으로 지은 그 성전에서
하늘에 오르는 길이요, 사랑을 베풀며
너희들이 구원의 길이라 그리 가르치
며 나의 피조물 만백성으로부터 그 대
가의 재물을 수없이 거둬들이는 너희
는 어찌하는가?
36 너희들이 주일에 공부하는 예배라 하
는 그 시간에 30년, 50년 다닌 성도라
는 자가 기도하다가 말 한마디를 잘못
했을 때 너희가 그를 이단이요, 사탄
이라 규정지으면,
37 어제까지 형제라 하여 같이 감쌌던 자
를 너희는 하루아침에 내치며 두 번
다시 상대를 하지 아니하느니라.
38 그가 말하기를, 하늘의 뜻이 지금의
종교 지도자가 가는 것이 잘못되었으
니 정녕 하늘에 오르는 길을 찾으며
우리가 다시 연구하여 깨우침을 얻어
야 된다 그런 말 한마디 했을 때,
39 30년, 40년, 평생을 형제라며 같이 가
고자 했던 자들이 오늘 당장 그를 이
단이요, 사탄이라 그리 내치고 핍박하
며, 그와 만나는 것도, 그와 같이 앉는
것도, 그와 겸상하는 것도 용서하지
못하는 것이 지금 종교 지도자가 가르
치는 수법이요, 추악한 모습이며,
40 또 그것이 정녕 옳은 길이며 그리하여
야만 되는 것이라 하여 어제의 형이
요, 동생이요, 자매라 불렀던 그 정들
었던 사람들 이름을 듣는 것도 불안하
며, 지나가다가 그가 너희를 부르는
것까지도 소름끼쳐 하며, 사탄이요,
뱀이요, 짐승과 같은 사악한 것이 너
희를 부르며 너희 곁으로 오는 것처럼
그와 같은 생각을 하고 사는 것이 너
희들이니,
41 너희가 그러고도 하늘에 오르는 대역
사의 사랑을 베풀며 나의 뜻을 알아
깨우쳐 하늘에 오른다 그리 말하는가?
42 내가 아무것도 모르는 나의 아들을 통
하여 너희에게 명하니, 너의 제자들은
이 뜻을 듣고도 너희 가슴에 오싹함을
느끼지 아니한다면 너희는 정녕 나의
뜻을 부정하는 것이니라.
43 너희 인간사에도 잘못된 것을 용서하
며 용서를 빌면 받아 주되, 너희들이
몇십 년째 같이 간 그 신도라는 자가
대표 기도라는 것을 할 때 그가 너희
에게 잘못된 말 한마디를 하면 그를
너희가 어찌 용서하고 다스려 주는가?

44 그를 이단이요, 사탄이라 하는 것이
너희가 아닌가?
45 그와 같은 자들이 바로 지금의 나의
백성을 구하는 자들이라 하니, 그들은
나와 관계가 없는 것이니라.
46 그리하여 지금 내가 새 시대를 열며
나의 법전을 내림이니라.
47 너희들의 옳고 그름을 구분하는 법전
을 접하여 깨우친 자가 아니면 구원을
받을 수 없다 하는 것이 나의 뜻임을
알라.

3,556 번째 하나님 말씀

2002년 9월 29일 16시 20분

1 사랑하는 나의 아들아!
2 "네, 아버님! 말씀하옵소서."
3 너희들이 지금의 구약과 신약의 잘못
된 부분을 하나하나 찾아낸다 하면 너
희가 평생 그 의미와 그 뜻을 깨우쳐
도 다 찾아내지 못할 정도로 그와 같
이 변화되고 변질되었음을 알아야 할
것이니라.
4 그 모두를 찾아내어 너희가 가르치는
그 뜻 하나하나를 반박하여 나의 뜻을
전하고자 한다면,
5 그 갑론을박하는 시간이 너희 인생을
모두 다 바쳐도 그를 밝힐 수 없는 것
이 지금의 형국에 와 있음이니,
6 이것이 바로 나의 구약과 신약이 잘못
되어 있으며 잘못 가르치는 그와 같은
역사가 이루어졌음을 너희는 알아야
할 것이니라.
7 지금까지 내가 많은 백성들에게 나의
뜻을 가르쳐 그들에게 성령을 주고 능
력을 주어 나의 뜻을 받아서 행하는
자가 수없이 있었다 말하였으나,
8 그들이 왜 다 쓰러졌으며 나의 뜻에
의하여 그 역사를 이루지 못했는지 알
겠는가?
9 나로부터 능력을 받은 자들이요, 내가
그들을 쓰고자 했을 때 그들은 나로부
터 능력을 받아 처음에는 바르고 곧은
생활을 하며 나의 뜻에 따라가나,
10 많은 신도들이 저를 따르며 부와 재물
과 영광을 누리게 될 때 그들은 스스
로 제가 신이 되고자 하는 그와 같은
것으로 변함이니,
11 그들 스스로 악으로 변하여 구원을 받
지 못하며, 지옥으로 가서 나로부터
무서운 벌을 받는 삶을 살아가는 것이
니,
12 그와 같은 것이 지금까지 나로부터 깨
우침을 들은 자, 내가 쓰고자 했던 자
들이 이루어진 형국이니라.
13 그것이 무엇이던가?
14 나의 아들이 아니요, 나의 혈통이 아
닌, 모세와 같은 자들로서 내가 기적
을 이루며 그들을 쓰고자 하였으나,
15 그들은 조그마한 능력을 얻음으로 인
하여 저의 제자가 생기며 저를 따르는
자가 생기며 재물과 힘이 생겼을 때,
악으로 서서히 변하여져 가며,
16 그들은 그것이 변하는 것인지도 모르
면서 자신도 모르는 사이에 그리 변해
가느니라.
17 그리하여 그들이 다 쓰러져 지옥으로
가 지금 벌을 받음이니, 그 누구도 역
사를 이룬 자가 없음을 알아야 할 것
이니라.

18 나로부터 선택된 모든 백성이요, 지도자가 저 스스로는 그 자리를 지키려 하며 넘어지지 않으려 하나,

19 그를 따르는 제자들이요, 그 밑에 있는 신도들이 그를 작은 신으로 만들며,

20 그리하여 그의 눈을 어둡게 하며 그가 세상사 이치를 보지 못하고 나의 뜻을 알지 못하도록 그리 인도하여, 그들이 저희 스스로 사악한 자가 되어 죽어 나에게 와 벌을 받음이니,

21 그리하여 지금까지 그 역사가 이루어지지 못하였으며 그와 같은 악순환의 세월이 흘러왔음이니라.

22 너희는 가장 가까운 제자들이 그 상전을 죽게 하며 그 상전을 무너트림이니,

23 지금 나의 성령을 받아 내가 모세와 같이 쓰고자 했던 그 백성들이 가장 가까운 저희 제자들 때문에 다 쓰러졌으며 그들이 사탄이요, 사악한 자가 되었음이니,

24 주변에 있는 사람들로 하여금 그를 그리 만들게 되었음이니라.

25 그러나 너희는 여기서 알아야 할 것이니라.

26 나의 아들은 그와 같은 역사의 변화가 없을 것이니, 나의 아들과 나의 아들이 아님의 차이점이 여기 있음이니라.

27 누가 나의 예수를 팔았으며 그를 그와 같이 죽게 했는가?

28 나의 아들 예수를 판 유다는 재정을 관리하는 자였으며, 모든 재산을 관리하는 자였음이니,

29 세상사에 기업을 운영하거나 너희가 살아가는 그 속에서도 재정을 관리하는 것은 심복이라 하여 제일 가까운 자에게 맡기지 아니하던가?

30 그와 같이 가장 가까운 자가 그를 죽게 하며 그를 무너트리는 것이 너희 인간의 심성이니라.

31 내가 모세와 같은 자들을 세상에 내보내 기적을 이루며 그들로부터 새로운 역사를 이루려 하였으나,

32 그들이 기적을 이루며 많은 백성이 저희 앞에 금화와 은화요, 황금을 바치는 그 역사가 이루어짐으로 인하여 그 밑에 있는 제자요, 신도요, 가장 가까운 자들이 그를 신으로 만들고자 함이니,

33 거기에 현혹되어 그 모두가 다 지옥으로 가 벌을 받고 지금 그와 같은 형틀에 있음을 알아야 할 것이니라.

34 그리하여 인간은 그 누구도 나의 아들처럼 역사를 이룰 수 없으며, 160권의 법전을 쓸 수도 없으며, 160권의 법전대로 살 수도 없는 것이니라.

35 나의 아들의 모습을 너희는 봐야 할 것이니라.

36 너희 종교 지도자들은 부를 누리면 누릴수록 사악한 쪽으로 쓰러져, 결국은 가장 믿었던 신도요, 가까운 사람들로 하여금 너희가 추대받고 영웅시되어,

37 그대로 너희 모두를 다 저버리고 나를 잊게 되며 나의 뜻으로 축복받은 그 자체도 모르게 됨이니,

38 그리하여 너희들이 그와 같은 역사가 되었으나,

39 나의 아들은 가면 갈수록 더 낮은 자가 될 것이며 고통과 시련 속에서 그는 역사를 이루어 갈 것이니라.

40 바로 나의 혈통을 받은 나의 아들이

요, 내가 선택한 나의 아들과 내가 그
저 너희 중에 선택해서 쓰는 백성과의
차이점이 여기에 있음을 알아야 할 것
이니라.
41 나의 아들 또한 그 제자들로 하여금
그가 눈이 어두워져 교주와 같은 제왕
적인 역할을 하고자 할 때, 그는 존재
할 수 없으며 내가 그를 버릴 것이니
라.
42 그러나 그는 그와 같은 길을 가지 아
니할 것이니, 그것이 나의 아들과 내
가 백성 중에서 선택한 자와의 차이점
임을 너희는 알아야 할 것이니,
43 오늘의 너와 함께 가는 너의 제자들은
그 뜻을 깊이 새겨야 할 것이니라.
44 너희가 살아가면서 유다와 같은 사람
이 없다 말할 수 없으며,
45 내가 인간을 내보내 새로운 역사를 이
루고자 하여 능력을 주었던 자의 가장
가까운 신도요, 형제처럼 지내는 자들
이 그를 쓰러트렸듯이, 너희 또한 그
러한 마음을 갖지 않을 자 없을 것이
니라.
46 그러나 너희는 나 여호와가 보고 있으
며 내가 너희를 다스리기에 그와 같은
자, 내가 가차없이 벌할 것이며 나의
아들 옆에 존재하지 못하도록 그리 다
스릴 것이니라.
47 이것이 나의 아들이 진정한 나의 아들
이요, 목자요, 나로부터 천 년에 걸쳐
이루고자 하는 내 역사를 이루는 자임
을 너희는 알라.
48 나의 아들이 변해 가며 금화와 은화
요, 재물이요, 풍족한 삶을 살 때 나의
아들이 변한다면 그 또한 모세와 같은
백성을 보냈던 잘못된 그와 같은 역사
가 이루어질 것이니라.
49 그러나 그와 같은 역사는 이루어지지
아니할 것이니라.
50 이것이 바로 나의 아들과 나의 아들이
아닌 자와의 차이임을 알 것이니라.
51 나의 아들이 아닌 자는 나로부터 상속
을 받을 수 없으며 나의 이 뜻을 받아
그리 지킬 수 없음이니,
52 오로지 나의 아들은 나의 분신이기에
내 뜻을 알며 내가 원하는 것을 알기
때문에 그와 같이 바로 서서 가는 것
이며, 그것이 바로 그들과 차별화되는
것이니,
53 나의 아들을 따르는 너희 또한 그와
같은 마음으로 가야 할 것이며, 오늘
의 너희들의 대명이 얼마나 위대한 것
인가를 깨우쳐야 할 것이니라. 이를
잊지 말라.

3,557 번째 하나님 말씀

2002년 9월 30일 06시 30분

1 사랑하는 나의 아들아!
2 "네, 아버님! 말씀하옵소서."
3 이제 네가 나의 법전 3부를 세상에 내
며 160권의 역사를 이룰 것이니,
4 너희들이 살아가면서 나의 뜻에 의하
여 한 점의 부끄러움이 없는 삶을 사
는 것으로써 너희들이 대역사를 이루
는 데에 기본이요, 기초를 이루어야
한다는 것을 잊어서는 아니 될 것이니
라.
5 인간 세상에서 너희들이 사는 생활은
육을 가지고 더불어 살아가니,

6 그 세상에서 너희가 남들과 차별화된 삶을 사는 모습을 보이는 그것만이 가장 위대한 스승인 것이니라.

7 너희들이 나 여호와의 성령이요, 나의 뜻을 듣고 깨우쳐 하늘의 이치를 알고 있으며 또 내가 역사하고자 하는 것을 알고 있으며 내가 구하고 버릴 자의 기본이요, 근본을 알고 있음이니,

8 나의 모든 백성들이 부귀와 영화요, 재물을 모으며 남보다 앞에 가고 위에 서고자 하는 그와 같은 삶에 연연하는 그 속에서,

9 이제는 너희들이 육의 세상에 사는 속에서 정녕 사랑을 나누며, 남들이 그리도 목숨을 바쳐 모으고자 하는 재물이요, 그 모두를 마음에서 지워 버릴 수 있으며,

10 오로지 정당한 방법으로 아름다운 생활 속에서 너희에게 얻어지는 것만을 소중히 생각하는 그와 같은 삶으로 변화되는 것만이 너희가 나의 피조물 만백성을 구원하는 자들이 될 것이며 그들에게 스승이 될 수 있음을 알아야 할 것이니라.

11 아무리 유능하고 똑똑한 자가 말로써 강론을 해도 그가 행동함이 잘못되어 있으면 그 가르침이 정녕 너희 가슴에 와 닿지 아니함이니라.

12 인간은 인간의 형태요, 그 삶을 보지 아니하고 듣지 아니하여도 그 말과 행동에서 느끼고 알 수 있으니,

13 내가 너희에게 내린 영광이요, 축복의 하나가 너희 인간은 말이나 행동이나 그 얼굴빛을 보고도 상대방이 가진 속마음을 알 수 있도록 한 것이니라.

14 그리하여 너희가 살아가는 그 모습에서 겉과 속이 다르지 아니한 정녕 아름다운 삶이요, 나누고 베푸는 삶 속에서 살아가는 그와 같은 모습이 나의 피조물 만백성을 구하는 가장 위대한 스승의 역할을 함을 알라.

15 아무리 천 가지 만 가지, 천 번 만 번 아름다운 말을 하며 듣기 좋은 말을 한다고 해도 행동이 그리 따르지 못하면 그는 독이 됨을 알아야 할 것이니라.

16 이제 너희는 행동함에 있어서 남에게 부끄러움이 없는 그와 같은 삶을 살며, 모두가 금화와 은화요, 자기의 명예를 위하여 노력하는 그 속에서, 이웃을 생각하며 남을 먼저 생각하는 그와 같은 마음 자세로 살아갈 때, 그것이 진정한 너희들임을 알게 될 것이니라.

17 그리고 선행을 하며 아름다운 행동을 하며 사는 것이, 너희들의 일시적인 기분에 의하여 좌우되는 그와 같은 선행은 그 또한 독이 되느니라.

18 꾸준히 변함없이 항상 봐도 똑같은 모습이요, 똑같은 마음 자세요, 똑같은 형태의 그와 같은 생활 방식으로써 살아갈 때,

19 나의 피조물 만백성이 정녕 그는 변한 자라, 그리고 산 선생이라 그리 말하는 것이니라.

20 너희가 수시로 변하는 그와 같은 마음 자세요, 행동으로써는 정녕 그들에게 보여 줄 수 없음이니라.

21 그들이 먼저 너희들의 행함을 알고 있기 때문이니, 이것이 너희들이 가는

길임을 잊어서는 아니 될 것이니라.
22 나의 아들 예수도 그와 같이 만백성을
구하고자 하는 그 길에서 고통과 시련
속에 죽음을 선택하였으며, 모든 선지
자들이 살아간 그 길이 다 가시밭길이
요, 인내하기 어려운 그 길을 갔음이
니,
23 그와 같이 지도자의 가는 길이 어렵고
힘이 드느니라.
24 나 여호와가 너희에게 그와 같이 바라
는 것은 아니니라.
25 다만, 나의 뜻에 따라 너희가 차별화
되는 삶을 사는 백성으로서 거듭나는
그와 같은 영광 속에서 만백성을 구할
수 있는 스승으로서 자리할 수 있으며,
26 너희가 스승으로서 많은 사람에게 근
본이 되어 가르치고 깨우치는, 그와
같이 실천하는 모습이야말로 너희가
나에게 오를 수 있는 길이며 만백성을
나에게 오르게 할 수 있는 그와 같은
역사를 이루는 것임을 알아야 할 것이
니라.
27 먼저 행함을 소중히 하며, 남에게 거
울이 될 수 있는 그와 같은 너희들의
자세로써 살아가야 함을 잊지 말라.

3,558 번째 하나님 말씀

2002년 9월 30일 07시 01분

1 사랑하는 나의 아들아!
2 "네, 아버님! 말씀하옵소서."
3 너희 인간의 살아가는 본연의 자세가
남에게 누를 끼치지 아니하며 남에게
불편함을 주지 아니하는, 작은 실수라
도 하지 아니하고 살아가고자 하는 것
이 너희들의 근본의 마음이요, 너희가
가지고 있는 마음 자세이니라.
4 평범한 나의 백성들은 남의 것을 소중
하게 생각하며 남의 것을 제 것과 같
이 아끼는 그와 같은 평범한 마음의
자세가 흐트러지지 않은 상태에서 살
아가니,
5 그것이 지금의 보통의 나의 백성들이
살아가는 형국이니라.
6 그러나 지금 믿음의 길을 가고 있는
백성들은 과연 어떠하던가?
7 그들은 저희들이 특별히 선택된 백성
이라는 착각과 오만 속에서, 그리고
나의 아들 예수의 보혈로써 저희는 구
원을 받은 자들이기에 저희 스스로 나
의 보통 백성과 차별하는 그 속에서
살며,
8 말로는 사랑을 베풀며 세상 것을 다
주는 것처럼 하나, 행동에 있어서는
저희들과 모든 백성과의 차별화 속에
서 인색하기가 끝이 없음이니라.
9 그리하여 저희 자신만을 생각하고 저
희 자신만을 위하는 그와 같은 삶으로
스스로 변해 있으니,
10 그와 같이 저희가 변하는 형국 자체도
모르며, 인간의 보통 사람들이 가지고
있는 근본의 평범한 사랑마저도 지키
지 못하며 무너져 있는 저희 자신이라
는 것을 알지 못하고 살아가느니라.
11 그리하여 나 여호와를 찾고 나 여호와
를 부르는 자들이 나를 부끄럽게 만들
며 나 여호와의 이름을 더럽게 만드는
그와 같은 삶을 사는 것이 지금의 믿
음의 형국이니라.
12 그러나 너희는 알아야 할 것이니라.

13 너희들이 보통 사람들의 마음 자세요, 곧 대중의 것을 제 것처럼 소중히 생각하며, 작은 것도 남의 것을 자기의 소중한 것처럼 그리 아껴서 사용하고 관리할 수 있는 그와 같은 평범한 마음을 가지고 사는 것이 나에게 오를 수 있는 근본이요, 기본임을 너희들이 알아야 할 것이니라.
14 그와 같은 근본의 바탕이 흐트러지지 않은 속에서 삶을 사는 자, 그와 같은 자로 하여금 너희들이 구원을 받을 수 있는 기초가 다져지며, 그 속에서 너희가 깨우치며 영의 세상을 알며 영광된 그 길을 갈 수 있는 것이니라.
15 그 모두를 무너트린 상태에서, 그 모두를 다 저버린 상태에서 저희만 특별한 사람인 양, 저희만 특별히 선택된 백성인 양 나의 피조물 만백성과 차별하는 속에서 저 자신만 알며 저희 집단에 속해 있는 자들과만 형제요, 자매라 말하며 살아가는 옹졸한 그 속에서 지금 너희들이 나에게 오르는 길이 아니고 나를 거부하는 길로 가고 있음을 너희는 알아야 할 것이니라.
16 이제 너의 제자들에게 일깨워 주어야 할 것이니라.
17 가장 작은 것이라도 남에게 부끄러운 짓, 남으로부터 보기에 흉한 행위, 그리고 사회의 질서를 파괴하는 행위, 그와 같은 것을 너희들이 행하면서도 자신이 부끄러운 줄을 모르며 저 스스로 죄를 짓고 있는 것을 모르며 깨우치지 못하는, 그와 같은 착각 속에 사는 삶을 살아서는 아니 될 것이니라.
18 가장 작은 공중도덕의 질서를 지키며 가장 작은 남의 것을 소중히 바라보는, 그리고 자기의 것보다 더 아끼는 그와 같은 마음의 자세로 변하는 것이 너희들이 구원의 길에 오를 수 있는 길임을 알아야 할 것이니라.
19 이를 먼저 행하는 자, 나의 뜻에 살아가는 자임을 알라.

2002년 10월

3,559 번째 하나님 말씀

2002년 10월 1일 06시 19분

1 사랑하는 나의 아들아!
2 "네, 아버님! 말씀하옵소서."
3 세상사 모든 동식물이 나로부터 받아
나오지 않은 것이 없듯이, 이 세상의
모든 역사 속에 돌아가는 그 모두가
다 나의 주관하에 이루어지지 않는 것
이 없느니라.
4 더욱이 나의 아들이요, 나의 명을 받
아 만백성을 구하는 너는 정녕 작고
큰 그 모두가 다 나의 주관이요, 나의
뜻에 의하여 이루어진다는 것을 알아
야 할 것이며, 너의 제자들 또한 그를
먼저 인식하고 깨우쳐야 할 것이니라.
5 네 주변에서 너로 하여금 이루어지는
그 모두가 다 나의 주관하에 이루어지
는 것임을 너의 제자들이 깨달았을 때,
6 그들이 나의 아들 선지자를 보며 나의
목자를 보고 생각하는 마음의 자세가
달라진다는 것을 이제 깨우쳐 주어야
할 것이니라.
7 나의 뜻에 의하여 나의 아들이 움직인
다는 그와 같은 마음자리를 굳히고 볼
때 너희 스스로 깨달음이 있으며 또한
얻음이 있음을 알아야 할 것이니라.
8 또한 너희들의 모든 변화 역시 나의
아들을 통하여 내가 역사한다는 것을
알아야 할 것이니라.
9 너희들이 나의 아들의 행함을 나의 아
들 개인의 뜻이라고 너희 머리로 생각
하며, 너희에게 이루어지는 것이 다
너희 임의로 이루어진다 그리 생각한
다면,
10 너희는 나로부터 선택된 아들딸이요,
나의 백성으로서의 생각을 못 하고 있
음이니라.
11 말로는 너희들이 믿음이라는 것을 가
지고 가며 나를 경배하며 내가 존재한
다고 믿으며 너희들의 모든 마음을 다
나에게 바치며 나와 더불어 세상을 살
아간다 하나,
12 실상 너희 마음속의 생각은 그러하지
못함을 바로 그런 곳에서 알 수 있음
을 알아야 할 것이니라.
13 나의 아들이 정녕 나의 아들이요, 이
법전이 나의 성령이요, 이 세상의 모
든 역사는 나의 뜻에 의하여 이루어진
다고 마음을 굳건히 갖고 믿고 따라오
는 자와 그렇지 못한 자는 하늘과 땅
의 차이가 있음을 알아야 할 것이니라.
14 너희 마음속에 굳건히 나의 아들이요,
나의 법전이 나의 성령으로 인하여 세
상에 나왔다 그와 같이 믿고 생각하는
자는 바람이 불어도 흔들리지 않는 나
무와 같음이니라.
15 그렇지 아니한 자는 뿌리가 뽑혀 감이
니, 다 너희들의 지금의 마음이요, 생
각했던 것이 하루아침에 재가 된다는
것을 알아야 할 것이니라.
16 그리하여 그와 같은 마음을 갖고 세상
을 보고 살아갈 때, 천 년에 걸쳐서 내
가 이루고자 하는 역사의 뜻과 그 모

두를 너희들이 믿을 수 있으며,
17 너희 마음속에 깊이 심은 자와 심지
않은 자와의 그 마음 자세와 행동이
달라짐을 알아야 할 것이니라.
18 이가 정녕 나의 아들이요, 법전이 나
의 것이며, 내가 이루고자 하는 역사
가 이루어질 것이라 믿는 자는 목숨을
바쳐 그 길을 갈 수 있으며 그 마음이
흔들리지 아니하나,
19 너희가 수시로 마음이 흔들리며 생각
이 바뀐다 하면 너희는 진정한 믿음의
길을 못 오고 있었음이니,
20 너희들이 그리하면서 무엇을 얻고 구
원을 받고자 하는가?
21 내가 나의 아들을 어찌 가르쳐 왔는가?
22 내가 종이라 일렀고, 선지자라 일렀
고, 나의 아들이라 일렀으며, 그에게
만백성을 받아들이는 신랑이라 하였
으며, 내가 그에게 왕관을 내려보냈음
이니라.
23 그보다 더 위대한 역사가 어디에 있으
며, 과연 하늘의 왕관을 받은 자 세상
에 누가 있나 물어보라.
24 그게 누구더냐?
25 너희들이 왕이라는 자는 한 시대를 이
끌어 가는 사람이 아니던가?
26 나로부터 왕관을 받은 나의 아들은 바
로 내가 창조한 이 세상의 모두를 다
지배하고 관리하는 왕이니라.
27 그리하여 내가 그에게 왕관을 내렸으
니, 이제 그가 정녕 왕이 됨이니, 그가
지금 다스리고 있음을 너희는 알아야
할 것이며
28 즉, 나의 아들이 왕으로서의 자격이
있다 함은, 그가 나의 뜻을 받들어 세
상을 통제할 수 있는, 마음이 변하여
그 역사가 이루어졌으며 그 경지가 그
만큼 높다는 것을 내가 증명하는 것이
거늘,
29 너희는 어찌하여 그를 생각하며 깨우
치는 것이 그리도 어리석은가?
30 내가 너희에게 나의 성령의 모든 뜻은
너희 살과 피로 만들어 너희 것으로
만들라 일찍이 깨우쳐 주었거늘 너희
들이 그저 단순히 하나를 들으면 듣는
것으로써 끝마침이니,
31 바로 성경을 가지고 수박 겉핥듯이 속
을 모르고 겉만 가지고 맴도는 그와
같은 지도자들과 너희들이 다른 점이
무엇이던가?
32 내가 너희에게 하나를 가르쳤을 때 열
가지, 백 가지의 뜻이 그 나의 성령이
요, 나의 책자요, 내 단어 한 마디에
들어 있다는 것을 너희는 잊어서는 아
니 될 것이니,
33 이를 명심하여 너희들이 살아가는 데
지표로 삼도록 해야 할 것이니라.
34 정녕 이가 나의 아들이요, 이 법전이
나의 것이며 창조주인 나 여호와가 세
상에 직접 내렸다 할 때, 너희들이 감
히 어디 왈가불가 갑론을박할 수 있는
가?
35 너희들이 감히 마음이 스스로 동요하
며 어떤 변화 속에 흔들릴 수 있는가?
36 바람이 분다 하여 흔들리는 나무가 될
수 있겠는가?
37 너희들이 믿음이요, 믿지 않음이 여기
있으니, 너희는 그 믿음의 자세부터
행해야 할 것이니라.
38 너희들이 나의 법전을 아무리 가슴에

안고 정독하고 또 읽는다 하여도, 이
것은 나 여호와의 뜻이요, 창조주가
만백성을 구하기 위하여 내린 것이라
는 그 마음을 굳건히 가슴에 갖고 이
책을 읽을 때,
39 너희는 이 책에서 기록한 것이며 내가
원하는 것을 기억하게 될 것이며, 깨
달음을 알 것이니라.
40 정녕 너희들이 열 번 백 번을 정독하
고 마음 바쳐 읽는다 하여도, 이는 나
여호와의 뜻이요, 내가 직접 너희를
깨우치기 위해 내린 것이며 내가 너희
를 직접 가르치기 위하여 스승으로서
너희에게 숙제를 낸 것이요, 나 여호
와가 내린 것이라 그리 생각하지 아니
한다면 알 수 없음이니,
41 세상에 창조주인 나 여호와가 너희들
의 스승으로서 너희가 행하여야 할 숙
제를 냈다는 생각을 마음속으로 갖고
나의 법전을 읽고 정독할 때 너희들이
그 내용을 기억할 수 있으며 이 법전
의 내용을 알게 됨이니라.
42 나의 아들 예수가 행하였던 것을 알고
자 하며 나 여호와가 원하는 것을 알
고자 한다면 나의 마음에 너희들이 와
야 된다 하였음이니라.
43 지금 나의 아들이 나로부터 나의 뜻을
받아 기록함이니, 너희들이 그와 같이
되었을 때 그가 지금 가지고 있는 생
각이요, 그가 나의 뜻을 받아 행하는
것을 알 수 있음이니라.
44 앞으로 너희들이 나의 법전을 정독할
때, 이는 즉 창조주인 내가 스승으로
서 너희에게 직접 가르치는 것이며,
내가 같이 있다는 생각을 하고 법전을
읽고 그 뚜껑을 열어 보라.
45 너희들이 깨우침이 있을 것이니라.
46 이제는 너희가 그만큼 경지에 올랐음
이니, 내가 하늘의 뜻을 또한 너희에
게 하나하나 깨우쳐 줌이니, 이를 명
심하여 듣고 행해야 할 것이니, 그를
잊지 말라.

3,560 번째 하나님 말씀

2002년 10월 1일 06시 36분

1 사랑하는 나의 아들아!
2 "네, 아버님! 말씀하옵소서."
3 세상사 나로부터 깨달음을 받았다는
자, 그리고 성서에 나오는 자들의 이
름을 팔아 제가 그 영혼을 가지고 이
세상에 다시 왔다 말하는 자, 심지어
나의 아들 예수로 재림했다 말하는 자
들이 세상에 수없이 있음이니,
4 그들은 저희가 세상을 통치하는 것이
라 그리 생각하느니라.
5 그러니 그들이 다 사악한 영이 그들의
마음에 혼란을 이루는 것임을 너는 알
아야 할 것이니라.
6 지금 그와 같이 말하며 무엇을 들었다
하는 자, 그들이 스스로 사악한 잘못
된 영에 의하여 혼동하고 착각을 이루
고 있음이니, 그들의 말에 귀 기울이
지 말아야 할 것이니라.
7 오로지 세상사 나의 피조물 만백성을
구하는 그 진리요, 가르침은 하나임을
너희는 알아야 할 것이니라.
8 너희가 배우는 수학이라는 공식도 아
니요, 세상사 이치나 순리를 배우는
것도 아니요, 너희들이 살아가는 어떠

한 법칙에 의하여 그와 같은 공부를 하며 깨우치는 것이 아니니라.

9 나 여호와로부터 성령을 받음은 이 세상의 창조주인 나의 뜻이니, 곧 이는 너희들의 진리요, 기본이요, 근본이니라.

10 이를 두세 사람을 통해 전하여 너희를 깨우친다 하면 이는 진리가 아님이니라.

11 나의 아들이 세상에 나오기 전에 너희를 내가 모세와 같은 형상으로 쓰고자 하였으나,

12 너희는 처음에는 나의 뜻에 의해 살아가나 너희들이 인간이기에 인간의 욕심을 버리지 못하고 너희 스스로 무너지는 그 역사의 체험을 나 여호와는 알고 있음이니라.

13 그리하여 내가 나의 아들로 하여금 법전을 세상에 만들어 내어 만백성을 구하기 위하여 나의 성령을 세상에 전하는 그 순간에 모두를 다 내가 거두어 들였다 말하였음이니라.

14 하물며 저 혼자 개인이 나의 아들 예수로서 온 자라 말하면서 어떤 역사도 이루지 못하며 내 가르침의 나의 진리의 뜻을 책 한 권에 기록하여 만백성을 구하는 역사도 이루지 못하는 자들,

15 저 자신도 다스리지 못하는 자들이 너희가 말하는 성서에 나오는 사람들의 이름을 대며 저희가 그 혼을 가지고 세상에 나온 자며 선택된 자라 말함이니,

16 그리고 저희들이 세상을 통치하며 역사를 이룬다 말하니, 말로써 그와 같은 역사를 이룰 수 있겠는가?

17 그는 인간의 삶의 도리도 제대로 하지 못하며 저 혼자 착각 속에, 환상 속에 부르짖다가 그저 죽어 가는 것뿐이니,

18 그것이 바로 너희들이 머지않아 육이 죽어 갈 때 무엇을 남기고 무슨 역사를 이루는지 그것을 보면 너희들이 알게 될 것이니라.

19 스스로 저 혼자 환상이요, 착각 속에 부르짖는 그들로 하여금 나의 성전에 온 너의 제자들과 나의 법전을 읽고 깨우치는 그 모든 나의 백성들이 착각하며 혼동을 이루지 않도록 그리 네가 깨우쳐 주라.

20 나의 법전을 세상에 내리며 너를 나의 아들이라 명하며, 내가 너를 모든 백성을 받아들이는 신랑이라 하며, 나의 왕관을 너의 머리에 씌웠음이니, 세상에 왕이 하나이니라.

21 두 사람의 왕이 있을 수 없으며 세 사람의 왕이 있을 수 없음을 너희는 알아야 할 것이니, 이 이치를 깨우쳐야 할 것이니라.

22 너희는 정녕 아무리 너희가 무엇을 들었다 배웠다 하여도, 나로부터 선택된 자라 하며 심지어 나의 아들 예수로서 재림한 자라 너희가 말해도, 너희는 하늘의 이치를 모르며 하늘에 오르는 그와 같은 지혜조차도 알지 못함이니라.

23 다만, 너희들이 깨끗하고 아름답게 살아갈 때 너희 자신의 영혼을 구원받을 수 있는 그와 같은 이치 하나도 모르고 살아가는 것이 너희들임을 알아야 할 것이니라.

24 사랑하는 나의 아들아!

25 "네, 아버님! 말씀하옵소서."

26 너희들이 깨우쳐 가는 그 영이요, 나의 진리의 역사를 들어 이루는 자, 하루아침에 이루어지는 것이 아님을 알아야 할 것이니라.

27 모든 기초가 다져진 그 위에 나의 성령이 서서히 너희에게 임함이니, 마음속에 있는 그 악을 완전히 뿌리째 던지지 아니한 자는 역사할 수 없음을 알아야 할 것이니라.

28 이제는 너희가 얼마만큼 아름다운 마음의 형태로 살아가느냐 하는 그것만이 너희에게 남은 과제임을 알라.

29 나의 법전을 읽고 깨우친 제자, 너희가 지금 나의 아들이 정녕 나의 아들인가, 내가 이와 같이 너희에게 내리는 160권의 법전이 나의 성령인가 아닌가, 혹시나 사탄이요, 잘못 가는 길을 가는 것이 아닌가 그리 생각할 때, 너희는 정녕 구원의 빛을 볼 수 없다는 것을 알아야 할 것이니라.

30 너희는 여기서 하나 깨우치라.

31 나의 법전에 기록된 부분에 너희에게 잘못 가라 깨우쳤으며 너희들이 살아가는 방법이 질서에 어긋나는 것이 있으며 도덕적으로 남에게 부끄러운 행위를 하며 살라 하는 구절이 단 한 줄이라도 기록되어 있다면, 이는 진정한 나의 뜻이 아님을 너희는 알아야 할 것이니라.

32 그러나 너희가 나의 법전을 읽고 마음의 변화가 있고 깨우침이 있고 너희들이 지금의 살아옴에 반성이 있으며 새로운 삶을 살아갈 수 있는 그와 같은 깨달음을 얻는다면,

33 너희는 여기서 그와 같은 마음을 두 번 다시 가져서는 아니 될 것이니, 그리 알아야 할 것이니라.

34 이제는 너희가 지금과 같이 너희들의 자리를 지키고 있을 시간이 없음을 알라.

35 많은 나의 백성들이 나의 아들을 찾을 것이며 나의 이 성전을 찾을 것이니,

36 너희가 먼저 온 자, 늦게 온 자, 그 자리에 연연하여 너희 스스로 울며불며 떠나는 일이 없도록 그리해야 할 것이니라.

37 이제는 너희들이 지금과 같은 안일한 생각으로 믿음을 갈 시간이 없을 것이니라.

38 이를 이루고 이를 역사하고자 하는 나의 백성들이 서서히 선지자요, 나의 아들을 찾아와 역사의 한 도막을 이루고자 할 것이니,

39 너희들이 감히 나의 법전의 원고요, 내가 직접 내리는 나의 아들에 의해 기록된 성령의 말도 듣지 못할 때가 머지않아 올 것이니,

40 진정 깨우친 자, 내가 선별하는 자, 마음이 겉과 속이 다르지 아니하며 하얀 마음과 같이 깨우친 자, 그들만이 이제 나의 아들 옆에 존재할 수 있다는 것을 알아야 할 것이니라.

41 내가 너희에게 말하였느니라.

42 너희들은 악으로 갈 수도 있으며 선으로 갈 수도 있다 하였음이니, 이는 곧 내가 무엇을 깨우쳐 주었던가?

43 내가 아무리 너희를 구원하고자 하여도 너희의 행함이 사악한 짓을 하며 나의 뜻을 거역하며 거절하며 내가 내

리는 모두를 의심하고 의혹하는 마음
을 가지고 살아가는 자, 그 속에서 살
다 너희가 나에게 와 심판받을 때 무
엇이 남겠는가?
44 죽을 때까지 저희 손으로 지은 성전에
가서 금화와 은화를 바치니, 그 모두
가 죽어 갈 때 그것밖에 한 것이 없으
며,
45 이웃을 시기하고 질투하는 마음으로
써 형제를 사랑하지 못하며, 믿지 아
니하는 자를 경원시하며, 수없이 그
죄를 짓고 나에게 와 심판을 받을 때,
46 저희들이 평생을 울고 웃으며 사탄에
게 구원받고자 애걸복걸하였으며,
47 내가 곱고 아름답게 쓰라는 곳에 쓰지
아니하고 세 치 혓바닥으로 가르치는
잘못된 종교 지도자 앞에 저희 자신을
좀 더 높이고자 하여, 저를 나타내기
위하여 돈이나 시간을 바치며 헛고생
한 것만이 남는다 하였음이니,
48 바로 너희들이 나를 믿지 아니하며 나
의 성령을 믿지 아니할 때, 너희들이
그리하여 그 세월 속에 살다 죽어 나
에게 와 심판을 받을 때 너희는 마음
속에 의혹하는 마음을 가지고 와 나에
게 심판을 받음이니, 남는 것은 그것
밖에 없음을 알라.

3,561 번째 하나님 말씀

2002년 10월 1일 06시 43분

1 사랑하는 나의 아들아!
2 "네, 아버님! 말씀하옵소서."
3 나의 아들을 따르는 백성이요, 나의
법전을 읽고 깨우치는 너의 제자들을
내가 뭐라 말하였느냐?
4 너희는 다 구원받은 자라 말하였으며
구원받을 자라 말하였으니, 이는 곧
무엇이던가?
5 너희는 영으로 세상에 온 자이니라.
6 모든 백성이 육으로 와 나로부터 영을
받아 살아가나니,
7 진정한 나의 선한 백성으로서 살지 못
하는 자 그리고 나의 법전이요, 나의
십계명대로 살지 못하는 자는 정녕 그
들이 영의 깨우침이요, 다스림이 없으
나,
8 나의 십계명에 의하여 살고자 노력하
는 자, 나의 법전대로 살고자 노력하
는 자, 너를 따르는 그 제자들이요, 그
신부들은 이미 이 세상을 영으로 온
것이나 마찬가지니,
9 너희는 이 세상에 영으로 온 자들이니
라.
10 그러나 영으로 온 너희가 살아가는 삶
이 바르지 못하며 흔들릴 때, 너희는
육으로 전락하는 것을 잊지 말아야 할
것이니라.
11 내가 너희에게 영으로 온 백성이라 말
하였으며 나의 아들딸이라 말하였으
니, 이보다 더 큰 영광과 영화가 어디
에 있는가?
12 이곳에서 너희가 잘못 가며 육의 삶의
그 욕심 때문에 잘못 갈 때, 그때는 너
희들이 다시 육으로 돌아감이니,
13 너희가 육으로 전락하는 것은 지옥으
로 가는 것이며, 나에게 와 감히 심판
을 받을 수 없는 그와 같은 형태임을
알아야 할 것이니라.
14 이제 너의 제자들의 손에 쥐여 줘 깨

우쳐 주어야 할 것이니라.
15 나의 아들에게 와 말하는 자, 저희끼
리 시시비비하며 말하는 자, 나의 법
전이요, 나의 성령에 의혹을 갖는 자
는 너희들이 같은 형제요, 같은 신부
라 하여 나의 성전에 와 나의 법전을
듣고 나의 아들이 직접 너희에게 전하
는 그 성령을 들으나 너희들이 인간의
생각에서 사심을 갖고 있음이니라.
16 너희 마음속에 인간의 그 사심을 버리
지 못하였으니, 사심을 버리지 못하였
기 때문에 남의 흠집이요, 남의 잘못
하는 것이 그리 너희 눈에 비침이니,
17 과연 너희들이 보는 것으로 정녕 그들
이 잘못하는 것이며 잘못 가고 있는
것이라 판단할 수 있는가?
18 내가 너희에게 인간은 인간을 판단할
자격이 없다 하였음이니, 그가 행하고
있는 그 속마음을 너희들이 모르기 때
문이니라.
19 너희는 그 사람이 가고 있는 길이 고
르지 못하며 반듯한 길이 아니요, 구
부러진 길을 가고 있다 생각하는 그와
같은 평가를 해서는 아니 되는 것이니
라.
20 그 모두는 다 나로부터 필요하여 선택
되었으며 그들이 각자 할 임무가 있으
며 그들 나름대로 깨달음이 있느니라.
21 나의 아들 앞에 와 같이 공부하는 자,
나의 법전을 읽고 깨우쳤다는 너희 스
스로 다 서로의 깊이를 어찌 아는가?
22 너희들이 말로써는 나의 아들 앞에 다
더불어 갈 수 있으며 모두를 바친다
말하나,
23 막상 그가 불 속에 죽어 갈 때 그곳에
뛰어들어 같이 죽을 수 있는 자, 그리
고 그를 구하다가 장렬히 죽어 나에게
오겠다 하여 행동에 옮기는 자가 과연
누구일지 어찌 아는가?
24 너희는 그를 장담할 수 있으며 너희
자신이 그리할 수 있다 말할 수 있는
가?
25 이것이 곧 무엇인 줄 아는가?
26 너희가 사심을 가지고 있기 때문이니
라.
27 사심을 갖고 있다면 선과 악의 두 마
음 중에 악의 마음이 너희에게 있음임
을 알아야 할 것이니라.
28 하늘에 오르는 길이요, 나의 백성이
요, 너희들이 천국의 문에 들어서는
것은 사심이 없어야 함을 알아야 할
것이니라.
29 정녕 너의 제자들이 지금서부터 그 마
음속에 가지고 있는 사심을 물리치지
못한다면 너희는 모두를 다 그릇되게
가며 모두를 다 자초하여 실패의 길로
가게 됨이니라.
30 그러기에 너희에게 알려 주었음이니
라.
31 나 여호와가 존재함을 믿으라 하였음
이니, 나 여호와가 존재함을 믿는 것
이 너희들임을 알아야 할 것이니라.
32 너희가 마음속에 사심을 버리지 못하
고 산다 하면, 너희는 지옥으로 가니,
그를 보고 나 여호와가 좋아하겠는가?
33 그를 보고 좋아하는 것은 누구더냐?
34 마귀요, 사탄이요, 사악한 자들이니,
너희는 나 여호와를 즐겁게 하는 삶을
사는 것이 아니라, 사탄이요, 마귀를
즐겁게 하는 그와 같은 행위로써 살아

감이니, 너희는 그와 같은 착각에서
벗어나야 함을 잊지 말라.
35 사랑하는 나의 아들아!
36 "네, 아버님! 말씀하옵소서."
37 사심을 가지고 남을 도우며 나의 아들
을 도우며 나의 아들을 따르는 자는
계산이 있어서 행하는 자며, 정녕 사
심이 없는 자는 계산이 없음이니라.
38 그저 평범한 사람으로 살아가면서 남
에게 누를 끼치지 아니하고 아름답게
살려는 마음, 이는 사심이 없음이니라.
39 그리하여 나의 아들로부터 전해지는
성령의 가르침이 나의 뜻이요, 진정한
나의 성령이요, 만백성을 구하고자 하
는 나의 뜻이라 믿는 자는 수수하게
살아가는 사람의 마음 자세에서 그 변
하지 않는 마음이 역사함을 알아야 할
것이니라.
40 작은 피해요, 작은 누를 남에게 끼치
지 아니하고 평범하게 살아가는 그 삶
의 자세 속에서 너희들이 모든 변화의
역사를 이룸을 알라.
41 그게 곧 사심을 버린 자이니라.
42 사심을 버리지 못하는 것은 마귀가 너
희 가슴속에 있음임을 알아야 할 것이
니라.
43 그로 인하여 너희가 자유로운 삶을 살
수 없으며, 아름다운 삶을 살 수 없는
것이니라.
44 이는 곧 사악한 마음과 선한 마음의
싸움에서 선은 쓰러지며 악한 것이 세
상을 지배함이니, 너희가 어찌 자유로
운 삶을 살 수 있겠는가?
45 자유로운 삶을 사는 속에서 하늘에 오
르는 그 아름다운 빛을 볼 수 있음이
니,
46 선과 악이 너희 마음속에 싸우고 있다
면, 또한 너희들이 악의 근본인 사심
을 버리지 못한다면,
47 너희는 하늘에 오르는 그 아름다운 빛
을 볼 수가 없음이니라.
48 이를 너의 제자들에게 깨우쳐 전해 주
도록 그리하라, 사랑하는 나의 아들아!

3,562 번째 하나님 말씀

2002년 10월 1일 08시 48분

1 사랑하는 나의 아들아!
2 "네, 아버님! 말씀하옵소서."
3 너희들이 나로부터 선택된 딸이요, 아
들이요, 나의 성령을 직접 들으며 또
한 나의 아들의 신부로서 그와 같은
마음으로 살아 구원의 길에 오르라 그
리 가르쳤으니,
4 나로부터 선택된 너희는 어찌 살아가
야 하는가?
5 최소한 너희들이 살아가는 그 마음의
자세에서는 비굴함이 있어서는 안 되
며 자신을 속이는 짓이 있어서는 아니
됨이니라.
6 남을 의혹하며 의심하며 남을 믿지 못
하는 그와 같은 마음 자세로 간다면
이는 너희들이 기본이 되어 있지 아니
함을 알아야 할 것이니라.
7 나 여호와로부터 선택된 백성이요, 내
가 만백성을 구하는 그 역사에 동참하
는 너희는 살아가면서 가장 작은 비굴
한 행위를 해서는 아니 됨을 알아야
할 것이니라.
8 그와 같은 행위를 하는 그 자체는 너

희들이 나와 아무런 관계도 없는 백성
으로 전락하여, 너희가 구원의 길에
오르는 것이 아니요, 구원의 길에 들
어섰다가 지옥의 길로 떨어지는 그와
같은 것이니라.
9 나에게 오르는 길이 명주실이라는 것
보다도 더 가는 빛을 따라 그 길을 너
희들이 옴이니,
10 너희가 잠시라도 마음을 잘못 가지며
깨달음의 마음을 소홀히 할 때 너희는
거기서 지탱할 수 없음이니라.
11 곡예사가 외줄을 타는 것보다도 더 많
은 노력과 그보다 더 많은 훈련과 그
보다 더 많은 깨달음과 인내하는 그와
같은 삶이 아니면, 너희들이 나에게
오르는 그 길을 끝까지 올 수 없음을
알아야 할 것이니라.
12 너희들이 아무리 똑똑한 자며 아무리
가진 자며 나의 아들을 돕고 나의 법
전이 세상에 나오는 역사를 이룬다 하
여도
13 너희는 마음으로써 나에게 재물이나
무엇인가를 얻을 것이며 구원을 얻을
것이라 생각하지 말라.
14 너희들의 그 마음이 비겁하지 아니하
며 의심하지 아니하며 스스로 비굴한
행위를 하지 않는 자의 것이 소중함이
며,
15 세상을 다 덮을 만한 재물을 바친다
해도, 아무리 큰 것을 바친다 해도, 비
굴하며 자기 자신이 남이 보기에 창피
하고 남 앞에 내놓을 수 없는 부끄러
운 행위를 하는 그와 같은 마음의 소
유자는 어떠한 것을 나에게 역사한다
해도 나와는 관계가 없음을 알라.
16 나는 너희들의 마음이 소중하며 너희
가 가지고 있는 심성이 소중함이니라.
17 남을 의심하며 남의 행동을 믿지 못하
며 남의 깊은 마음을 알지 못하면서
남을 평가하는 그와 같은 행위를 하는
자가 어떠한 역사를 이룬다 해도
18 그는 나 여호와와 관계가 없으며, 나
로부터 상을 받을 만한 자격이 없음을
알아야 할 것이니라.
19 너희들이 어떠한 재물로써 무엇을 살
수 있다면, 나 여호와가 세계적인 재
정을 가진 자, 능력 있는 자를 보낼 것
이니라.
20 그러나 그들이 깨우칠 수 없고 깨달을
수 없기에 내가 그들을 선택하지 아니
하였음이니라.
21 깨우칠 수 있고 깨달을 수 있는 너희
들을 선택하였거늘, 너희가 그 적은
재물로써 나의 마음을 살 것같이 생각
하며 너희들의 적은 재물로 나의 법전
을 세상에 냄으로 인하여 너희들이 가
장 큰 영광이요, 축복을 받는 자들이
며 나 여호와의 뜻에 따라 행하며 일
한다는 생각을 하지 말라.
22 그리하지 않으면 너희들이 지금의 믿
는 종파들과 무엇이 다르던가?
23 나는 남을 의심하지 아니하며 시기하
지 아니하는 그와 같은 마음의 소유자
를 사랑함이며, 그가 나의 아들이요,
나의 딸임이니라.
24 그는 마음이 백지와 같으며 천사와 같
으며 하얀 눈과 같음이니,
25 그와 같은 마음의 소유자가 아닌 자들
이 어떤 것을 이룬다 해도 나의 기쁨
이 아님을 알라.

26 이를 너의 제자들에게 깨우쳐 주어야 할 것이니, 너희들의 재물이요, 시간을 바치며 말로써 울고불고 나에게 기도하며 매달린다 하여 정녕 그것이 이루어지는 것이 아님을 알라.

3,563 번째 하나님 말씀

2002년 10월 1일 12시 47분

1 사랑하는 나의 아들아!
2 "네, 아버님! 말씀하옵소서."
3 너희들 인간사에 외형적으로 살아가는 것은 진흙탕에서 굴러 그 진흙을 온몸에 묻히고 나와도 물을 뿌리고 또 뿌리면 씻어지며 원상태로 돌아갈 수 있는 것이 너희들의 육이요, 외형의 가지고 있는 것이니라.
4 그러나 너희들의 마음이라는 것은 보이지 아니하며 너희들이 볼 수 없느니라.
5 너희들이 나 여호와를 볼 수 없으며 나의 음성을 들을 수 없도록 마음이 변하여 너희 마음의 형태를 알 수 없음이니,
6 아무리 너희들이 씻어 내고 또 씻어 내려 하여도 그것을 알 수 없으며,
7 과연 얼마만큼 씻어졌는지 그 자체도 모르는 것이 너희들의 마음이요, 믿음의 가는 길인 것이니라.
8 믿음이라는 것을 깨우쳐 가며 하늘에 오르는 나 여호와의 뜻을 따르며 만백성을 구하기 위하여 선택된 너희는 내가 이루고자 하는 그 큰 뜻과 그 틀 속에서 너희들이 행함을 얻어야 할 것이니라.
9 너희들이 손톱 밑에 찔린 가시가 어찌 하여 그리 찔렸으며 그 가시가 어찌 박혔으며 그 깊이가 얼마나 들어가 있는지 이것을 따져서는 아니 되는 것이니,
10 그저 가시를 뽑아내는 것으로써 끝이 나는 것이거늘, 너희들이 그와 같은 생각으로써 깨우쳐 오는 그 깨달음을 얻어 하늘에 오르고자 한다 하면 너희 스스로 몸과 마음이 고달픔이며, 밤새워 아무리 연구해도 한 구절의 이치도 깨달을 수 없는 것이 너희들인 것이니라.
11 너희는 수십 년 동안 믿음이라는 그 세계를 갔으며 성서를 가지고 공부했음이니라.
12 그 속에서 깨우쳐 있는 너희들의 종교 집단이요, 너희 자매요, 형제라는 사람들이 살아가는 그 형태를 보라.
13 너희들이 한번 스스로 인간 본연의 자세에서 점수를 매기며, 나의 성령이요, 나의 법전이라 하는 이 책을 가지고 이 성전에 와서 1년이고 2년이고 공부한 나의 백성들과 그들의 마음 자세와 그들이 살아가는 형태를 한번 돌아다봐 점수를 매겨 보도록 하라.
14 10년, 20년이요, 30년 동안 저희들이 믿음이라는 그 세계를 간 사람들의 마음의 점수와 그리고 1·2년 나의 법전을 가지고 공부한 자들의 변화되는 그 점수를 매겨 보면 너희는 옳고 그름의 그 답을 알게 될 것이니라.
15 내가 오늘 나의 아들을 통해 너희에게 깨우쳐 주었음이니라.
16 바람이 불어도 뽑히지 않는 나무와 같

은 심지의 믿음이 아니면 나 여호와의
뜻을 알 수 없으며 내가 행하는 것을
알 수 없다 하였음이니,
17 바람이 아무리 불어도 뽑히지 않는 나
무와 같이, 깊은 뿌리를 내리는 그 마
음과 같이 너희가 나를 믿으며 나를
경배하며 나의 법전이 나의 뜻이라 생
각하고 나의 법전을 읽을 때,
18 그 속의 참뜻을 알게 되며 거기에 있
는 나의 가르침을 알게 된다 내가 일
찍이 나의 아들에게 전하여 너희에게
깨우쳐 주었음이니라.
19 너희는 그와 같은 마음으로 다시 나의
법전을 읽으며, 나의 아들을 통하여
내가 내리는 성령의 그 뜻을 듣고 깨
우쳐야 함을 알아야 할 것이니라.
20 너희들이 살아가는 그 삶에도 자기 육
신의 편안함과 명예와 부귀영화를 위
하여 살아가는 사람과, 세상에 많은
인류를 위하여 공익을 위하여 살아가
고 이웃의 고통을 알며 살아가는 사
람, 똑같은 사람의 형태가 있으나 그
들이 나에게 와 심판을 받을 때는 하
늘과 땅의 차이가 있는 것과 마찬가지
로,
21 너희들이 다 같이 살아간다 하여 똑같
은 사람이며, 너희들이 같이 지상에서
생활한다 하여 똑같은 마음으로 살아
간다 생각해서는 아니 될 것이니라.
22 그 마음자리가 어떠한 것인가를 너희
는 모르며 오로지 나 여호와만이 알고
있음이니라.
23 그리하여 내가 일찍이 너희에게 깨우
쳐 주었듯이, 나의 성령이요, 나의 법
전을 읽고 깨우치는 자는 스스로 변함
에 있어서 그를 행복으로 알며 변하는
것이 스스로 축복이라는 것을 깨달을
때, 그것이 나의 진정한 성령이요, 나
의 가르침이라는 것을 거기서 증명한
다 하였음이니,
24 내가 일찍이 너희에게 깨우쳐 준 이
뜻을 알아야 할 것이니라.
25 너희는 나의 법전을 읽고 깨우쳐 너희
것으로 만들되, 그가 바로 나의 뜻임
을 깊이 깨우쳐 내가 원하는 그 뜻을
알았을 때 너희가 법전의 위대함을 알
것이니, 그리 너희들이 행해야 할 것
이니라.
26 오로지 내가 다시 한 번 너희에게 명
함이니,
27 바람이 아무리 분다 해도 뽑히지 않는
나무의 그 뿌리처럼, 너희들이 나의
법전에 너희 뿌리를 심었을 때 정녕
그 뿌리는 나의 법전의 그 원하는 것
을 알게 될 것이니, 그렇지 아니한 자
깨우칠 수 없음을 알라.
28 내가 종교 지도자들이 내가 내린 성령
의 그 깊이를 모른다 하였듯이 너희들
또한 모름이니 그리 알아야 할 것이니
라.
29 너희들이 마음자리를 잡고 나의 법전
을 읽을 때 너희는 나의 뜻을 알게 될
것이니, 그렇지 않은 자, 정녕 알 수
없음을 알라.

3,564 번째 하나님 말씀

2002년 10월 1일 23시 28분

1 사랑하는 나의 아들아!
2 "네, 아버님! 말씀하옵소서."

3 너희들이 하루의 생활을 하면서 나
여호와를 잠시도 잊어서는 아니 되며,
나를 생각하지 아니하며, 내가 너희들
과 같이 존재하고 있다는 생각을 하
지 않을 때, 너희는 삶에 실수를 할 수
있으며, 악한 마음으로 악한 행위를
할 수 있는 것이 너희 인간의 마음이
며 너희가 사는 형태라 내가 말하였
음이니라.
4 네가 나로부터 성령을 받아 만백성을
구하기 위한 160권의 대장정의 법전
의 역사를 이룸이니,
5 이는 너희들이 말로는 160권이라 하
나, 288쪽이라는 한 권 한 권의 책이
160권으로서 나의 성령이 세상에 기
록되어 전해짐이니,
6 이 또한 네가 항상 꾸준히 노력하며
항상 나에게 경배하며 기도하는 그와
같은 습성을 들이지 아니한다면 너는
10년이요, 20년이요, 네가 죽어 나에
게 올 때까지 이 역사를 이루지 못함
을 알아야 할 것이니라.
7 항시 나 여호와를 생각하고 사는 삶이
너희들이 잘못 나가는 삶이 아니요,
바르고 곧은 삶이라 내가 말했듯이,
8 너는 항상 기도하고 묵상하여 꾸준히
네가 나의 뜻을 받아 기록하는 그것을
잠시도 게을리해서는 아니 됨이니라.
9 네가 조금만 게을리하며 네가 생각을
놓친다 하면 너는 나의 뜻을 기록하여
만백성에게 전하는 역사를 네가 죽어
나에게 올 때까지 다 이루지 못할 수
있다 함을 내가 너에게 명하였음이니,
10 너는 나의 성령을 받아 기록하며 책으
로 만드는 그 역사를 네가 주기적인
시간에 하루의 양에 대해 계획을 세워
서 그 계획에서 많이 나가지도 아니하
며 적게 나가지도 아니하는 이와 같은
짜임새 있는 생활의 삶으로 그리 행하
여야만 이 역사를 계획대로 이룰 수
있음을 잊어서는 아니 됨을 알아야 할
것이니라.
11 사랑하는 선지자야!
12 종교 지도자요, 만백성을 깨우치는 자
들이 어떤 것이던가?
13 너희들이 다 똑같은 백성으로서 살아
가되, 나로부터 선택된 너희는 말한
대로 그리 실천하며, 공인이기 때문에
너희가 한 말에 책임을 지는 그와 같
은 삶을 살아가야 됨이니,
14 네가 계획한 것도 나와의 약속이요,
네가 생각하고 있는 것도 나와의 약속
이니, 그를 지키지 아니한다면 어찌하
겠는가?
15 약속이라는 것은 지키기 위해서 존재
하지 아니하느냐?
16 너는 나의 아들로서 만백성을 구하는
삶을 살아가는 공인임을 알아야 할 것
이니라.
17 이 세상에 창조주인 내 뜻에 의하여
하늘에서 이루어진 것같이 이 땅에서
이루는 그 역사를 이루는 거기에 선택
된 너의 제자며 나의 성전에 와 공부
하는 백성, 너희는 인간으로서 나 여
호와가 만든 그 역사에 참여하는 사람
으로서, 두말할 것도 없는 하늘나라의
공인임을 잊어서는 아니 될 것이니라.
18 공인이란 무엇을 말하는가?
19 공인된 자는 자기가 한 말에 책임을
지며, 나 여호와의 세상에서 공인으로

서 살아가며, 책임을 맡은 자로서 너
희는 나의 모습으로 살아가는 데 누구
보다도 앞장서서 살아가는 그와 같은
삶의 모습을 보여야 함이니,
20 너희들이 나 여호와의 세상이요, 하늘
나라로부터 명받아 이 지상을 나를 대
신하여 통제하는 하늘나라의 공인으
로서 책임을 맡고 있는 자라는 것을
잊어서는 안 될 것이니라.
21 너희는 곧 나의 모습으로써, 나의 성
령으로써 내가 원하는 삶을 살아가는
것이 남들보다 앞장서 가는 것이며,
22 그를 행하며 실천하는 것이 바로 나에
게 선택된 백성임을 알아야 할 것이니
라.
23 그리하여 너희가 모든 삶에 있어서 남
을 속이며 만백성에게 부끄러운 행위
를 하며 거짓된 생활을 하는 것은 너
희들의 인간관계에서만 이루어지는
것이 아니라 나에게 와 실수함이며,
24 나에게 모두를 지키지 아니하며 나에
게 거짓 하는 그와 같은 삶을 사는 자
임을 알아야 할 것이니라.
25 그러니 나로부터 선택된, 나의 아들의
제자인 너희는 가식이 없는 삶을 살아
야 하며 묵묵히 나의 법전에 따라 행
하고 살아가는 그와 같은 삶으로써 변
해 가야만 될 것이니,
26 그리 살지 아니한다면 너희는 나로부
터 선택받은 하늘의 공인된 자가 아님
을 알아야 할 것이니라.
27 하늘의 공인된 자가 무엇이던가?
28 나 여호와의 이름에 부끄럽지 아니하
여야 하며,
29 나 여호와 앞에 너희들이 살아가는 그
삶이 만에 하나 가식이 있다면 그는
너희가 나 여호와를 직접 속인 것과
같음이니,
30 너희는 그와 같은 삶을 살아서는 아니
되는 자임을 알아야 할 것이니라.

3,565 번째 하나님 말씀

2002년 10월 2일 06시 21분

1 사랑하는 나의 아들아!
2 "네, 아버님! 말씀하옵소서."
3 너희 인간의 기억은 지워지며, 너희
말에 있듯이, 너희는 망각이라는 그
속에서 살아가게 됨이니라.
4 그리하여 너희는 세월이 지나면 아무
리 원한이 깊었던 것이나 가슴 아팠던
것, 또는 가장 기뻤던 것, 그와 같은
모든 기억들이 서서히 지워지게 되며,
5 그에 연연하여 살아가는 세월의 삶에
서 그 환경과 지금에 처해 있는 삶의
변화에 따라 오늘의 삶을 위하여 지난
과거의 슬프고 괴로웠던 것, 즐거웠던
것, 그 모두를 잊어버리며 살아가는
것이 너희들이니라.
6 그리하여 너희는 반복 교육이요, 반복
가르침이 계속 너희에게 반복되는 것
이며 그 훈련이 필요한 것이니라.
7 너희는 훈련을 반복하고 또 반복하는
속에서 다스려짐이 있으며 너희가 다
져지며 훈련되어 가고 있음을 알아야
할 것이니라.
8 이것이 인간 너희들의 형태이니라.
9 그리하여 내가 너희를 깨우치고 가르
침에 있어서 너희에게 계속 반복하는
훈련과 반복하는 가르침을 주입하고

있음이니,
10 그와 같이 가르쳐도 세월이 지나면 잊
어버리고 망각하며 사는 것이 너희들
이니라.
11 너희는 스스로 그와 같이 반복되는 생
활과 훈련을 실시하며 살아가야 된다
내가 너희에게 누차 그리 말하며 가르
침이니라.
12 너희들이 살아가는 생활 속에서 나 여
호와를 잠시라도 지운다면 너희 마음
이 흐트러짐이니,
13 항상 나에게 감사하며 내가 너희들과
같이 존재하는 것을 기억하고 살라 하
나, 너희가 과연 그와 같은 마음의 시
간을 하루 생활 속에서 얼마나 갖는가?
14 너희는 지워 버리고 잊어버림이니라.
15 그리고 육의 생활에 맞춰 오늘의 현실
을 승자로 이끌어 가기 위하여 모두를
다 잊고 사는 것이 너희들이니,
16 내가 너희를 바로 깨우쳐 하늘에 오르
는 길로 인도하며 만백성을 가르치는
지도자로 육성하기 위하여 너희에게
반복 훈련을 시킴이며,
17 많은 나의 피조물 만백성도 반복과 반
복 속에서 그들의 머릿속에 남으며 기
억하게 되어 있음이니라.
18 나의 160권의 법전이 세상에 나감이
니, 이를 다 읽는 자 얼마나 된다 생각
하는가?
19 그리하여 너희들이 160권의 법전을
다 읽지 못하는 자들이며, 또 읽는다
하여도, 읽고 또 읽는 사람들도 그 속
에서 내가 반복하고 다시 깨우치며 또
가르치는 그와 같은 속에서 너희들이
그를 읽고 또 깨우침이니라.
20 나의 살아 있는 뜻이요, 나의 성령이
라는 것은 너희들이 같은 의미요, 같
은 뜻을 읽고 또 읽는다 할 때, 읽을
때마다 너희들이 깨우치며 생각하는
것이 다름이니,
21 이것이 나의 성령이요, 나의 뜻이요,
나의 살아 있는 가르침이니라.
22 너희 모든 인간이 지어낸 책으로써 인
간을 가르치기 위한 것은 너희들이 한
번 읽으면 그 속에 뜻이 하나밖에 없
으며 너희들이 한 번 해석해서 너희
것으로 만들면 그것으로 끝나나,
23 나의 성령은 똑같은 말의 가르침을 기
록하여 읽는다 하여도 너희들이 그를
읽는 횟수에 따라서 그 모든 느낌과
깨달음이 또 다름이니라.
24 나의 법전은 너희들의 마음이 경지에
오른 만큼, 올라서 바라보는 만큼 그
때 깨우침을 주게 되어 있음이니,
25 너희들이 바로 같은 뜻을 놓고 읽는다
하여도 나이가 들고 삶의 경륜을 쌓으
면서 읽고 보는 것이 다르듯이,
26 나의 성령이요, 진정한 나의 뜻이란
같은 내용이라 하여도 너희들이 경지
에 오르고 경지에 또 오름으로써 높은
경지에 올라서 너희들이 그 가르침을
돌이켜 보고 읽을 때 거기에서 경지가
높은 만큼 깨우침이 있고 그 내용의
뜻이 거기에 있음이니,
27 그리하여 나의 법전이 160권으로서,
너희들이 읽고 또 읽어 깨우치면 깨우
칠수록 그 깊이가 있게 되어 있는 것
이 나의 법전이요,
28 그리고 중요한 것들은 내가 너희에게
반복하고 또 가르쳐 너희 것으로 만들

게 하고자 함이 여기 있음을 알아야
할 것이니라.
29 너희들의 깨달음에 따라서 나의 뜻은
다름이니라.
30 너희들이 지금 나의 열여섯 권의 법전
을 읽으나, 너희들의 경지가 높아져
깨달음이 높은 상태에서 열여섯 권의
법전을 읽을 때 그 속에서 얻어짐이
또 있으며 신비함이 있으며,
31 그리하여 너희가 또 경지에 올라 그를
읽을 때 또 너희들의 깨달음이 달라지
는 것이 나의 성령이요, 나의 법전이
요, 나의 뜻이니라.
32 그리하여 그곳에는 많은 뜻을 가지고
있으며, 그를 다 너희들이 깨우치고
보았을 때 너희들이 그만큼 높이 와
있음을 아는 것이니, 그리 알라.

3,566 번째 하나님 말씀

2002년 10월 2일 06시 29분

1 사랑하는 나의 아들아!
2 너희들 육의 세상의 인간관계에서도
최고 높은 자리요, 최고의 기록을 보
유하는 자는 그를 지키고 견디기가 얼
마나 힘들고 어려운 것인가를 너희들
은 알지 않는가?
3 계속 그 기록에 도전하는 자 있으며,
그리고 새로 태어나는 모든 백성들이
그 기록에 도전하는 그와 같은 변화의
역사가 계속 반복되고 흘러감이니,
4 그 최고 기록의 자리를 지킨다는 것이
얼마나 어렵고 힘든 것인가를 아는가?
5 너희들은 여기서 깨우쳐야 할 것이니
라.
6 너희는 나의 피조물 만백성이 지금까
지 잘못 깨우치고 잘못 온 그 모두를
바로잡고자 함이니,
7 바로잡고자 하는 너희들에게 잘못 깨
우치고 잘못 왔던 그 집단에 소속된
자들이 도전하며 너희를 말살시키려
함이니,
8 그 도전을 받는 것이 얼마나 고통스럽
고 어렵고 힘든 길인가를 너희는 알아
야 할 것이니라.
9 이는 너희들의 육의 삶의 어떤 기록에
도전하는 것도 아니요, 너희들이 먼저
잘못 가는 백성들을 바르고 옳은 길로
깨우치고자 나의 뜻을 그들에게 전하
고자 함이니,
10 지금까지 저희들의 세속의 법률에 의
하여, 저희들의 계명에 의하여 살아왔
으며 굳어져 있는 그들에게 내가 너를
통하여 새로운 역사를 이루려 하는 그
속에 너희들이 도전을 함이니,
11 그들이 또한 그를 지탱하기 위하여 저
희 스스로 너를 말살시키고자 모든 힘
과 물질적인 그 모두를 다 동원하여
나의 법전이 세상에 존재치 못하며 네
가 존재치 못하며 너의 제자들이 세상
에 존재치 못하도록 너희들을 공격하
고 수시로 도전함이니,
12 그 도전의 역사의 힘이 얼마나 무서운
가를 너는 알아야 할 것이며, 얼마나
고통스러운 속에서 살아가야 하는 것
인가를 너는 깨달아야 할 것이니라.
13 너희들이 생각하여 말하기를, 내가 5
달란트의 역사를 이루는 것은 어렵고
힘든 나의 백성이 나를 따르며 나의
뜻에 따라오고자 하여 그에게 은혜를

주어 그가 사업을 할 수 있도록 그 장
소를 만들어 주었음이니,
14 너희들이 순수한 인간의 마음으로 말
할 때 그는 경탄할 일이요, 아름다운
일이요, 누구도 감히 행할 수 없는 것
이나,
15 종교 집단의 지도자로서, 그리고 종교
집단에 속해 저희들이 구원을 받는 그
길을 가며 오로지 저희들이 가는 길만
이 나 여호와의 뜻이라 생각하는 자,
그들에게는 그것이 무엇이더냐?
16 사탄이요, 악마요, 마귀의 소굴로 보
임이니, 그곳에 또한 도전이 얼마나
심하겠는가?
17 그 도전을 인내하고 견디는 것은 너희
들이 나에 대한 믿음이요, 나 여호와
가 반드시 너희를 승자로 만든다는 그
이치를, 그 뜻을 깨닫지 못한다면, 너
희 스스로 중단하여 그 훈련에 임하지
못하는 그와 같은 역사를 이루게 됨이
니라.
18 곧, 보이지 않는 수많은 도전 속에 너
희들이 그를 받고 이기고 가야 되기
때문이니,
19 도전을 받는 자, 도전의 대상이 되는
자가 얼마나 힘들고 어려운가를 알아
야 할 것이니라.
20 세상에 둘도 없는 하나의 기록을 보유
하고 있는 자에게 수많은 인간이요,
수억의 인구들이 그를 무너트리기 위
하여 도전함이니,
21 지금 너희들이 진정한 나의 뜻이요,
진정한 하늘의 뜻을 가지고 나의 법전
이라 하여 만백성을 가르침이니,
22 이보다 더 위대하고 소중한 것이 없으
며 이보다 더 위대한 기록이 없음이니
라.
23 그리하여 이것을 무너트리고 깨트리
고자 하는 그들의 도전의 형국은 이루
말할 수 없으니,
24 평범한 사람이 생각할 때 어려운 자를
도와주며 가난한 자가 역사하도록 하
였다면 그곳은 너희가 말하는 하늘의
천국과 같은 곳이거늘,
25 그러나 종교 집단의 백성이요, 그들의
신도들이 보는 것은 마귀의 집이라 그
리 말하니,
26 너희가 그곳에서 이기고 견디는 것은,
그들이 도전하는 것을 너희 스스로 깨
우쳐야 할 것이니라.
27 그들이 오로지 할 수 있는 것은, 저희
들이 할 수 없는 일을 하는 천사와 같
은 집이기에, 사악한 마귀가 보는 것
은 그 천사의 집이 문을 닫아야 하며,
28 그 천사의 집이 문을 내리는 것만이
저희들이 진정한 나의 백성이요, 선택
된 백성이요, 저희들이 하늘에 오르는
길이라 말하니,
29 그곳에 오는 자의 발길을 그들이 막을
것이며, 그곳에 오는 자의 발을 그들
이 걸어 넘어트릴 것이며, 그곳에 가
고자 하는 자를 그들이 잡아당기는 그
와 같은 속에서 너희들이 역사하여야
됨이니,
30 얼마나 도전을 받는 자가 고통스럽고
힘든 길을 가야 되는가 하는 것을 너
희는 스스로 깨우쳐 그를 이겨야 되는
것이니라.
31 그를 이기고 견디는 것이 진정한 나의
아들딸이요,

32 지금의 사악한 나의 백성들을 구원하
는 데 너희들이 쓰러지지 아니하고 감
이니, 이게 곧 너희들이 가는 길이니
라.
33 도전을 받는 너희들이 얼마나 고달프
고 힘든 길인가를 너의 제자들이 알아
하나같이 뭉쳐 굳건한 마음으로 살아
가는 그와 같은 생활의 형태로 바꾸지
아니한다면,
34 너희는 그 도전하는 자들에 의하여 무
너지게 되어 있음을 잊지 말라.

3,567 번째 하나님 말씀

2002년 10월 2일 06시 42분

1 사랑하는 나의 아들아!
2 "네, 아버님! 말씀하옵소서."
3 2천 년 전 나의 성령으로써 세상에 태
어난 나의 아들 예수도 그가 나의 성
령을 전하고 나의 뜻을 전하면서 얼마
나 핍박받고 고통스러운 세월을 갔던
가?
4 그는 눈물의 세월 속에서, 눈물의 고
통에서 나의 뜻을 전하려 하였으나,
많은 나의 백성들은 그의 뜻을 들으려
하지 아니하였으며 그를 믿으려 하지
아니하였음이니라.
5 그리하여 그 또한 고통과 핍박 속에서
나의 뜻을 가르치며 그 역사를 이루고
자 하였음이니,
6 너 또한 그와 같은 시련과 고통을 치
르며 가는 것은 피할 수 없는 길임을
알아야 할 것이니라.
7 사랑하는 나의 아들아!
8 "네, 아버님! 말씀하옵소서."
9 나로부터 선택되어 내가 불러 쓰는 나
의 피조물 만백성, 너의 제자들이 그
와 같이 어렵고 힘든 길을 가는 것은
또한 예수의 제자들이 그를 따랐던 그
고통과 마찬가지일 것이며,
10 그 어렵고 힘든 속에서 너희들이 나의
피조물 만백성을 깨우치고 일깨워 가
는 역사가 이루어짐이니라.
11 다만, 너희들은 내가 이루고자 하는
그 역사에 동참하며 내가 이루고자 하
는 그 뜻에 참여하고 나를 따름이니,
곧 그것이 무엇이더냐?
12 나의 아들이요, 나의 자식들이라 함이
니, 너희들은 그 소중한 것을 알아야
할 것이니라.
13 나를 따르며 나의 뜻에 의하여 살아가
고자 하며 내가 이루고자 하는 역사에
동참하는 너희들이 곧 나의 사랑하는
아들과 딸임을 알아야 할 것이니라.
14 내가 원하는 것이며 내가 이루고자 하
는 그 뜻을 따르지 아니하며 거역하는
자, 나와 관계없다 내가 너희에게 말
하였음이니,
15 관계없는 그들을 바로 세우고 바로잡
는 것이 과연 얼마나 힘든 임무인가를
알아야 할 것이니라.
16 지금 믿음이라 하여 저희들의 집단 속
에 들어 있는 자, 그들이 오로지 저희
들의 믿음이요, 저희들이 가는 길만이
구원을 받는다는 그것을 너희들이 무
너트리며 그들을 이해시키기가 얼마
나 힘들고 어려운가를 알지 않는가?
17 그만큼 너희는 힘들고 어려운 길을 가
게 되어 있음이니라.
18 남들과 같이 너희가 육의 무엇을 위하

여 모두를 다 바침이 아니요, 그 철옹
성보다 단단하고 굳은 나의 백성들을
깨우쳐 하늘에 오르는 길을 바로 보도
록 하고자 함이니,
19 그와 같이 어렵고 힘든 육의 세상의
삶 속에서 이루어져 가는 것이 너희들
이 가는 길이니라.
20 나의 아들 예수요, 그 제자들도 그 뜻
을 가르치며 전하는 것에 모두를 다
바쳤으며, 그들이 재정이요, 금화와
은화를 모으는 그 생업에 종사한 자들
이 아니기에 그들의 내면과 외면에서
고달프고 힘든 삶을 살아왔던 것이니
라.
21 아무리 너희들이 지금 나의 법전을 읽
고 이것이 옳고 나의 뜻이라 하더라도
그를 받아들이는 백성이 많이 있을 때
너희들은 모든 역사를 이루게 됨이니,
22 그리하여 오로지 너희들이 나의 법전
을 세상에 많이 전하는 것이 너희들은
모든 인간사의 삶에서 성공하는 것이
라 그리 볼 수 있다 하였음이니라.
23 너희들의 모든 것을 다 이루며 세상의
모든 나의 백성을 구할 수 있는 것은
너희들이 먼저 법전을 만들어 만백성
을 깨우쳐, 그 깨우침을 얻어 너희를
따르는 그 백성이 늘어날 때 너희들
의 모두가 다 역사하며, 너희들이 오
늘의 시련과 고통에서 견디고 이기고
갈 수 있는 것임을 알아야 할 것이니
라.
24 그러니 너희들이 오늘의 생활이 어렵
고 힘들다 하여도 법전을 세상에 전하
는 데 먼저 모두를 맞춰야 할 것이며,
25 그것이 우선이라 생각하고 살아갈 때
그 속에서만이 너희들의 육의 고통이
요, 너희들이 살아가는 인간 세상의
그 모두를 이기고, 남부럽지 않으며
남에게 구걸하지 않는 삶을 살아갈 수
있는 사람으로서 너희들이 변하게 될
것이니라.
26 그것을 먼저 행하는 너희들의 삶이 소
중함을 알라.
27 그리하여 너희들이 모두를 다 이룰 수
있는 것은, 나의 법전을 전하고 너희
들이 나의 피조물 만백성을 한 사람
두 사람 깨우쳐 그들이 나의 성전에
와 나의 아들의 강론을 들으며 나의
법전을 읽는 그와 같은 역사가 이루어
질 때, 그때 너희들이 그 모든 고통에
서 벗어날 수 있음을 알아야 할 것이
니라.
28 2천 년 전에 나의 아들을 따랐던 그
모두는 나의 아들 예수가 말로써 전하
는 가르침을 가지고 만백성을 깨우치
고자 하였으니, 그들이 정녕 얼마나
힘들고 어려운 길을 갔던가?
29 그러나 너희들은 나의 법전이요, 내가
책으로 만들어 주나니,
30 이를 근거로 하여 너희가 전할 수 있
으며, 너희들이 일일이 말로써 그들을
깨우치지 아니하여도 나의 법전 한 권
을 전해주면 그들을 가르치게 됨이니,
31 이것이 너희들과 그들이 차별화되는
것이니, 너희들이 얼마나 축복과 영광
속에서 가는 것이던가?
32 모든 축복과 영광을 내가 너희에게 내
렸으니, 너희가 나의 법전을 전하는
그 일에 모두를 다 바쳤을 때 너희들
의 어렵고 힘든 그 모두에서 벗어나게

되어 있음이니라.
33 곧 나의 책이 너희들이 살아갈 수 있
는 모든 양식을 공급해 주는 근본이라
는 것을 잊지 말라.
34 너희는 그것으로써만 이룰 수 있으며,
그것으로써만 오늘의 모든 시련을 벗
어날 수 있는 것이 너희들이 가진 운
명이니,
35 다른 나의 피조물 만백성과 너희들의
운명이 다름이 여기 있음을 알라.
36 너의 제자들에게 전하라.
37 너희들이 나의 법전을 전하는 것으로
써만이 너희들의 모든 꿈이 다 이루어
질 것이라는 것을 잊지 말라.

3,568 번째 하나님 말씀

2002년 10월 2일 08시 45분

1 사랑하는 나의 아들아!
2 "네, 아버님! 말씀하옵소서."
3 하나로 힘을 합치며 하나로 이루어지
라 함은, 너희들이 그와 같이 하나가
되지 아니하면 힘을 발휘할 수 없으며
능력을 발휘할 수 없음이라 하여 내가
너희들에게 그와 같이 누차 하나가 되
라 하였으나,
4 몇 명 되지 않는 너의 제자들이요, 나
로부터 선택된 백성들이, 나의 성령을
직접 들으며 나의 법전을 읽고 깨우친
너희들이 하나가 될 수 없는 그와 같
은 마음 자세라면, 이 세상 나의 피조
물 만백성 그 누가 한마음 한뜻으로
나를 경배하며 나를 향하여 오겠는가?
5 너희들 인간 세상에서 집단의 경기라
는 것을 보지 않는가?
6 그 모든 집단의 경기를 아무리 한두
사람이 특출나게 잘한다 하여, 그 사
람이 단독으로 어떤 승리를 이루고자
한다 하여 그걸 이룰 수 있는가?
7 전체가 하나로 뭉쳐서 모여진 그 힘에
의하여 승자가 될 수 있으며 좋은 결
과를 거둘 수 있는 것이 인간 세상에
너희들이 살아가는 모습이니라.
8 그와 같은 너희들의 생활 속에 지혜가
있으며 생활 속에 깨달음이 있는 것이
곧 나의 뜻이요, 내가 존재함을 너희
들이 알고 있음을 알아야 할 것이니라.
9 지금의 믿음의 길을 가는 자들도 저희
들만이 구원을 받았다 하며 저희들만
이 나로부터 선택된 백성이요, 그리하
여 저희들 외에는 그 누구도 구원을
받을 수 없다 하면서 인간을 차별하는
것이니, 이게 무엇이더냐?
10 단체 운동을 하는 자 중에서 제가 특
출나다 하여 제가 대장이요, 제가 최
고라 말하는 자와 똑같음이니,
11 그로 인하여 그 집단이 쓰러지며 그
단결심이 무너져 그들은 절대 승리를
거둘 수 없는 것이니라.
12 그와 마찬가지로 지금 저희들만이 모
든 은혜를 받아 나의 아들 예수의 피
로써 죄 사함을 받았으며 천국에 오를
수 있다는 자들이 그리 독주하는 자들
과 같음이니라.
13 그러니 너희들은 여기서 깨우쳐야 할
것이니라.
14 절대로 인간 세속에서도 너희들이 단
체의 경기에서 한두 사람의 독주로 승
리를 이끌 수 없듯이, 전체의 힘을 모
아 그들이 균형을 잡아 힘을 발휘할

때 좋은 결과요, 승리를 거둘 수 있는
것처럼
15 지금 저희들만이 구원을 받았다 하여
나의 피조물 만백성을 이방인이라 하
며 등한시하는 그와 같은 자세로써는
저희 자신이 어디로 가는지 저 자신을
모르고 있는 자들의 오만임을 알아야
할 것이니라.
16 이 세상 그 모두는 나 여호와의 주관
에 의해 이루어졌다 말하는 자들이 남
들이 이루는 것, 남들이 가는 것 그 모
두를 다 받아들이며 모두를 다 사랑할
수 있는 넓고 아름다운 마음 자세를
갖지 아니한다면,
17 그들은 정녕 나의 뜻을 알 수도 없으
며 나와는 아무런 관계도 없는 길로
달려가는 그와 같은 자들이라 하였음
이니라.
18 지금까지 몇천 년 동안 흘러오며 너희
들이 잘못 믿음이요, 잘못 가르치는
믿음이요, 그리고 너희들이 행해서는
아니 될 그 모두를 내가 상세히 기록
하여 너희에게 깨우쳐 주었음이니,
19 이제 너희들에게 내가 말함이니, 모두
는 하나로 뭉쳐야 이루어진다는 것을
잊지 말라.
20 너의 제자들이 또한 하나로 뭉쳐서 한
마음이 되지 아니하면 너희들은 승자
가 될 수 없다는 것을 알라.
21 인간의 모든 단체의 경기에서 하나의
힘으로 발휘하지 않을 때 승자가 될
수 없다 하였거늘,
22 나의 법전을 세상에 전하여 만백성을
구하는 너희들이 하나가 되지 아니하
면 그들을 구할 수가 없음이니라.
23 그리하여 내가 너희에게 모든 종파는
다 나의 자식이니 그 누구든 너희들이
가슴으로 안으며, 갑론을박하거나 적
대시하는 마음을 갖지 말라 하지 않았
던가?
24 그들이 잠깐 깨우침의 길을 잘못 가고
있으니 그를 바로잡아서 바로 인도하
는 것이 너희들이며,
25 그를 위하여 지금 나의 법전 160권이
세상에 나가는 것이니라.
26 그러니 너희들이 하나가 될 수 있는
마음이 되지 아니하였다면 너희들이
마음을 비우지 못하고 있다 함이니라.
27 하나가 되는 것은 마음이 똑같으며 깨
달음이 똑같으며 생각이 똑같을 때 하
나가 되는 것이거늘, 너희들은 각자
생각하는 것, 각자 연구하는 것, 각자
계산하는 것이 다름이니,
28 그리하여 너희들이 다 자신을 먼저 생
각하며 이기적인 생각에서 살아가기
에 하나가 될 수 없음이니라.
29 하나가 되지 아니하면 너희들이 역사
를 이룰 수 없음이니, 이를 명심해 들
어야 할 것이니라.
30 하나가 되는 것은 한마음이 되는 것이
니라.
31 모든 사물을 볼 때 똑같이 보는 것이
며, 너희들이 해석하고 생각하는 것이
같을 때 하나가 될 수 있음이니,
32 오로지 너희들은 사악한 악마와 같은
마음을 갖지 아니하며 선하고 천사와
같은 마음으로써 다져질 때, 하나가
될 수 있다는 것을 잊지 말라.
33 하나가 됨이 얼마나 소중한가를 내가
너희에게 다시 한 번 강조하니 이를

명심하여 행하도록 그리하라.

3,569 번째 하나님 말씀

2002년 10월 2일 20시 59분

(강론을 마치며)

1 사랑하는 나의 아들아!
2 "네, 아버님! 말씀하옵소서."
3 나의 아들 예수가 죽어 나에게 오름으로 하여 나의 뜻을 전할 보혜사가 세상에 다시 내려갈 것이라 내가 나의 성서에 기록하여 너희들을 깨우쳤으니,
4 지금 믿음으로써 가는 자, 너희들은 이를 가지고 뭐라 가르치는가?
5 너희들이 직접 나로부터 성령이요, 뜻을 받지 못함이니, 성령은 각자 가슴에 임하며 나 여호와 하나님이 직접 너희 가슴에 성령을 심는다 그리 말함이니라.
6 그러나 너희들은 여기서 하나 깨우쳐야 할 것이니라.
7 너희들은 나의 성령이 너희 가슴에 임하는 것이 아님을 알라.
8 너희들이 나의 성령이요, 나의 뜻을 가슴에 받을 수 있음은, 나의 성령을 받을 수 있는 그와 같은 자격이 갖추어져 있으며 준비가 되어 있지 아니한 자에게는 나의 성령이 임할 수 없음이니,
9 너희가 나로부터 성령을 받으며 너희 개인의 가슴에 내 성령이 임하여 너희들이 구원을 받는다, 그리고 성령이 너희 개인에게 직접 온다 그리 가르치는 것은 잘못되었음을 알라.
10 너희 가슴에 내가 성령을 심어 줌이요, 내가 너희에게 임하는 것은 너희 말대로 그 뜻은 맞으나, 받을 수 있는 자격과 내가 임할 수 있도록 준비가 되어 있지 아니한 자에게는 내가 임할 수 없으며 나의 성령이 임할 수 없다는 것을 너희는 알아야 할 것이니라.
11 이것이 지금 너희 종교 지도자들이 나의 뜻을 알지 못하기에 잘못 가르치고 있는 그 가르침임을 너희는 알아야 할 것이니라.
12 너희는 나의 아들이 죽음으로 인하여 너희 죄를 사하여 주었다 그리 말하나,
13 나의 아들이 죽음으로써 너희가 지키고 하늘에 오를 수 있는 그 계명을 너희에게 말하였거늘, 너희는 그를 행하지 아니하고 그저 보혈로써 구원을 받았다 그리 말하듯이,
14 내가 나의 아들을 통하여 나의 보혜사가 세상에 다시 올 것이라 하였으며, 그는 말씀이요, 나의 뜻을 가지고 전할 것이라 기록되어 있으나,
15 너희들은 성령은 다 너희 각자의 가슴에 심어짐이요, 어떠한 말씀이나 어떠한 나 여호와 창조주의 뜻이 다시 내려오는 그와 같은 역사는 없다 그리 가르침이니,
16 어리석고 우매한 나의 백성들이 저희 가슴에 다 성령이 심어졌으며 저희 손으로 지은 그 성전에 가서 기도하고 경배하면 저희 가슴에 성령이 임하니, 저희는 나로부터 선택된 특별한 백성이라는 그 착각 속에 살아가고 있음이니라.
17 그리고 저희들이 살면서 잘못되고 부

끄러운 죄를 눈물로써 회개하고 반성
하면 구원을 받는다 그와 같이 가르침
이니, 너희들은 오늘 여기서 깨우쳐야
할 것이니라.
18 나의 성령이 너희 가슴에 다 같이 임
함은 틀림이 없음이니라.
19 그러나 너희들이 가슴에 나의 성령을
받을 수 있는 준비가 되어 있지 아니
하면 나의 성령이 너희에게 임할 수
없다는 그 엄연한 사실을 너희 종교
지도자들이 가르쳐야 할 것이거늘, 그
를 가르치지 아니함이니라.
20 만일 종교 지도자들이 그리 가르친다
하면 너희들이 성전에 가서 재물을 바
치지 않을 것이며,
21 그들은 저희들이 원하는 모든 헌금이
요, 금화와 은화를 저희에게 바치지
아니하기 때문에 그게 두려워 지금의
종교 집단이 이와 같이 간교한 방법이
요, 간악한 방법으로써 나의 피조물
만백성의 고혈을 평생 빨아 착복하는
그와 같은 형국으로 가고 있는 것이
지금 너희들의 믿음의 세계의 형국임
을 알아야 할 것이니라.
22 내가 나의 아들을 통하여 너희에게 일
깨워 주었음이니라.
23 자식이 부모를 만나러 오는 그 길은
가장 행복하고 즐거움이니, 그보다 더
행복한 길이 없으며 그보다 더 즐거운
길이 없다 말하였음이니라.
24 그러나 지금 나에게 오르는 그 믿음의
길을 가며 너희들이 구원을 받는다는
그 종교 지도자들의 가르침이 어떠하
던가?
25 너희들은 시와 때를 가리지 아니하고
마음의 고통이요, 시련 속에서 평생
너희들이 나로부터 받은 그 재물을 바
치는 양에 따라 구원을 받으며, 그를
하늘에 어찌 쌓아 놓느냐에 따라서 축
복을 받는다 하여,
26 너희들이 정녕 나에게 와 심판을 받는
것이 두렵고 겁이 나니 재물을 바침으
로 구원을 받을 수 있으며 그 지옥의
고통을 면할까 하는 그와 같은 기대
심리에서 바침이니,
27 이는 즐거움이 아니요, 너희들이 고통
과 시련 속에서 바치는 것임을 알아야
할 것이니라.
28 지금 이와 같이 흐르고 있으며 이와
같이 가고 있으니, 나의 피조물 만백
성이 구원을 받았다 하며 저희들이 진
정한 믿음의 길에 가고 있는 줄로 착
각하고 있는 것이 지금의 형국이니,
그를 알아야 할 것이니라.
29 사랑하는 나의 아들아!
30 "네, 아버님! 말씀하옵소서."
31 그들은 착각의 믿음이요, 저희들이 구
원을 받았다는 그 속에 살아가고 있음
이니,
32 또한 너의 제자들이 그와 같이 가는
자들을 일깨워 줘야 됨을 알아야 할
것이니라.
33 너희들이 사랑을 베풀고 나눔을 베풀
며 산다 그리 말하나,
34 너희들이 정녕 금화와 은화에 손실이
있으며 너희 몸에 상처를 입으며 너희
육신에 피해를 입었을 때도 너희들이
그와 같이 너희에게 가해를 한 자를
사랑하며 용서할 수 있는 마음을 가지
고 사는가?

35 너희 자신을 다스려 보고 깨우쳐 봐야
할 것이니라.
36 진정한 사랑이라는 것은 너희들이 평
소에 말로써만 베푸는 것이 아님이니
라.
37 그리고 남에게 줄 때 소중하지 아니하
며 남이 감사하지 않으며 너희에게 가
장 값지고 소중한 것이 아닌 것은 너
희들이 베푸는 것이 아니며 사랑의 실
천에서 이루어짐이 아니니라.
38 너희들이 크나큰 재물의 손실이요, 너
희 육신에 어떠한 변화나 고통이 따른
다 해도 그를 용서하고 이해할 수 있
는 마음으로 가는 것이 너희들이 다른
백성들과 차별화되는 것이며, 그것이
사랑이요, 진정한 깨우침의 길임을 알
아야 할 것이니라.
39 이것이 나의 뜻이요, 너희들이 진정
사랑을 베풀며 사는 것이니,
40 너의 제자들은 나의 피조물 만백성을
인도하는 지도자로서 너희들이 어떠
한 고통과 시련 속에서도 용서하며 이
해하는 사랑의 마음으로써 가지 아니
하면 아니 될 것이니라.
41 인간 너희들이 금화와 은화의 피해요,
물질적인 손실이요, 명예의 손실이요,
너희들의 자존심의 손실이 있다 하여
도 그를 허허 웃는 마음으로써 받아낼
수 있는 그와 같은 마음 자세만이 나
를 따르는 자들이 갈 길이니라.
42 이해타산의 그 한계에서 벗어나지 못
하는 자는 정녕 진정한 구원의 길을
볼 수 없음을 알아야 할 것이니라.

3,570 번째 하나님 말씀

2002년 10월 3일 06시 31분

1 사랑하는 나의 아들아!
2 "네, 아버님! 말씀하옵소서."
3 내가 너희에게 내리는 작은 말 한마디
도 소중히 간직하며, 그것이 더 큰 뜻
의 역사를 지니고 있을 수 있다 그리
말하였으며,
4 너희들이 가장 작은 나의 뜻을 행하지
아니하며 가장 작은 죄를 무서운 죄라
생각지 아니한다면 너희는 구원을 받
을 자격이 없다 하였음이니라.
5 인간관계에 살아가면서 작은 사랑 하
나 베풀지 못하며 작은 사랑의 나눔을
행하지 못하는 너희가 정녕 천년만년
을 깨우친다 한들 무엇하겠는가?
6 다 부질없는 것이니라.
7 몸소 너희들이 부딪쳤을 때 작은 것을
깨닫고 행하는 그 속에서 정녕 큰 역
사를 이룰 수 있음을 알아야 할 것이
니라.
8 개미허리보다도 더 작은 하나의 그 어
떤 역사도 이루지 못하는 너희들이 어
찌 큰 것을 이룰 수 있으며, 너희들이
정녕 깨달아 나로부터 선택된 백성이
라 할 수 있는가?
9 작은 것부터 용서하는 마음을 가질 때
너희들이 큰 것도 용서하고 이룰 수
있음을 알아야 할 것이니라.
10 사랑하는 나의 아들아!
11 "네, 아버님! 말씀하옵소서."
12 그러기에 나의 피조물 만백성이 그 누
구도 구원을 받은 자 없다 하였으며
하늘에 오른 자 없다 하였음이니라.

13 그리고 그들의 마음이 천태만상이며,
너희 생김새가 다 다르듯이 그들이 가
지고 있는 마음이요, 이해하고 생각하
는 것이 다름이니,
14 그를 하나로 묶기 위하여 네가 노력하
고 아름다운 모습으로 살아가며 인내
하고 참는 그 속에서 그들이 스스로
깨우침이 있음을 알아야 할 것이니라.
15 잘못하는 자를 잘못했다고 나무라기
전에 그가 반성하고 깨우칠 수 있도록
기회를 주며, 그와 같은 것을 보여 줌
으로써 그들이 스스로 뉘우칠 수 있는
그와 같은 가르침이 위대함이니라.
16 모든 것은 네가 보이며 네가 행함에
따라 그들이 변할 수 있음이니,
17 그저 네가 자연스러운 모습에서 자연
스럽게 모두를 다 용서하며 이해하는
그와 같은 너그러운 마음으로 서야 할
것이니라.
18 그렇지 아니하면 그 누구도 바로 설
자가 없음이니, 네가 먼저 모두를 다
용서하며 모두를 다 이해하는 마음으
로 가야 할 것이니라.
19 "네, 아버님! 알겠사옵나이다."
20 그들이 사랑을 모르며 작은 것을 용서
하지 못하며 작은 사랑을 베풀지 못한
다 하여 그를 네가 탓해서는 아니 됨
이니라.
21 그게 나의 피조물 만백성을 다스리는
기술이며 그들을 깨우치는 기술이니
라.
22 지금 모두가 저희들의 믿음만이 구원
을 받으며 저희만이 나로부터 선택되
었다 하여 도저히 변화되지 않는 그
철옹성과 같은 마음으로 가고 있는 것
이 잘못된 것이며,
23 지옥으로 가는 길이 천국이요, 하늘로
올라가는 길이라 믿고 매달리는 그들
에게 아무리 깨우쳐 주고자 하여도 듣
지 아니하듯이, 그와 같은 것이 인간
의 심리인 것이니라.
24 이를 녹일 수 있는 것은 너 스스로 먼
저 녹여짐이 소중함을 알아야 할 것이
니라.
25 "네, 아버님! 알겠사옵나이다."
26 그와 같은 훈련과 깨달음 속에서 너희
모두가 하나가 될 수 있으며,
27 또한 네가 모두를 다 이해하고 용서하
며 세상사 보아도 보지 아니하며 들어
도 듣지 아니한 그와 같은 삶의 형태
로 변해 가야 하는 것을 잊지 말라.

3,571 번째 하나님 말씀

2002년 10월 3일 06시 38분

1 사랑하는 나의 아들아!
2 "네, 아버님! 말씀하옵소서."
3 나의 피조물 만백성 너희들이 평생 살
아가면서 소원이 무엇이던가?
4 나 여호와를 만나며 나 여호와의 뜻을
들으며 나를 너희 손으로 만질 수 있
는 그와 같은 것이 너희 소원이 아니
던가?
5 너희들이 정녕 그와 같은 역사의 소원
을 이루는 것은 내가 너희를 바로 세
워 구원하고자 하여 나의 아들을 통하
여 내리는 나의 법전을 정독하여 깨우
치는 것이며,
6 나의 아들의 강론을 들어 그 나의 아
들의 강론이요, 나의 법전이 나의 성

령의 뜻이라, 그리고 내가 너희를 위
하여 내리는 것이라 정녕 믿는 자,
7 그와 같은 믿음의 마음을 갖는 자만이
창조주인 나 여호와를 만남이라는 것
을 알아야 할 것이니라.
8 이제 심판의 시대에 내가 심판을 실시
하고 있는 이 시점에, 너희들이 정녕
심판자를 만난다는 것은 있을 수 없는
역사이니라.
9 심판을 받는 자가 심판하는 자를 만나
는 것은 너희 인간사 세속에서도 너희
형편에 있을 수 없는 생활이듯이, 너
희들이 나 여호와를 만날 수 없음이니
라.
10 그러나 내가 너희를 심판하는 것은 나
의 계명이요, 나의 뜻대로 살아가느냐
살아가지 아니하느냐에 따라 심판함
이니,
11 곧 이것이 나의 법전이요, 나의 아들
이 나의 뜻을 전하기 위한 나의 아들
이라는 것을 굳게 믿는 자, 그와 같은
자는 나를 볼 수 있음이니, 그는 무엇
이던가?
12 너희 마음 자세가 그리 변화되어 있기
때문이니, 변화되지 아니한 자는 나를
만날 수 없음이니라.
13 심판하는 자를 심판받을 자가 만날 수
없으나, 깨끗하게 심판이 끝났으며 죄
가 없을 때, 인간 세상에서도 심판하
는 자를 인간관계에서 만날 수 있지
않은가?
14 곧 그와 같은 이치이니라.
15 너희들이 나의 법전이 나의 성령의 뜻
에 의해 이루어지며, 나의 아들이 정
녕 나의 모든 역사를 이루는 나의 아
들이라 믿을 때, 너희는 바로 갈 수 있
는 자요, 바로 가고자 하는 자이기에
나를 볼 수 있음을 알아야 할 것이니
라.
16 내가 너희에게 무어라 가르쳤는가?
17 나의 법전은 너희들의 일반 책과 달라
서 너희들이 깨달아서 경지에 오르고
오를 때, 그때마다 너희들이 깨달음이
다르며 깨달음을 얻는 방법이 다르며
그 깨달음의 깊이가 다르다 하였음이
니라.
18 그리하여 이것이 나의 법전이라 증명
함을 너희는 알아야 할 것이라 하였음
이니,
19 너희가 그와 같이 깨달으며 나의 법전
을 읽고 느끼고 변화하는 것은, 너희
들이 이것이 나의 성령으로써 내가 역
사하는 나의 법전이요, 이 세상 마지
막으로 너희를 구원하기 위하여 나의
아들이 세상에 내려와 있음을 믿는 것
이니라.
20 그것을 먼저 믿지 아니하는 자, 아무
리 경지에 오르고자 하여도 너희들의
깨달음은 인간의 한계를 벗어날 수 없
음을 알아야 할 것이니라.
21 그와 같은 믿음의 자세가 되어 있지
아니한 자가 어찌 믿겠는가?
22 그 마음이 굳어져 있는 상태에서 너희
들이 나의 법전을 보며 나의 아들을
통해 내리는 강론을 들을 때 모든 이
치를 알게 되어 있음을 알아야 할 것
이니라.
23 이를 너의 제자들에게 가르쳐 주라,
그렇지 아니한 자 절대 나를 볼 수 없
으며 너희들은 정녕 변화될 수 없다는

것을.
24 너희들이 나의 법전이 너희를 위하는 나의 성령이며, 나의 아들이 너희를 구원하기 위하여 마지막 시대에 온 자라 생각할 때,
25 너희는 그를 어찌 바라보며, 너희 마음속에 그를 보는 생각이 어찌 되겠는가?
26 너희들이 그 근본적인 마음 자세요, 법전의 소중함이요, 나의 아들의 소중함을 먼저 느꼈을 때, 나 여호와가 너희들과 같이한다는 마음을 가질 수 있으며 나와 항상 같이할 수 있는 것임을 알아야 할 것이니라.
27 너희들이 나의 법전을 믿지 아니하며 나의 아들을 믿지 아니함은, 육신으로 이루어진 부모의 은혜에 감사할 줄 모르고 은혜를 갚을 줄 모르며, 그저 저희 손으로 지은 성전에 재물과 모두를 바치면 구원을 받는다 하여 그것이 구원의 길이라며 달려가는 그와 같은 어리석은 자와 너희들이 한 치도 다름이 없음이니, 그를 먼저 알아야 할 것이니라.
28 이 이치를 깨우치지 못한다면 세상의 이치를 깨우칠 수 없는 자임을 알라.
29 그리고 너희들이 마음에 동요가 일 수 없는 자들이며, 변화될 수 없으며 변화되는 삶을 살지 못하는 자들이니,
30 너희들이 항상 마음속 깊은 곳에 의혹하는 마음이요, 배신할 수 있는 마음이요, 등 돌릴 수 있는 마음이요, 작은 이해관계에 의하여 떠날 수 있으며 마음이 변할 수 있는 자요,
31 그 사악한 마음의 뿌리를 뽑을 수 없으며 그와 같은 마음을 제거할 수 없는 것은 나의 법전이요, 나의 아들을 믿지 못하는 데서 이루어지는 것이니 그리 알라.

3,572 번째 하나님 말씀

2002년 10월 3일 06시 47분

1 사랑하는 나의 아들아!
2 "네, 아버님! 말씀하옵소서."
3 나로부터 선택된 나의 아들딸이요, 나의 백성, 너희들은 인간의 부귀영화를 위한 사업이요, 인간의 아름다운 삶을 위하여 노력하는 그 모두가 다 부질없는 것이라 하였음이니라.
4 너희 인간 세상에서 살아가면서 나의 법전이 나의 뜻이요, 나의 아들이 나의 아들이라 믿는 너희들의 사업은 인간의 육에 의한 사업이 아니요,
5 그 육에 의한 사업의 성공이라 하는 것도 너희들이 그 사업에 직접 뛰어듦이 아니라 하였음이니라.
6 너희들은 나의 법전을 세상에 전하며 만백성에게 전해 주는 것이 너희들의 첫 번째 사업이요, 두 번째 사업이요, 세 번째 사업이니,
7 너희들은 나의 법전을 전하는 것에 너희 인간 세상의 모든 사업의 성공함이 있다 하였음이니라.
8 나로부터 선택된 백성이요, 나의 아들딸이라 말하는 너희들은 육의 삶을 위하여, 육의 사업의 성공을 위해서 노력하는 것으로는 얻어짐이 없다 내가 말하였음이니라.
9 너희들은 나의 법전이요, 나의 뜻을

세상에 전하는 것으로 인하여 만백성
중에 그를 보고 깨우치는 자가 늘어날
때,
10 너희가 인간 사업의 성공자요, 너희들
의 꿈 모두를 다 이룰 수 있는 것이 거
기에 있다 하였음이니라.
11 그리하여 너희들은 인간 세상에서 인
간이 계획하는 금화와 은화를 벌어들
이고자 하는 그 사업의 목표가 이루어
질 수 없으며, 나의 법전을 전하기만
하면 그 뜻이 이루어진다 하였음이니,
12 너희들 사업의 모든 목표를 나의 법전
을 전하여 만백성을 구하는 그곳에 초
점을 맞추고 사는 것이 너희 영혼을
구함이며, 인간 세상의 사업에서도 성
공할 수 있으며, 또한 너희들이 금화
와 은화를 거두며 너희 인생을 살 수
있는 길이 있다 하면,
13 오로지 너희는 너희 육의 사업의 사업
계획서가 아니요, 나의 법전을 전하는
데 너희들이 모두를 다 바쳤을 때 이
루어진다 하였으며,
14 너희 인간의 육의 사업 자체도 너희들
은 나의 법전을 전하는 것이지 직접
너희들이 사업을 하여 성공할 수 없다
내가 말하였음이니,
15 이것이 나의 백성 모두와 너희들과의
차별화라는 것을 내가 너희에게 가르
쳐 주었거늘, 어찌하여 너희들의 그
마음이 그러하던가?
16 너희들이 그와 같은 역사를 이루기 위
해서는 무엇부터 마음이 다스려져야
되겠는가?
17 너희들이 금화와 은화를 두려워하지
아니하며, 너희들이 금화와 은화를 벌
어들이기 위한 너희 육의 사업을 접어
두고 나의 법전을 전하는 것이 너희들
의 모든 사업의 성공의 지름길이라 하
였음이니, 과연 그 역사의 길을 가고
있는가?
18 너희들이 가지 못하는 것은 나의 법전
을 믿지 못함이며, 나의 아들이 나를
통하여 내리는 그 뜻이요, 강론하는
것을 믿지 못하며, 나의 아들이 마지
막 시대에 나로부터 선택된 나의 아들
이라는 것을 믿지 못하기 때문이니,
19 믿는 자는 그 모든 사업을 그와 같이
법전을 전하는 데 맞출 것이며, 믿지
못하는 자는 그러하지 못할 것이니라.
20 이것이 너희들이 차별화되어야 할 것
이며, 그리하여 나의 법전을 믿는 그
와 같은 마음으로 변하지 아니하면 너
희들이 변화의 역사를 이룰 수 없다
하였음이니라.
21 내가 너희들에게 일찍이 깨우쳤음이
니라.
22 너희에게 내가 깨우쳐 주었으며 너희
들이 행할 수 있고 살아갈 수 있는 것
을 다 정해 주었건만 너희들이 그를
행하지 아니하기에, 내가 160권의 법
전 속에 계속 강요하고 반복하며 강조
하는 것이니라.
23 나의 법전을 깨우쳐 공부하지 아니하
는 자는 나에게 와 심판을 받을 자격
이 없다고까지 내가 너희에게 가르쳐
주었음이니, 이 법전이 얼마나 소중하
던가?
24 나의 피조물 만백성에게 이 법전을 전
해 줘 그들이 심판을 받을 수 있는 기
회를 열어 주며 인도하는 것이 너희들

이니,
25 너희 육의 삶이 그보다 더 소중하며 금화와 재물이 그보다 더 소중하던가?
26 너희들은 어찌하여 금화와 은화요, 모든 재물의 사업이 나의 법전을 전하는 것이 일 번이며 그로 하여금 너희에게 역사가 이루어진다 하였거늘 그 뜻조차도 행하지 못하는가?
27 그 마음속에 너희들의 작은 욕심의 뿌리를 아직도 버리지 못하고 있기 때문이니라.
28 만백성이 나의 법전을 읽고 이를 깨우치지 아니하면 나로부터 심판을 받을 자격이 없다 하였음이니,
29 그리고 나의 법전을 읽지 아니하는 자, 하늘에 오르는 그 빛을 볼 수 없으며, 그 빛을 따라 구원의 길에 오를 수도 없다 하였으며, 그 길을 볼 수 없다 하였음이니,
30 너희들이 여기서 나의 피조물 만백성을 정녕 구원하는 것이 너희 소원이요, 너희 뜻이요, 대명이라는 자들이 어찌 법전을 전하는 데 전부를 다 바치지 아니하는가?
31 그와 같은 깨달음 자체도 너희는 모르고 있느니라.
32 지금의 종교 지도자라는 자들은 어디 가서 설교하고 가르치고 강론하고서 재물을 받아 온다 하였음이니,
33 그는 나의 뜻과 아무런 관계도 없으며, 나의 뜻을 거역하는 자라 하였음이니라.
34 강론할 수 있도록 많은 사람을 모아 준 주인에게 나 여호와의 뜻을 전할 수 있는 것을 감사하여 그곳에 가서 은혜를 베풀고 와야 하는 것이 그들의 자세라 하였거늘,
35 그들이 지금 역행하니 나와는 관계없다 하였음이니, 너희들도 그와 같은 자와 조금도 다름이 없음을 알아야 할 것이니라.
36 만백성을 구하기 위하여 대명을 받은 자, 너희들이 걸친 옷이 소중하며 너희들이 금화와 은화를 벌기 위하여 너희 사업에 노력함이 중요하던가?
37 그 모두는 나의 법전을 전하는 사업에 매달릴 때 내가 스스로 너희들에게 다 상으로 내려 준다고 하였거늘 너희 마음자리가 변하지를 못하였으니,
38 만백성에게 법전을 전하여 그들이 이를 보고 깨우쳐 심판을 받는 심판대에 올 수 있다 하였거늘, 너희들이 그 위대한 것을 모르고 그 소중함을 모르고 너희들이 대명을 받은 것을 모르고 살아가니, 너희들의 마음자리를 고쳐야 할 것이니라.
39 너희들 자신이 변화되지 아니하며 너희들이 고쳐지지 아니하기에 내가 반복하고 또 반복하여 너희들을 깨우치고자 하는 이 역사의 어려운 길을 가고 있음을 알아야 할 것이니라.
40 다시 한 번 나의 피조물 만백성에게 전하라.
41 이 법전을 접하여 정독하고 변화되지 않는 백성은 나에게 심판받을 자격이 없으며 하늘나라의 천국에 올 수도 없는 것이니,
42 그들을 구원하기 위하여 너희들이 먼저 나의 법전을 그들의 손에 쥐여 줄 시간이 없거늘,

43 너희들은 적은 금화와 은화에 너희 마
음이 상하며 얼굴 붉히며 욕심을 버리
지 못하는 그 추한 모습으로써 나의
성전에 와서 공부한다 하지 말라.
44 그러한 자 천 명, 만 명이 있어도 영원
히 천사와 같은 마음으로 돌아설 수
없으니, 그를 깨우치고 가르칠 그와
같은 시간이 없음이니라.
45 오로지 그와 같은 자 하나를 구하기
위하여 나의 성령이 존재하며 이 법전
이 세상에 존재하며,
46 나의 아들이 지금 너희들을 위하여 강
론함이 다 한 사람을 구하기 위함이니,
47 단 한 사람이라도 그와 같이 변할 수
있는 자를 위함이니라.
48 제 앞에 더 큰 밥그릇, 더 큰 떡을 놓
고자 하는 그 원초적인 인간의 본성을
버리고 사악한 마음의 뿌리를 지우지
못하는 자들은 나와는 아무런 관계도
없는 자들이니,
49 그들을 위하여 나의 아들이 강론하며
그들을 위하여 나의 성령을 전할 이유
가 없음이니 그리 알라.
50 그리하여 그와 같은 마음을 가지고 있
는 자, 나의 법전을 공부하며 나의 성
전에 와 앉아 있으나, 그는 귀에 그것
이 들리지 아니할 것이며 깨달음을 얻
을 수 없음이니라.
51 그 원초적인 작은 욕심의 뿌리를 버리
지 아니하는 자는 아무리 앉아 있어도
나의 뜻을 알 수 없는 것이니, 내가 그
의 귀를 막으며 눈을 막고 있기 때문
이니 그리 알라.

3,573 번째 하나님 말씀

2002년 10월 3일 10시 08분

1 사랑하는 나의 아들아!
2 "네, 아버님! 말씀하옵소서."
3 나의 아들 예수가 세상에 나가 그 많
은 역사를 이루며 기적을 이루었으니,
4 그가 그와 같이 한 시대를 열어 가며
몇 명을 제자라 명하였던가?
5 열두 명이라는 자들을 제자로 명하였
으니, 그와 같이 위대한 역사에 현실
적인 그 증거를 보여 주는 속에서도
그는 열두 제자만을 거느리고 있었음
이니, 너 또한 그와 같은 예수의 가르
침이요, 깨달음을 알아야 할 것이니라.
6 많은 제자요, 많은 백성을 네가 끌어
안고 가려 하며 그와 같이 생각해서는
아니 될 것이니라.
7 예수는 열두 제자를 거느렸으며, 그
열두 제자 또한 그가 어렵고 힘들 때
그에게 등 돌리고 배신하였음이니, 많
으면 무엇하며 적으면 무엇하던가?
8 이제 너 또한 예수가 그와 같이 열두
명의 제자를 두었던 그 뜻과 가르침을
알고 깨달아야 할 것이니라.
9 그도 열두 명의 제자로서 그 많은 역
사를 이루었음이니,
10 너 또한 많은 제자를 두는 것이 네가
나의 뜻을 이루는 그곳에 도움이 되며
많은 제자를 거느려야 역사를 이룬다
생각하지 말라.
11 예수는 그 시대에 나름대로 그가 생활
을 영위하면서 가르칠 수 있도록 했으
며, 너도 나의 법전으로써 모두를 내
가 다 이루어 줄 것이니 너는 그것으

로써 가면 될 것이며,
12 네가 많은 제자를 두는 것이 나의 역
사요, 나의 뜻을 이루는 데 도움이 된
다 생각하지 말라.
13 그들은 네가 제자로서 엮는 것이 아님
이니라.
14 지금 기존의 종파처럼 하나의 집단에
속해 있는 자가 죽을 때까지 속해 있
는 것과 같이 조직적으로 그 조직을
편성해서 이끌어 가는 것이 아니며,
15 너는 그저 한 명이든 두 명이든 진실
한 제자와 더불어 나의 법전을 세상에
전하는 것뿐이니,
16 그리하여 나의 백성들이 이 법전을 읽
고 깨우쳐 그 자리에서 선하고 아름답
게 살아가도록 하는 것이 네가 해야
하는 일이며 내가 이루고자 하는 것이
니라.
17 나의 아들 예수도 만백성에게 강론하
며 그들을 깨우쳤으나, 그들의 이름을
하나하나 기억하여 그들을 제자라 하
여 엮으며 그들이 다 나가 선생으로서
자리 잡도록 이룬 것도 아니며 그와
같이 가르침도 아니 하였음이니라.
18 그러니 너는 너의 제자라며 왔다가 떠
나는 자, 그리고 네 앞에 와 강론을 듣
다가 떠나는 자, 가는 자 말없이 그저
보내 주면 될 것이며 그들을 잡으려
하지 말라.
19 저희들이 구원을 받고 못 받는 것은
저희 자신에게 달렸음이니라.
20 그러니 정녕 내가 너에게 뭐라 말하였
더냐?
21 160권의 법전을 이룰 때 그곳에 이름
이 기록되는 자가 하늘에 오르는 영광
된 자요, 거기서 영원히 남을 자며, 너
의 제자로서 존재한다 하지 않았던가?
22 아직 네가 3부의 법전을 쓰니, 10부의
법전을 마치고 마지막 그 법전 속에는
모두를 너와 더불어 갈 수 있는 자를
선별하여 그 제자들의 명단이 거기에
오를 것이니,
23 그 이름이 기록되는 자, 영원히 나의
아들을 따라 나의 역사를 이룬 자로
기록될 것이니라.
24 이를 너는 가슴에 깊이 새겨 많은 사
람들이 너에게 와 제자로 임하고자 하
나, 세월이 지나면서 육의 부귀영화를
얻지 못할 때 떠나는 자에게 네가 연
연하지 말라.
25 나의 아들 예수가 세상에 왕이라 하여
그가 왕으로 왔을 때, 많은 백성들이
모든 권력과 능력이요, 그 힘을 얻어
저희들이 한 시대에 인간의 삶을 영광
되게 살려 했으나 그것이 이루어지지
아니하며 그 뜻의 결과가 없자 그들은
떠나고 등을 돌리지 아니하였던가?
26 너는 그와 같은 시대상이요, 그 현실
을 깨우쳐 봐야 할 것이며,
27 오늘의 그와 같은 너희들의 변하는 역
사가 그때나 지금이나 다르지 아니함
을 알아야 할 것이니라.
28 그리하여 마지막 160권의 법전이 끝
날 때 거기에 기록되는 자가 나로부터
영원히 기록되는 제자들이며 만백성
에게 길이 이름이 남을 자들이니,
29 오늘의 준비 단계에서 왔다가 가는
자, 왔다가 떠나는 자를 향하여 네가
가슴 아파하지 말라.
30 그들은 다 저희들의 복이니라.

31 너를 따라 영원히 같이 갈 자, 준비된
자들이 올 것이며, 영원히 남을 자 하
나하나 많은 세월 속에 선별되게 될
것이니 그리 알라.
32 하루아침에 네 앞에 와서 너의 제자라
하여 나의 법전을 읽고 깨우쳤다 하며
눈물 흘리고 반성하고 회개하는 자,
그가 너의 제자로 남을 수 있다 생각
하지 말라.
33 많은 세월 속에 고통과 어려움의 그
훈련 속에서 그를 인내하고 견디는 자
를 고를 것이니라.
34 이는 곧 쭉정이 속에서 알곡식을 고르
는 그와 같은 방법으로 골라짐을 알라.
35 오늘의 그 모두는 다 오늘에 필요하여
그들이 존재하는 것이며, 그들이 영원
히 가고 못 가는 것은 저희들의 마음
자리에 달렸음이니라.
36 나의 법전이 나의 성령이요, 나의 아
들이 나로부터 선택되어 내 명령을 받
고 내려간 아들이라 생각할 때, 그들
은 감히 그 앞에서 저희들의 작고 큰
욕심에 대한 것을 버리지 못하며 무엇
인가를 눈으로 보여 주기를 바라는 자
들이니,
37 곧 예수가 제왕으로서 권력을 쥐고 세
상을 통제하는 왕으로 생각하여 모였
던 자들과 같음이니,
38 나의 아들이라 하여 네가 기적을 이루
며 무엇인가를 보여 저희들이 부귀와
영화로운 삶을 사는 것을 생각하는
자, 여기에 존재하지 못하며 남지 못
함을 너는 알아야 할 것이니, 마음 아
파하지 말라.

3,574 번째 하나님 말씀

2002년 10월 3일 12시 19분

1 사랑하는 나의 아들아!
2 "네, 아버님! 말씀하옵소서."
3 내가 너에게 일깨워 주지 아니하였던
가?
4 그 많은 역사와 기적을 이루었던 나의
아들 예수도 기록되기를 열두 명의 제
자가 있었으니,
5 또한 그 제자들도 그에게 등을 돌리는
그와 같은 아픈 과거요, 아픈 지난날
의 너희들의 삶이 있다 하지 아니하였
더냐?
6 너는 알아야 할 것이며, 너의 제자들
에게 깨우쳐 주어야 할 것이며,
7 오늘 성전에 나와서 너의 강론을 듣는
너의 제자들은 이것을 가슴에 심고 가
라 이르라.
8 바람이 불고 또 태풍이 몰아쳐도 그
바람은 언젠가는 조용히 멈추게 되어
있음이니라.
9 조용히 불어오는 바람도 그 바람이 멈
추게 되어 있으며, 비바람이 몰아치는
태풍도 영원히 그리 지속되는 것이 아
니라 그 태풍이 멈추는 때가 있으며
그 태풍이 스스로 사그라짐이 있음이
니라.
10 그것이 인간사의 마음이니라.
11 불어오는 바람도 멈추며 무섭게 몰아
닥치는 태풍도 멈추는 때가 있음이니,
12 만백성을 구하는 나의 아들이요, 나의
성전에 와 나의 성령을 듣는 너의 제
자들은 불어오는 바람이요, 태풍도 그
가 멈춤을 알고 항상 기다리고 인내하

는 너희들의 마음 자세를 갖고 가야
됨이니라.
13 소낙비가 쏟아지든 봄비가 쏟아지든
아무리 비가 내려도 그 비는 멈추게
되어 있음이니라.
14 그러니 그 멈추는 시간을 기다려야 됨
을 알아야 할 것이니라.
15 그를 기다리지 못한다 하면 그것 또한
나의 아들이요, 나로부터 선택된 백성
의 자세가 아님을 알아야 할 것이니라.
16 이것이 네가 가야 할 길이며, 너의 제
자들이 가야 할 길이니라.
17 내가 그를 버리라 명하며 손을 놓으라
명하기 전까지 너희들은 기다리는 삶
이 중요함이니라.
18 너희가 평가해서는 아니 될 것이니라.
19 영원히 돌이킬 수 없으며 영원히 깨달
을 수 없는 자라고 너희들이 생각하는
자, 그리고 영원히 같이 갈 수 있는 자
라고 생각하는 그와 같은 백성, 그 모
두는 세월이 지나면 답이 있으며 알게
됨이니, 오로지 그 모두는 나 여호와
밖에 알 수 없음이니라.
20 그러니 너희는 그저 묵묵히 기다리는
삶을 살아가야 된다는 것을 잊어서는
아니 될 것이니라.
21 사랑하는 나의 아들아!
22 "네, 아버님! 말씀하옵소서."
23 네가 가지고 있는 마음을 내가 알고
있음이니라.
24 네가 스스로 조용히 나에게 경배하고
기도하며 법전을 만드는 데에만 네 모
두를 다 바치며, 누구와도 만나지 아
니하고 대화하지 아니하며 그들과 어
울리지 않으려 하는 마음을 나 여호와
가 알고 있음이니라.
25 너 자신이 조용히 마음을 열지 아니하
고 마음을 주지 아니하며, 그저 기도
하고 경배하여 법전을 만드는 데에만
네가 모두를 다 바치며, 네가 인간관
계를 끊으려 하는 것을 나 여호와는
알고 있음이니라.
26 나의 아들아, 그리 가서는 아니 됨이
니라.
27 너는 기다려야 할 것이며, 그들을 바
라보는 마음이 지금과 같은 마음에서
변화가 있어서는 아니 됨을 알라.
28 조용히 기다리면 그 불어오던 바람이
멈추며 태풍이 멈추며 쏟아지던 그 소
낙비가 멈출 날이 있는 것이니,
29 그 고비를 슬기롭게 넘길 수 있는 그
와 같은 깨달음을 전해 주는 것이 네
가 가야 할 길이며, 오늘 참석한 너의
제자들 또한 그런 마음 자세로 가는
것이 너희가 가야 할 길임을 알라.

3,575 번째 하나님 말씀

2002년 10월 3일 14시 45분

1 사랑하는 나의 아들아!
2 "네, 아버님! 말씀하옵소서."
3 너희들의 기적과 깨달음의 그 역사가
어디에 있는지 아는가?
4 너희들이 깨달음이요, 기적이요, 보고
느끼는 것은 너희들의 마음에 따라서
그 깨달음의 경지가 다름이니라.
5 가을에 무심히 떨어지는 낙엽 하나를
보고도 느끼는 그 깨달음의 높이는 말
할 수 없음이니,
6 그를 보는 사람마다 그를 보는 생각에

따라서 거기에 진리가 있고 깨달음이
있음이니라.
7 자연의 흙에서 나는 풀 한 포기도 거
기에 진리가 있고 깨달음이 있음이니,
진리는 가장 아래에 있는 것이니라.
8 위대한 철학자요, 배운 자요, 능력 있
는 자들이 가르치는 그 속에 인생의
진리요, 참진리가 있는 것이 아님이니
라.
9 바로 가장 낮은 곳에 있느니라.
10 길거리에 밟히고 밟히는 질경이라는
그 풀 한 포기가 밟히면서 나오는 그
들의 생명력이요, 삶의 성장 능력이
요, 그와 같은 것을 보면서 그 속에서
진리요, 너희들이 보고 느끼며 깨달음
이 있음이니,
11 경지에 오르고 진정 마음을 비운 자는
거기에서 너희들이 상상할 수 없는 위
대함을 볼 것이며, 그렇지 못한 자는
그저 한 포기의 풀이며 사람들이 밟고
가도 견디고 사는 질경이라는 풀 하나
로 볼 것이니라.
12 그 모두에 위대함이 있으며, 바로 가
장 낮은 곳에 나 여호와의 진리가 있
음을 알아야 할 것이니라.
13 참진리는 낮은 곳에 있느니라.
14 나의 법전이 그리하여 나의 피조물 만
백성을 깨우치기에 가장 낮은 속에 너
희들을 깨우치며 가장 낮은 그 속에
나의 진리요, 나의 뜻이 있음이니라.
15 너희들이 다 알고 지내는 것이며 너희
들이 다 깨우쳐 알고 있으며 말로써는
누구보다도 더 잘 표현하고 너무나도
잘 알고 있는 그와 같은 평범한 가르
침이 나의 법전에 기록되어 있으니,
16 그게 바로 가장 낮은 진리요, 가장 위
대한 뜻이 거기에 있음이니, 높은 데
에서 너희들이 진정한 진리요, 깨달음
을 얻는 것이 아님을 알라.
17 똑같이 사람이 죽어 가는 것을 보면서
그곳에서 깨닫고 느끼는 것이 다름이
니라.
18 한 사람의 생명이 죽어 감을 보면서도
느끼는 것이 각자가 다름이니, 거기에
서 위대한 깨달음을 얻을 수 있으며
거기에서 위대한 변화의 역사를 이룰
수 있음이니,
19 죽고 사는 그 죽음에 대한 이치를 깨
달을 수 있는 것은 사람마다 다 각자
가 다름을 너희는 알아야 할 것이니라.
20 너희들은 여기서 알아야 할 것이니라.
21 나의 성전에서 깨우쳐 하늘에 오르겠
다 하는 자들, 너희들이 가장 낮은 곳
에 진리가 있으며 평범한 곳에 깨달음
이 있고 배움이 있음을 알아야 할 것
이니라.
22 너희 중에 '조나영'이라 하는 그 어린
학생이 있으니, 한 나약한 여인이니라.
23 그가 대전이라는 곳에서 너희들이 사
는 서울이라는 이곳까지 기차라는 기
계를 이용하여도 두 시간 이상이 걸리
는 그 먼 길을 일주일에 한두 번이요,
두세 번씩 멀다 않고 옴이니라.
24 나의 성전에 와서 그는 나의 법전을
이루기 위하여 나의 법전에 오자와 탈
자를 고치며 편집을 하고 그는 고달픈
길을 내려감이니라.
25 그 나약한 한 학생이 이 법전을 만들
기 위하여 두 시간 이상 걸려서 왔다
가 밤늦게 두 시간 동안 또 내려가는

그와 같은 마음 자세요, 그가 행하는 것을 너희들은 어찌 보았는가?

26 너희들은 인간의 욕심이요, 인간의 생각으로써 어찌하여 학생이 저와 같은 행위를 할 수 있는가 그리 생각할 것이며,

27 나약한 여자로서 어찌 무엇이 그리 소중하기에 늦게까지 먼 길을 달려와 밤늦게까지 공부를 하고 깨우치며 내려가는가 너희들은 그리 평범하게 볼 것이니라.

28 그 학생이 움직이는 것을 평범하게 보는 것은 그냥 평범한 자가 보는 것이니라.

29 그러나 나의 성령이요, 나의 법전 160권이 세상에 나와 만백성을 구하는 그 역사를 이루기 위하여 그는 스스로 제 금화와 은화를 써 가면서 일주일에 두세 번씩 멀고도 먼 길을 왔다가 멀고도 먼 길을 지친 몸을 끌고 밤늦게 내려감이니,

30 그가 나의 법전을 사랑하며 나의 성령을 사랑하며 나 여호와가 존재함을 믿으며 나의 아들을 믿고 따르는 그 마음의 위대함을 너희들은 과연 알겠는가?

31 지금 나의 성전에 와서 공부하고 깨우치고 배운다 하는 자, 너희들은 나이를 먹었으며 믿음을 몇십 년 동안 가지고 공부를 했으며, 너희 믿음만이 위대한 것이며, 너희만이 이 성전을 운영하는 자라 그리 자부하며 생각하는 자, 너희들의 믿음 한 귀퉁이에 과연 부끄러운 점은 없으며 너희들이 깨달을 점은 없는가?

32 그 학생과 같이 너희들이 두 시간 동안 먼 길을 일주일에 단 한 번씩 강론에 참석하고 나의 아들이 하는 그 강론을 듣기 위하여 나의 성전에 찾아온다면, 너희들은 과연 몇 달이나 갈 것이며 몇 번이나 올 수 있겠는가?

33 여기에서 너희들은 그 학생의 하나를 보고 깨달음이 있으며 배움이 있으며 느낌이 있을 것이며, 부끄러움을 알며,

34 너희들이 오늘의 그 믿음의 자세가 얼마나 형식적이며 위선적인가, 그리고 이기적인 계산에서 움직이는가를 알 것이니라.

35 과연 너희들이 그 학생의 노고에 어깨 한번 두드려 주며, 그와 같은 자가 있기에 밝은 미래가 있으며 나 여호와 하나님이 이루고자 하는 그 역사는 이루어질 것이라며 그를 격려하고 사랑하는 따뜻한 말 한마디로써 그를 위로했는가?

36 그저 믿음의 길이 무엇이며 진정한 믿음이 무엇인지 아무것도 모르는 한 소녀가 천방지축으로 날뛰고 설치는 그와 같은 모습으로 너희들은 보지 않는가?

37 그리고 그 학생의 자세가, 너희들의 아들과 딸들이 그와 같이 열성으로 믿음의 길을 간다면 너희는 과연 그를 놔두겠는가, 그를 막지 아니하겠는가?

38 너희들은 그와 같은 생각과 그와 같은 마음 자세로 그 학생을 바라보는 것 외에 그 어린 소녀를 보는 마음 자세에서 무엇을 그로부터 깨달았는가?

39 너희들은 여기에 배움이 있으며 깨달음이 있음이니라.

40 너희 마음속에 생각하는 것이 어떠냐
에 따라서 하늘과 땅과 같은 차이가
있음이니,
41 가장 작은 것에서 깨우침을 얻을 수
있으며, 가장 작은 것에서 진리를 알
며 나의 뜻을 알아 너희들이 행하고
살아갈 수 있다는 것을 잊어서는 아니
될 것이니라.
42 가장 낮은 곳에 진정한 진리가 있음을
알라.
43 가장 평범한 생활 속에 진리가 있으며
깨달음이 있음이니,
44 거기서 너희들이 얻어야 할 것은 바로
변하는 너희 모습이며, 세상사 나 여
호와가 창조한 그 위대함을 알아야 할
것이며, 그 신비함을 거기서 깨달아
너희 스스로 생활 속에 변하는 그와
같은 현명한 지혜를 가져야 할 것이니
라.
45 내가 오늘 '조나영'이라는 한 학생을,
그 어린 소녀의 이름을 기록하나니,
46 그가 믿음을 향하여 철마를 타고 달려
오는 그 마음을 너희들이 모르며 그
정성을 모르며 그가 고달픈 길을 마다
하지 아니하고 오는 그 마음을 너희들
이 모르니,
47 과연 너희들이 그 소녀와 같은 마음처
럼 나를 믿으며 법전을 믿으며, 만백
성에게 전하는 이 법전을 세상에 내고
자 하는 그 마음과 욕심이 과연 누가
더 강하던가?
48 나이 먹으며 세상사를 다 알며 이치를
다 안다는 너희들이 과연 그의 몇 분
의 일이나 따라가는가?
49 그리하여 나의 아들의 제자인 너희들
에게 깨우침을 주기 위하여 내가 그
이름을 거론하여 여기에 오늘 기록하
니,
50 이 대목을 읽고 너희들이 정녕 부끄러
움을 모른다 하면, 너희들의 믿음의
자세요, 나의 성전에 와 나의 법전을
들으며 나의 아들로부터 강론을 듣는
너희 자신이 과연 그 멀고도 먼 길을
올 수 있겠는가?
51 그것으로써 너희들이 우등생이 되지
못함을 알라.
52 우등생이 되지 못한 너희들이 무엇을
이루고자, 무엇을 갖고자, 무엇을 역
사하고자 하는 생각을 하지 말라.
53 도리어 그 학생을 정상이 아닌 소녀처
럼 생각하는 너희들이 얼마나 어리석
은 자인가?
54 너희 스스로 그 진리를 가장 간단한
곳에서, 너희 생활 속에서 찾는 지혜
를 얻도록 그리하라.
55 그리하여 내가 그 이름을 나의 법전에
기록하여 전함이니,
56 대대손손 후손들은 이를 보고 거울삼
아 너희들이 깨달음이요, 진정한 하늘
에 오르는 길을 얻기 위해서는 거리나
시간을 마다하지 아니하고, 그보다 더
한 노력을 해서라도 취하고 얻어야 된
다는 것을 내가 표시하고 증거하고자
기록함이니 그리 알라.

3,576 번째 하나님 말씀

2002년 10월 3일 15시 05분

1 사랑하는 나의 아들아!
2 "네, 아버님! 말씀하옵소서."

3 내가 너희들에게 일찍이 깨우쳐 전하기를, 나의 법전과 같이 더불어 정성을 다하여 정독하는 마음 자세로 살라 하였음이니라.

4 너희들이 나의 법전의 뚜껑을 열어 모든 정성을 다하여 정독할 때 내가 너희들과 같이 있다 하였으며, 너희들과 항상 같이하고 있음을 내가 너희에게 알려 주지 아니하였던가?

5 그러나 너희들은 지금 어찌 가는가?

6 160권의 나의 법전이 세상에 나오는 그 역사의 위대함이요, 지금 나의 성령을 받아 만백성을 구하는, 영원히 보존되고 영원히 기록되는 이 책이라는 것을 너희들이 만들어 냄에 있어서 너희들이 얼마나 위대한 역사를 이루고 있는 것인가?

7 이것이 바로 너희들이 이 세상 모두를 다 주어도 바꿀 수 없는 위대한 기적의 역사가 이루어지고 있음임을 너희는 어찌하여 알지 못하는가?

8 너희들은 나의 아들 예수의 시대에 예수가 이루었던 기적이요, 그 기적에 의하여 앉은뱅이를 일으켜 세우며 죽은 자를 살리는 그와 같은 기적의 존재만을 원하며,

9 나의 아들에게 그와 같은 역사를 만백성에게 보여 주어 만백성이 나의 아들이 진정한 나의 아들이라 하여 그를 따르도록 너희들이 말하고자 그 역사의 기대 속에 있음이니, 이는 바로 너희들이 어떠한 심리던가?

10 예수가 왕으로 왔을 때 그가 인간을 통제하는 왕으로 오기를 바랐던 그 시대에 그를 따랐던 제자들의 마음과 너희들의 마음이 무엇이 다르던가?

11 너희들은 나의 아들이 지금 모든 역사를 이룸으로써 너희들이 편안하고 안일한 삶 속에서 나의 법전을 전하는 그 역사를 이루고자 하는 것이니,

12 이미 너희들이 보지 못하는 역사가 나에 의해 이루어지고 있음을 알라.

13 너희들은 병든 자를 고치며 쓰러져 가는 자를 일으켜 세우며 죽은 자를 살리는 것만이 기적이라 그리하는가?

14 그러나 그것은 나의 아들 예수의 시대에 이루었던 기적이요, 지금은 내가 나의 아들을 통하여 너희들의 미래를 알려 주며 미래에 이루어질 것을 알려 주며 너희들이 병들고 쓰러질 것을 미리 너희에게 전해 주도록 나의 아들에게 역사함이니,

15 나의 아들은 그를 예방하며 너희들이 그 아픔의 고통에서 시련을 당하지 아니하도록 치료할 수 있는 방법을 알려 주며 너희들을 이끄는 그 역사가 이루어지고 있음을, 너희들은 어찌 그를 모르는가?

16 너희들에게 앞으로 생길 그 고달픈 인생사요, 너희들이 병마에 시달리며 너희들이 잘못되고 잘못 가는 것을 나의 아들이 나로부터 선택된 백성 너희에게 미리 일깨워 주어 그를 바로잡도록 하고 있음이니,

17 그것이 병들어 쓰러진 후에 너희들이 고통 속에서 고치도록 이루는 기적보다도 더 위대한 기적이며, 미래를 알려 주는 그 기적의 위대함을, 너희들은 어찌 그를 모르는가?

18 너희는 알아야 할 것이니라.

19 이제 나로부터 선택된 백성, 너희들은
나의 아들에게 내가 미리 예언하여 너
희들의 미래를 알려 주어 너희들에게
다스려 갈 수 있는 길을 가르쳐 주며
미리 치료해 너희들이 바로 설 수 있
도록 해 줌이니,
20 이것이 바로 기적의 역사가 행해지고
있는 것임을 너희들은 돌이켜 봐야 할
것이니라.
21 나의 아들 예수의 시대와 같이 너희들
의 눈에 보이는 그 기적을 이루는 가
르침으로써 나의 백성을 이끈다 하면,
나의 지금의 아들이 예수가 이루었던
그와 같은 물리적인, 눈으로 보이는
기적을 이룬다면,
22 그는 백 년의 역사 동안에는 그것이
전해질지도 모름이니라.
23 그러나 나의 아들 예수가 기적을 이루
었던 것을 지금의 너희들이 환상으로
생각하는 것처럼, 지금의 나의 아들이
모든 임무를 마치고 죽어 갔을 때 몇
십 년, 몇백 년 후에 나의 백성들은 또
다시 그저 그러려니 하고 그 환상에서
그리 살아갈 것이니,
24 이것은 정녕 나의 성령으로써 나의 피
조물 만백성을 이끌어 가는 그와 같은
역사에 도움이 되지 아니함이니라.
25 그리하여 내가 나의 아들의 제자로 선
택해서 나의 백성이라 선정된 자, 너
희들의 미래를 나의 아들에게 미리 알
려 주며, 너희가 병마에 시달릴 것을
미리 고칠 수 있도록 하여 너희에게
치료약을 주고 있음을 너희는 어찌 모
르는가?
26 그것이 더 위대한 나의 성령의 기적임
을 너희는 알아야 할 것이니라.
27 지금 예수의 시대와 같은 역사의 기적
을 이룬다면 지금 당장은 많은 사람이
우후죽순으로 모여들지 모르나, 그곳
에는 사악한 자, 사탄과 같은 자들이
앞다투어 앞자리를 차지할 것이며,
28 그리하여 그와 같은 역사를 이루다 나
의 아들이 명을 다하여 나에게 왔을
때 너희 후손들은 그저 환상의 세계를
보는 듯할 것이니,
29 그걸로는 그들을 깨우치며 바로잡는
그와 같은 역사를 이룰 수 없음이니라.
30 나의 아들 예수가 이루었던 그 역사의
시대로부터 2천 년이라는 세월이 흐
른 지금의 너희들이 서 있는 자세요,
현 시국이 어떠하던가?
31 그와 같은 역사를 되풀이할 수 없음을
너희는 알아야 할 것이니라.
32 그리하여 나의 성령이요, 나의 법전을
세상에 내보내 나 여호와가 영원히 존
재함을 너희들에게 알려 주며, 너희들
이 구원의 길에 오를 수 있도록 내가
역사하고 있음을 너희는 알아야 할 것
이니라.
33 어떠한 기적도 백 년의 세월을 이룰
수 없으니, 지금 내가 책으로써 만백
성이 길이길이 보고 배우고 깨우칠 수
있도록 천 년의 세월을 지탱하는 역사
를 이루고자 함이니,
34 기적으로써는 천 년의 역사의 그 세월
을 지탱할 수 없으나, 나의 성령이요,
나의 법전으로써는 천 년의 변하는 세
월의 역사를 지탱할 수 있으니,
35 나의 백성들이 구원의 길이 무엇인가
를 알아 천 년 후에는 이 세상에 나의

아들딸들만이 존재하며 악의 씨의 뿌
리를 다 뽑아내며 선한 자들만이 살아
갈 것이니,
36 그때 너희들이 사는 세상의 삶이 처음
에 이루었던 지상의 낙원의 역사가 되
풀이됨을 너희는 알라.
37 그것이 천 년의 역사가 흐른 다음에
이루어지는 것이니,
38 그를 위하여 너희들이 지금 나의 아들
앞에 와 나의 법전을 깨우치며, 너희
후손들이 또한 그리 변해야 할 것을
알라.

3,577 번째 하나님 말씀

2002년 10월 3일 15시 13분

1 사랑하는 나의 아들아!
2 "네, 아버님! 말씀하옵소서."
3 내가 너희들에게 일찍이 깨우쳐 주었
음이니, 너희는 나의 법전을 정독하고
깨우쳐 갈 때만이 너희가 구원과 영광
의 길을 얻게 됨이라 말하였느니라.
4 너희들은 나의 법전을 읽고 깨우치며
나의 십계명대로 살지 않는다면, 아무
것도 너희들을 구원하는 그 영광을 열
어 줄 수 없으며 너희들이 얻을 수 있
는 가르침이 없다 내가 너희들에게 말
하였음이니라.
5 그러니 너희들은 나의 이 가르침의 뜻
을 가슴 깊이 새겨 나의 법전을 읽고
정독하여 깨우치는 그와 같은 삶을 살
아야 할 것이니라.
6 지금 내가 너희들에게 말하여 깨우쳐
주었느니라.
7 2천 년 전 나의 아들은 그와 같은 기
적의 역사를 이룸으로써 백성들을 다
스리고 그가 지탱하였으며, 그가 많은
복음을 전하며 나의 뜻을 전하는 그
역사를 이룰 수 있었음이니라.
8 그러나 너희들은 지금 그때보다도 모
든 것이 더 여유로우며 편안한 길을
가고 있음이니라.
9 그 당시의 나의 아들 예수는 그와 같
이 기적의 역사를 보여 만백성이 따랐
으며 그가 그의 제자들과 더불어 나의
성령을 전할 수 있는 그 삶을 영위할
수 있었음이니라.
10 그러나 지금은 그보다도 더 위대한 역
사의 모두를 내가 너희들에게 주었음
이니라.
11 지금 나의 성령을 받아 나의 법전이라
하여 책으로 내며 나로부터 나의 아들
이 내려가 이루는 역사요, 그를 따르
는 제자 너희들이 과연 어떠한 역사를
이루는가?
12 나의 법전으로써 너희들이 모두를 다
이루어 갈 수 있도록 그와 같은 만반
의 재물이요, 물질적인 모든 영광과
영화와 부귀를 너희들에게 주고 있지
아니한가?
13 너희들은 지금 남에게 구걸하지 아니
하여도 너희들이 나의 법전을 가지고
세상에 전하며 나의 성령의 뜻을 전하
며 그곳에서 너희들이 살아갈 수 있는
모든 양식을 얻을 수 있도록 내가 준
비해 주었음이니라.
14 2천 년 전 나의 아들 예수가 기적의
역사를 이루며 그들이 그와 같이 만백
성을 깨우쳐 갔던 그 형태와 비교하
여, 지금은 나의 성령이요, 나의 말씀

이라는 나의 뜻을 가지고 모두를 다
지탱하며 이끌어 가도록 되어 있음이
니,
15 이 세상에 이와 같이 축복받은 자가
어디에 있으며 이와 같은 역사를 이루
는 자가 어디에 있는가?
16 어떤 종파도 나의 말씀이요, 법전이라
하여 책으로 만들어 나의 성령을 기록
한 책으로써 그 종교 집단을 이끌어
가는 종파는 없을 것이니라.
17 이것 하나를 봐도 나의 아들이 가고
있는 길이요, 이 성령의 법전이 나의
뜻이요, 그 위대함이 차별화됨을 알
것이거늘, 어찌하여 너희들이 그를 깨
우치지 못하는가?
18 이제 이와 같은 뜻을 너희들이 알았다
하면, 나의 법전을 읽고 깨우쳐 하늘
에 오르는 영광을 너희들이 얻는 것만
이 남아 있느니라.
19 그러나 아무리 이가 옳고 하늘에 오르
는 길이라 말하여도 너희들이 듣지 아
니하며 따르지 아니함이니 이를 어찌
하겠는가?
20 너희들이 노력하여 160권의 법전을
세상에 내 이 세상을 다 덮는 그와 같
은 역사를 이룰 때, 그들이 도저히 나
의 법전을 보지 아니하고는 살아갈 수
없는, 그와 같이 많은 나의 법전이 세
상에 전해지는 역사가 이루어질 때,
21 그들은 그를 보지 않을 수 없으며 깨
우치지 않을 수 없을 것이니라.
22 세상에 나 여호와의 능력이요, 창조주
의 뜻이 아니면 이 많은 법전이 세상
을 덮을 수 없음이니,
23 그것 하나로써 그들은 그 역사에 대항
할 자 없으며 그 역사 앞에 고개 숙이
지 아니할 자 아무도 없음이니,
24 그 세월이 이루어지는 기간이 얼마 남
지 않았음이니, 너희들은 좌절하지 말
며 슬퍼하지 말라.
25 기적의 역사를 이루며 그 기적의 역사
속에 만백성이 모여들어 너희 앞에
지갑을 열어 금화와 은화를 내놓으며
금과 은의 그 패물을 바치는 그와 같
은 허황된 꿈속에서 그와 같은 역사를
이루어 주기를 나의 아들 앞에 기다리
는 나의 아들을 따르는 제자 너희들은
다 나로부터 구원받을 자격이 없는 자
임을 알라.
26 내가 말씀의 시대요, 말씀으로써 바로
세우는 이 시대에, 나의 성령인, 너희
가 말하는 여호와 창조주의 말씀을 세
상에 내보내 그 말씀으로써 모든 기적
을 이룰 수 있도록 했으며,
27 너희들이 이끌어 갈 수 있는 금화요,
은화요, 모든 재물까지도 다 역사하도
록 내가 하였거늘,
28 너희들이 무엇이 부족하여 그와 같은
기적 앞에 너희들이 편안한 역사를 이
루며 그 재물 속에 빠져 흥청망청 살
아가는 그와 같은 믿음의 역사를 이루
고자 하는가?
29 그와 같은 생각을 너희들이 두 번 다
시 가졌을 때, 나와는 관계없는 아들
이요, 딸이라 내가 너희들의 손을 놓
을 것이니, 그때 가서 너희들이 후회
하며 원망치 말라.
30 나의 법전을 가지고 너희들이 만백성
에게 전하는 그 속에 너희들의 생활이
있으며 전함이 있음이니라.

31 너희들이 그와 같은 형태로 가지 아니
할 때 너희는 스스로 쓰러지는 그와
같은 자가 될 것이니,
32 그를 내가 알고 있기에 나의 법전으로
써 너희가 세상을 지배해 나갈 수 있
도록 그리하고 있음을 알라.

3,578 번째 하나님 말씀

2002년 10월 3일 15시 21분

1 사랑하는 나의 아들아!
2 평생 나를 향하여 믿음의 길을 가는
자, 저희 손으로 만든 그 성전에 가서
평생 믿음을 향하여 모두를 다 바치며
가는 자, 나 여호와가 존재하는지 존
재하지 아니하는지 의심하는 자, 그리
고 되는 대로 인생을 살다 죽어 가면
된다 생각하는 자, 그 모든 너희들의
마음속에 한결같이 간곡하고 간절한
것이 무엇이더냐?
3 나 여호와의 형체를 보며 나를 만져
보며 나로부터 음성을 들으며 나로부
터 너희들이 직접 나의 뜻을 받되 저
의 환상 속에서 나의 모습을 보면서
그와 같은 역사를 이루는 것에 너희
모두를 다 던져도 아깝지 아니하며,
4 그 소원 하나를 이룰 수 있다 하면 너
희들은 모든 것을 다 버리고자 하는
그와 같은 애절한 마음으로 바라고 소
원하는 것이 그 뜻인 줄 나 여호와가
알고 있음이니라.
5 그러나 너희들은 나를 보지도 못하며
만질 수도 없으며 나의 음성을 직접
듣지도 못함이니라.
6 그것은 너희들과 나와의 삶의 세상이
다르며, 나 또한 너희들에게 그와 같
이 깨끗한 마음이요, 천사와 같은 마
음으로 변한 자 외에는 역사하지 아니
함을 너희는 알아야 할 것이니라.
7 그리하여 너희들이 그리도 나를 만져
보고 싶으며 나를 보고 싶으며 나의
음성을 듣고자 하는 그 뜻을 내가 너
희들에게 들어준다 하지 아니하였던
가?
8 그것은 바로 무엇이더냐?
9 너희들이 나의 법전을 정독하고 또 정
독할 때 내가 너희와 같이 있음이니
너희가 나를 느끼고 볼 수 있다 내가
너희들에게 말하지 아니하였던가?
10 어찌하여 이와 같은 가르침을 너희들
은 행하지 아니하는가?
11 너희 모두를 다 바쳐 소원하고 갈구하
는 그 뜻이 나의 법전 속에 있으며 그
법전을 정독할 때 이루어진다 하였거
늘, 너희들은 쉽고도 간단한 이 방법
을 선택하지 아니함이니라.
12 이는 사탄이요, 이단이요, 사악한 자
라 너희들이 그리 너희 마음으로 결정
하고 있음이니,
13 이와 같이 어리석은 것이 너희들의 삶
이라 내가 말하지 아니하였던가?
14 너희는 그와 같이 우매한 삶을 살아가
고 있음이니라.
15 내가 너희들에게 구약과 신약 시대에
는 나의 십계명을 내가 직접 썼으니
그를 지키고 사는 자 구원을 받을 수
있다 하였으며,
16 제3의 시대에는 나의 법전을 정독하
는 자, 그대로 살려고 하는 자, 그대로
지키고자 노력하는 자, 그리 살아가고

자 발버둥치는 자와 나 여호와가 같이
한다 하였음이니라.
17 여기서 너희들은 깨달아야 할 것이니
라.
18 나의 십계명대로 살고자 하지 않는
자, 나의 법전을 정독하여 깨우치고자
하지 아니하는 자, 너희들은 나에게
와 심판을 받을 자격이 없으며 나와
아무런 관계가 없는 백성이라 말하였
음이니,
19 이를 너희들이 돌이켜 생각한다면, 나
의 법전을 정독하며 법전대로 살려고
노력하는 자는 내가 버리지 아니함이
요, 내가 놓지 않는다는 그 뜻이 거기
에 있으며, 그와 같은 가르침이 거기
에 있지 아니한가?
20 법전을 정독하지 아니하는 자는 나와
관계가 없다 하였음이니, 법전을 정독
하는 자는 나와 관계있는 백성이 아니
던가?
21 나와 그와 같은 고리에 연결되어 있는
나의 백성 너희들이 그와 같이 나의
뜻에 따라 살아가고 노력하는 자, 그
와 같이 너희들의 변하는 경지가 높아
졌을 때 나를 볼 것이며 나의 음성을
들을 것이며, 내가 너희들에게 직접
대명을 내릴 수 있음을 너희는 잊어서
는 아니 될 것이니라.
22 그러나 너희들이 그 경지에 오르는 것
은 너희 스스로 노력함에 달렸음이니
라.
23 그렇지 아니한 자, 정녕 들을 수 없으
며 볼 수도 없음을 알아야 할 것이니
라.
24 그러기에 내가 나의 아들을 통하여 모
두를 내려보냄이니,
25 너희들이 그 경지에 오를 수 없음이니
나의 아들을 통하여 내리는 그 성령이
요, 가르침을 너희 것으로 만들어 너
희가 구원의 길에 갈 수 있도록 그리
노력해야 함을 잊지 말라.
26 그리하여 너희들이 존재할 수 있는 것
은 나의 아들이 존재함 속에서 너희들
이 존재하며,
27 너희들이 역사를 이루는 것은 나의 아
들이 찬란한 역사를 이루는 그 테두리
안에서 너희들의 모든 역사가 이루어
진다 내가 말하였으니, 이를 너희들이
깨우칠 때가 되었음을 알라.

3,579 번째 하나님 말씀

2002년 10월 3일 15시 41분

1 사랑하는 나의 아들아!
2 "네, 아버님! 말씀하옵소서."
3 나의 법전에 구구절절이 나의 성령을
태운 그 뜻을 밤과 낮과 때와 장소에
관계없이 나의 아들 너에게 내리며,
4 또한 너는 이를 가장 큰 기쁨이요, 영
광이라 생각하며 이를 받아 기록하여
만백성을 구하고자 함이니,
5 너희들은 하늘의 나 여호와의 진리요,
그 진정한 가르침이 하늘을 두루마리
삼아 써도 다 쓰지 못한다는 그와 같
은 말을 하지 아니하는가?
6 그러면서도 너희들은 그를 깨닫지 못
함이니, 그건 바로 무엇이더냐?
7 나 여호와 창조주는 진리의 원천의 샘
이 마르지 아니하고 흐르는 그 역사가
있음을 너희는 알아야 할 것이니라.

8 하늘을 두루마리 삼고 그 많은 바닷물
을 잉크로 하여 쓴다 해도 그 진리를
다 전할 수 없다는 것은 나 창조주의
원천의 그 샘은 마르지 않는다는 것임
을 너희들이 알아야 할 것이니라.
9 지금 내가 나의 피조물 만백성 너희를
구하기 위하여 나의 아들을 통하여 이
법전을 세상에 내려보내니,
10 너희들은 이것이 나 여호와가 너희에
게 내리는 마지막 축복이요, 영광이라
하여 너희 모두를 다 바쳐 나의 법전
을 한 권 접할 때,
11 너희들이 생명수를 얻은 것 같은 그와
같은 영광과 그 애절한 마음으로써 그
뚜껑을 열지 못함이니,
12 죽어 가는 자를 살릴 수 있는 그 비상
의 극약을 내가 너희들에게 내려 주거
늘,
13 다 썩어 죽어 가며 지옥으로 가는 너
희를 구원하고자 하여 내가 보관하고
관리했던 나의 소중한 이 비상약을 너
희들에게 내려보내 너희를 구원하고
자 하여 나의 법전 160권을 나의 아들
을 통하여 세상에 내려보내거늘, 너희
들은 어찌 생각하는가?
14 나 여호와가 나의 사랑하는 백성 너희
들을 구원하기 위하여 이 소중한 나의
법전이요, 나의 모든 뜻을 책으로 만
들어 세상에 내려보냄이니, 이것보다
더 소중하고 귀한 것이 없으며,
15 지옥으로 가는 너희들의 생명을 구원
할 수 있는 것이 이것뿐이라 내가 그
리 간곡히 너희에게 전하건만, 너희들
은 무어라 생각하는가?
16 나의 아들이 마지막 시대에 잘못된 사
탄으로서, 마지막 거짓 선지자로서 세
상에 내려와, 성서 공부를 무지하게
많이 한 사람으로서, 성서를 읽고 또
읽어 누구보다도 많이 성서를 공부한
자로서, 그가 나 여호와의 아들이라
빙자하여 제가 알고 있는 지식과 상식
으로써 이 법전을 세상에 만들어 내는
것이라고 너희가 그리 의혹하며 그리
말을 전함이니, 이를 어찌하여야 되겠
는가?
17 많은 종교 지도자요, 믿음의 길에 매
진하여 구원의 길에 가고자 하는 너희
들은 들으라.
18 나의 법전을 접하여 읽을 때, 나의 아
들이 너희가 말하는 성서를 수십 번
읽어 통달한 자가 아니며, 단 한 번도
그걸 읽어 본 적이 없으며 단 몇 쪽도
읽어 본 경험이 없는 나의 아들이며,
19 그가 이제는 내가 그에게 보라 하는
그 성서의 구절만을 읽어 보는 그와
같은 형국에 이르렀음이니,
20 그와 같은 나의 아들이 나의 성서에
기록되어 있는 나의 뜻을, 성서에서
비유하여 너희들에게 가르치는 것을
바로 너희들의 머릿속에 심어 주는 대
역사를 이룸이니,
21 이것을 과연 나의 아들의 지식이요,
나의 아들의 상식으로써 만들어 낼 수
있다 생각하는가?
22 성서의 한 구절을 읽지도 않은 나의
아들이 성서의 비밀을 너희들에게 깨
우쳐 줌이니,
23 이 하나를 보더라도 너희들이 고개 숙
여 나의 법전을 정독하며 나의 아들에
게 와 그가 전하는 나의 성령의 강론

을 듣는 것을 생명수보다도 더 소중히
알아야 할 것이거늘,
24 나의 아들의 상식과 지식과 경험으로
써 이를 엮어 낸다 그리 말함이니,
25 그리 의혹의 눈초리로써 나의 법전을
집어던지며, 이를 보는 자 지옥으로
가며 구원을 받지 못한다 그리 말하였
음이니,
26 그 사악한 지도자들이요, 지금의 믿음
의 길을 가고 있는 오만에 찬 너희들
을 어찌해야 구원할 수 있겠는가?
27 너희들은 과연 그때가 되면 알겠는가?
28 나의 법전이 세상을 덮으며, 나의 아
들이 법전대로 바르게 살며 그의 행함
이 너희들 인간으로서는 도저히 행하
며 살 수 없는 그와 같이 바르고 옳은
행위의 삶을 살아갈 때 너희들은 그것
을 깨달을 것인가?
29 그러나 그때는 이미 때가 늦으니라.
30 나의 아들이 한 점의 의혹이 없으며
법전의 뜻대로 살아가며 나의 법전이
라는 이 책이 세상을 덮으며 나의 아
들이 바르게 살아가는 모습을 너희들
이 보았을 때는 이 법전은 이미 세상
에 나갔으며, 바르고 옳게 살아 법전
대로 시행한 나의 아들은 그 명을 다
하여 나에게 부름을 받으니,
31 나의 아들이 바르게 살다 나에게 와
부름을 받아 그가 생명을 거두고 모든
역사가 끝났을 때, 너희들은 그때 그
를 알게 될 것이니,
32 그때는 이미 너희들이 늦음이며, 그때
아무리 후회하고 발버둥을 쳐도 너희
들은 돌이킬 수가 없을 것이니라.
33 나의 아들 예수가 진정한 나의 뜻이
요, 나의 성령을 받아 나의 아들로서
하늘에 오르는 길을 인도하는 그 아들
이라 부르짖었을 때, 그를 너희들은
그리 죽게 하였으며 그를 보지 못하였
으나,
34 2천 년이라는 그 세월이 흘러온 지금
에 그가 나의 아들이요, 정녕 나의 성
령을 가지고 만백성을 구하고자 세상
에 내려간 자라는 것을 의혹하는 자
없으며 의심하는 자가 없음이니,
35 지금 또다시 그와 같은 전철을 밟고자
하는 가장 어리석은 백성이 너희들이
며, 잘못 가르치는 종교 지도자 너희
들이 하는 행위임을 알아야 할 것이니
라.
36 이미 나의 법전을 읽고 깨우친 자, 너
희는 그들을 깨우치는 데 모두를 다할
것이며,
37 나의 법전을 접하는 그 순간에 이것이
너희들의 썩어져 죽어 가는 그 육신
을, 그 영혼을 살리는 비상약임을 알
아야 할 것이니라.

3,580 번째 하나님 말씀

2002년 10월 3일 15시 48분

1 사랑하는 나의 아들아!
2 "네, 아버님! 말씀하옵소서."
3 지금 믿음이라는 길을 가는 자, 그리
고 손으로 지은 그 성전에 가서 모두
를 다 바치며 울고불고 눈물의 기도를
드리며 그와 같이 구원을 받고자 애절
히 몸부림치는 너희를 가르치는 종교
지도자, 그들이 너희에게 무어라 말하
는가?

4 성령은 이제 곧 각자 너희 가슴에 임하며 나 여호와가 직접 너희 가슴속에 내려 준다 그리 말하느니라.

5 그리하여 저희들이 손으로 지은 그 성전에 와서 눈물의 기도를 드리며 모든 재물을 다 아낌없이 바칠 때 나 여호와의 성령이 너희 가슴에 임하며 너희들이 각자 받는다 그리 가르치느니라.

6 그러하니라.

7 너희들이 하는 그 생각과 그 말이 맞느니라.

8 그러나 여기서 가르치는 자, 배우는 자, 너희들이 하나 알고 넘어가야 할 것이 있으며 깨달아야 할 것이 있느니라.

9 너희들이 손으로 지은 그 성전에 가서 나 여호와에게 눈물의 기도를 드리며 나의 아들 예수를 찾는 그것으로써 너희들 가슴 가슴마다 나의 성령이 임한다는 그와 같은 생각이요, 착각을 너희는 버려야 할 것이니라.

10 나의 성령이요, 나의 그 모두가 너희 가슴에 임할 때, 너희는 나의 성령을 받을 자격이 있으며 준비가 되어 있는 자만이 받을 수 있다는 것을 가르쳐 주지 아니함이니라.

11 나의 성령을 너희 개인의 가슴에 받을 수 있는 것은, 마음이 천사같이 깨끗이 비워지지 아니한 자는 그 성령이 역사할 수 없다는 것을 내가 너희에게 가르쳤건만,

12 나의 피조물 만백성을 지도하는 자들은 그저 행함은 관계가 없으며 저희들이 지은 성전에 와서 재물과 금화를 바치며 저희들이 가르치는 그 교리의 설교에 '아멘! 할렐루야!' 하며 그저 소리 지르고 박수하면 성령으로써 내가 임한다 그리 말함이니,

13 이는 아무것도 모르는 자가 아무것도 모르는 나의 백성을 그저 주무르는 그와 같은 사악한 행위를 하고 있는 것임을 너희는 알아야 할 것이니라.

14 너희는 지금 성령을 받고자 나의 성령이 너희에게 임한다 하여 그와 같이 잘못 가르치는 자의 말을 믿으며, 너희가 구원을 받기 위하여 그들의 가르침에 따라 공부해 왔으며, 너희들이 지금 가고 있는 그 길만이 정녕 하늘에 오르는 길이라고 착각하며 너희 가슴에 다 성령이 임한다고 생각하니, 너희는 알아야 할 것이니라.

15 성령을 받을 수 있는 만반의 준비요, 천사와 같은 마음이 되지 않은 자, 그리고 그 그릇이 다듬어지지 아니한 자, 그러한 자는 나와 아무런 관계가 없으며, 그와 같은 자에게 내가 성령을 임하도록 함이 아님을 너희는 알아야 할 것이니라.

16 너희들이 정녕 행함을 소홀히 하며, 천사와 같이 아름다운 마음으로 삶을 살지 아니하며, 말로써 그저 너희들이 지은 성전에 가서 기도하는 것으로써 성령을 받아 성령이 임하여 구원을 받았다 하는 그와 같은 것이 이제 허황된 것임을 알아야 할 것이며,

17 그와 같이 가는 자, 내가 원하는 그 반대의 믿음으로 가고 있는 자이며, 즉 나와는 관계없는 자라는 것을 내가 수없이 너희에게 깨우쳤으니, 그와 같이 알아야 할 것이니라.

18 이제는 너희를 구원하며 하늘에 오르
도록 인도하는 것을 내가 법전이라 하
여 160권으로 세상에 내려보냄이니,
19 나의 법전을 읽고 깨우쳐 그대로 살고
자 하는 자만이 성령을 받을 자격이
있는 자요, 기준이 된 자요, 그릇을 갖
춘 자이며, 다듬어진 자임을 알아야
할 것이니라.
20 이와 같이 너희가 영원히 나의 나라에
와서 살 수 있는 방법이요, 지상에서
는 성령으로써 임하여 너희가 추하고
더러운 것을 스스로 자제할 수 있도록
나 여호와가 인도해 주는 그 역사의
축복과 영광을 받을 수 있는 것은 바
로 나의 법전을 읽고 터득하여 그대로
살아가는 것이라 하였으니,
21 이와 같이 가르치는 나의 뜻을 거역하
며 나의 이 법전을 읽지 아니하는 자
는 구원을 받을 수 있는 기초가 되지
아니하였음이니, 이는 곧 무엇이더냐?
22 기초가 다져지지 아니한 자, 나에게
와 심판받을 자격도 없다 내가 그리
말한 뜻을 너희는 깊이 깨우쳐야 할
것이니라.

3,581 번째 하나님 말씀

2002년 10월 3일 16시 03분

1 사랑하는 나의 아들아!
2 "네, 아버님! 말씀하옵소서."
3 내가 일찍이 나의 아들 예수를 통하여
성서에 기록하여 너희를 깨우치고자
하였음이니라.
4 이는 곧 아래로는 만백성을 사랑하며
위로는 나 여호와의 뜻에 따라 너희들
이 행하며,
5 창조주인 나 여호와가 명하는 대로 나
의 뜻을 이루기 위하여 너희들이 살아
가기를 바라는 나의 애절한 그 마음에
서, 너희들이 그와 같이 바르게 살아
하늘에 오르는 구원의 영광을 얻게 하
기 위하여 나의 아들을 세상에 내려보
내 너희들이 나의 뜻대로 살아갈 수
있도록, 내가 명한 대로 그 뜻을 이루
며 살아갈 수 있는 너희들로 만들고
깨우치기 위하여 나 여호와 창조주가
세상에 나의 아들을 내려보냈으며,
6 나 여호와가 하늘에 존재하여 너희들
이 삶을 마치고 왔을 때 반드시 그 육
신의 죽음 후에는 심판을 받는 것을
전하고자 하였으며,
7 그리하여 그 심판에 따라 너희가 지은
죄의 대가를 치르는 이와 같은 삶이
있으니,
8 너희들이 바르고 곧게 살아 나 여호와
로부터 구원을 받는 백성이 될 수 있
도록 너희를 깨우치고 가르치고자 나
의 아들을 세상에 내보냈음이니라.
9 그러나 너희들은 어찌하였는가?
10 나의 아들을 그와 같이 숨을 거두게
하였으며 가장 고통스럽고 잔인한 방
법으로써 나의 아들을 그리 제거하였
음이니라.
11 그리하여 지금 너희들이 말하기를 무
어라 하더냐?
12 나의 아들을 통하여 내가 성서에 기록
하여 너희에게 깨우쳐 준 그 구절을
너희는 어찌하여 생각하지 아니하는
가?
13 보낸 자와 보냄을 받은 자는 엄연히

다르다 하였음이니라.
14 나 여호와요, 창조주가 너희들을 이와
같이 깨우치기 위하여 나의 아들을 내
보냈음이니,
15 그는 나의 명을 받고 간 자요, 명령권
자는 나 여호와 창조주임을, 그 이치
를 내가 성서에 기록하여 두었으며,
너희들 또한 그 이치를 모를 리 없음
이니라.
16 그러나 너희는 어찌 가르치고 있는가?
17 나의 사랑하는 피조물 모든 백성에게,
창조주요, 보낸 자인 나 여호와와 보
냄을 받아 심부름꾼으로서 명을 받아
간 나의 아들이 똑같은 존재라 그리
가르침이니,
18 너희들이 지금 그와 같이 망령된 행위
요, 망발로써 나의 피조물 만백성을
이끌어 가고 있음이니,
19 그와 같이 가르치는 그 속에서 너희들
이 어찌 참진리의 가르침을 얻는다 할
것인가?
20 너희들 인간 세상에도 가장이 있으며
자식이 있거늘, 법도가 엄연하며 하늘
의 이치보다 그 이상의 위대한 법이
없거늘,
21 그 속에서 나의 아들과 내가 같다 너
희들이 그리 말하며 나의 피조물 만백
성을 그리 우롱하여 온갖 재물과 모두
를 거두어들임이니,
22 너희들의 그 깊은 속성을 너희 신도들
이요, 너희 자신은 모르나 나 여호와
는 알고 있음을 너희는 알아야 할 것
이며, 그 무서운 너희들의 죄악의 행
위의 형국을 알아야 할 것이니라.
23 나의 아들이 나와 같다 그리 말하는
너희들의 그 깊이 숨어 있는 검은 속
성은 바로 무엇이던가?
24 너희들이 나 여호와를 찾으며 나 여호
와의 뜻에 따라 구원을 받는다 하면,
너희는 그 구약의 어려운 율법과 내가
불로 써 내린 십계명이요, 나의 성서
에 있는 그 어렵고 힘든 모든 율법을
지키고 살아야 함이니라.
25 그러나 인간으로서 그와 같은 삶을 산
다는 것은 너희들 종교 지도자가 스스
로 그 자리를 지킬 수 없으며 그와 같
은 모범된 행위로써 서지 못하며 그리
갈 수 없으니,
26 많은 너희 신도로부터 지탄을 받을 것
이며 너희들의 추한 모습을 보여 너희
자신이 견딜 수 없기에, 너희는 스스
로 너희 입맛에 맞는 인간의 계명을
만들었으며 너희들의 법을 만들었음
이니,
27 그리하여 너희는 창조주인 나와 나의
아들이 동등한 자격이 있다 하여 그와
같이 망발을 하며 사악한 행위로써 나
의 피조물 만백성에게 전하니,
28 어찌하여 아버지와 자식이 같다는 말
을 하는가?
29 그리 말하는 너희들은 바로 거기에 무
엇이 있느냐?
30 나를 따름으로써 그와 같이 어렵고 힘
든 율법이요, 십계명을 지켜야 하기
때문에 너희는 나의 아들을 나와 똑같
다 하여 나의 아들의 그 가르침의 뜻
에 여유가 있는 것처럼 너희들이 인간
속성의 사악한 계명을 만들어 그를 가
지고 나의 피조물 만백성을 가르치고
있으며,

31 그리하여 지금 모든 백성이 그 진실을
위장한 것을 모르고 거기에 매달려 저
희들이 구원을 받는다 그리 말함이니,
32 너희들은 정녕 구원의 길을 갈 수도
없으며 구원을 받을 수도 없음이니라.
33 이미 너희들이 구약과 신약은 한 자도
고칠 수도 없으며 뺄 수도 없으며 더
할 수도 없는 것이라 그리 못을 박아
놓았으며 그대로 가는 것만이 구원의
길이라 하였으니,
34 너희들이 잘못되어 지옥으로 가는 길
이요, 구원의 길이 아닌 그 길을 그대
로 답습하며 그대로 가지 아니하면 이
단이요, 사탄이라 지옥으로 간다 그리
굴레를 뒤집어씌워서 저희들의 집단
에서 벗어나지 못하도록 하여 평생 재
물이요, 금화와 은화의 그 모두를 거
둬들이는 사악한 행위를 하고 있는 것
이 너희들이니라.
35 이제는 너희들이 알아야 할 것이니라.
36 구약에 있는 그 모든 어려운 율법이
요, 십계명의 어려운 지킴이요, 신약
이라는 성서에 있는 그 어렵고 힘든
계명들을 지키고 살아가는 것이 너희
들의 생명의 구원의 길임을 알라.
37 그러나 이미 구약과 신약으로써 너희
들이 더 이상 깨우칠 수 없으며 변화
할 수 있는 역사가 없음이니라.
38 나 여호와가 하늘에서 내려다보는 너
희들이 지금의 구약과 신약을 가지고
바로 깨우칠 수 있으며 변화되어 진정
한 하늘에 오르는 길을 올 수 있다면,
39 나 여호와는 이와 같이 어렵고 힘든
제3의 시대의 대역사를 이루어 나의
아들에게 법전이라 하여 내려보내지
아니하였을 것이니라.
40 그러나 구약과 신약으로써 지금 배우
는 너희들은 변화될 수 없으며 하늘에
오를 수 없음이니라.
41 그 깊이의 뜻도 모르는 자들이 가르치
고 있기 때문이니, 그리하여 내가 지
금에 오늘의 이 역사를 이루니,
42 오로지 나의 이 법전을 정독하는 자만
이 반석 위에 서서 하늘에 오르는 그
찬란한 빛을 보게 됨이니라.
43 그리하여 법전을 읽고 그와 같이 하늘
에 오르는 그 위대한 영광의 빛을 보
고 그대로 행하고 실천하여 살아가는
자만이 정녕 꿈에도 상상할 수 없는
그 황금의 천국의 문에 들어설 수 있
는 영광을 얻게 됨을 잊지 말라.

3,582 번째 하나님 말씀

2002년 10월 3일 16시 17분

1 사랑하는 나의 아들아!
2 "네, 아버님! 말씀하옵소서."
3 구약 시대의 역사가 어찌 흘러왔던가?
4 너희들은 구약 시대는 지났으며 그리
하여 구약 시대의 성서를 덮으며 신약
시대의 역사를 가지고 너희들이 신약
의 역사로써 구원을 받으며 다시 태어
나는 삶을 살아간다 그리 지금 매달려
왔음이니라.
5 그러나 구약 시대의 그 문을 닫은 원
인이 무엇이던가?
6 구약 시대의 그 백성들이 어찌하였던
가?
7 그들이 잘못하며 우상을 숭배하는 그
와 같은 광란의 형태로 하여금 구약

시대에 나 여호와가 하늘의 문을 닫았음이니라.

8 그리하여 신약 시대가 시작되었으나 너희들은 그 신약 시대 또한 구약 시대 못지않은 그와 같은 사악한 형국으로써 나의 성령이요, 만백성을 가르치는 나의 뜻의 생명수가 세상에 전해지지 못하도록 그리하였음이니,

9 그 신약 시대 또한 내가 닫았음이라 말하였음이니라.

10 너희들이 신약 시대에서 말하기를 구약 시대를 닫았다 했으며,

11 그러나 또한 너희들이 신약 시대에 나의 아들 예수로부터 많은 성령이요, 나의 뜻이 세상에 나가 전해지도록 그리하였다면,

12 그리하여 너희들이 내가 불로 쓴 십계명이요, 계명을 지키며 성서에 있는 어렵고 힘든 그 율법의 내용들을 그대로 지키고 살아왔다 하면 지금 제3의 시대가 열리지 아니하였을 것이니라.

13 그러나 너희들은 신약 시대에 나의 아들 예수를 숨지게 하였으며, 그가 행했던 그 역사를 기록한 것을 가지고 너희들이 구원의 길이요, 하늘에 오르는 길이라 그리 매달려 왔음이니, 그것 또한 당연한 것이니라.

14 너희들이 예수를 그와 같이 죽게 함으로 내가 너희들을 구하는 나의 성령이요, 나의 생명수를 내려보낼 수가 없었음이니,

15 너희들이 그 시대에 예수가 행했던 것을 그 제자들이 기록한 것을 너희 입에 맞도록 변조하였으며, 또 너희가 말하는 대로 인간의 계명을 삽입하여 만든 그 신약의 성서밖에 없었음이니,

16 너희들이 그 성서에 매달리며, 예수가 행했던 것을 제자들이 기록한 그 역사를 가지고 그것이 구원의 길이요, 하늘에 오르는 길이라 매달리는 것은 당연한 것이며 어쩔 수 없는 현실인 것이니라.

17 그리하여 내가 너희들에게 다시 말함이니, 지금은 구약 시대를 닫았으며 또한 신약 시대를 닫았다는 것이 바로 여기에 있음을 알아야 할 것이니라.

18 내가 신약 시대의 문을 닫은 것 또한 어떠하던가?

19 너희들이 그와 같이 문을 닫도록 하였음이니라.

20 그리하여 지금의 역사가 무엇이 이루어지는가?

21 제3의 시대로서 내가 만백성을 직접 선별하는 그와 같은 시대가 열렸음이니라.

22 예수가 죽음으로써 내가 하늘의 문을 닫았음이니, 너희들이 그때는 보고 배울 성서가 없으며 깨우칠 것이 없었기에 나의 아들이 행한 것을 그 제자들이 기록한 그 내용을 가지고 2천 년 동안 지금 나의 피조물 만백성을 인도하여 왔음이니,

23 거기에는 진정한 구원의 길이 무엇이며 하늘에 오르는 길이 무엇인가 그 원액이 기록되어 있지 아니함이니,

24 너희들이 그저 그대로 빙빙 도는 그와 같은 믿음의 세월을 왔음이니라.

25 이제 그리하여 나 여호와가 제3의 시대를 열어 구약과 신약을 다 덮으며 너희를 심판하고자 하는 심판의 시대

를 열어 가고 있음을 너희는 알아야
할 것이니라.
26 지금이 바로 그리하여 구원의 시대요,
구원할 자와 버릴 자를 선별하는 그
역사가 지금 시작되었음을 너희는 알
아야 할 것이니라.
27 너희들은 내가 제3의 시대에, 심판의
시대에 구원할 자와 구원하지 못할 자
를 선별하는 대단원의 역사가 지금 이
루어지고 있는 이 자체도 모르고 있으
며,
28 그저 신약에 배웠던 지금 잘못 가르치
는 종교 지도자들이 하늘의 뜻이요,
진정한 것이 무엇인가를 모르고 부르
짖는 그 속에 가 매달리는 것만이 구
원을 받는다 하고 있음이니, 너희들은
어찌하는가?
29 너희들이 살아가는 속에 이와 같은 말
이 있느니라. '버스가 떠난 다음에 손
을 흔든다.' 함이니,
30 이미 멀리 달려가는 그 버스라는 기계
를 보며 너희들이 타고자 손을 흔드는
그와 같은 형국이 됨을 알라.
31 이미 내가 너희들을 선별하여 구원하
는 그와 같은 새로운 역사가 시작되어
지금 그 역사가 이루어지는 이 무섭고
도 무서운 현실 속에,
32 너희들은 그저 강 건너 불 보듯이 하
며 지금의 믿음의 길이요, 지금의 가
는 것, 재물을 많이 바치고 금화와 은
화를 많이 바치면 험악하고 험악한 짓
을 하고 살아도 구원을 받는다는 개똥
철학 같은 그 허황된 속에서 지금도
발버둥치며 허덕이고 있음이니, 버스
떠난 후에 손 흔드는 그 형국이 될 것
이니라.
33 지금 바로 제3의 시대에 내가 선별하
여 천국에 오는 그 배에 나의 백성들
을 태웠을 때, 너희는 과연 무어라 하
며 강변에 서서 그 떠나는 배를 보고
손을 흔들 것인가?
34 지금 너희는 나의 배를 타는 자들을
보고 비웃으며 손을 흔들며 어리석은
자들이요, 죽음을 향해 가는 자들이라
그리 말하고 있을 것이니라.
35 그러나 막상 그 찬란한 빛이 하늘을
향하여 치솟을 때, 그때도 너희들이
그리 손을 흔들며 비아냥거리며 웃을
수 있겠는가?
36 너희들은 그 배가 정녕 구원의 배라는
것을 알았을 때 통곡하고 발버둥칠 것
이니라.
37 그 배를 나로부터 선택된 백성들이 타
고 하늘의 그 찬란한 빛 속으로 빨려
드는 그 형체를 보고 그때 너희들이
깨달을 때는 이미 늦으니,
38 너희들이 부두에 서서 통곡하며 발버
둥쳐도 탈 수 없음이니라.
39 지금 내가 심판하는 이 시대에 그는
바로 무엇이더냐?
40 내가 너희들을 선별하며 심판하는 법
전이라는 그 규정집을 세상에 내려보
냄이니,
41 내가 160권이라는 이 법전의 장서에
나의 성령을 기록하여 책으로 세상에
뿌리니,
42 이 한 권을 읽은 자 나에게 심판을 받
으며, 그대로 사는 자 구원을 받는다
내가 그리 부르짖었음이니,
43 내가 너희들을 선별하는 시대에, 내가

너희를 선별할 수 있는 법전을 세상에
내보내지 아니하며 너희들이 누구나
읽어서 깨우칠 수 있는 책으로써 글로
써 만들어 너희 손에 전해 주지 아니
하고 너희들을 심판한다는 것은, 그와
같은 기회를 주지 않고 너희들을 심판
한다는 것은 공의의 하나님이 아니기
에,
44 내가 너희들에게 160권의 장서의 법
전을 만들어 너희 손에 전해 주며 읽
어 보라 그리 애원하거늘,
45 이를 읽지 아니하는 자, 정녕 구원을
받을 수 없음을 너희는 알아야 할 것
이니라.
46 이제 나의 법전을 읽고 공부하고 깨
우치며 나의 아들이 전하는 그 성령의
뜻을 들으며 깨우침을 얻었다는 너희
들이 해야 함을 너희는 여기서 알아
야 할 것이니라.
47 나의 법전을 읽고 앞에 가는 백성, 나
로부터 선택된 나의 아들딸 너희들은
나의 법전을 온 세상에 많이 전하여
많은 백성을 구하는 데 너희 모두를
다 전념해야 할 것이니라.
48 그리하여 너희들이 제대로 익은 열매
를 맺어 그 익은 열매를 나 여호와가
거두어들일 수 있는 그와 같은 일에
열중해야 할 것이니라.
49 너희들이 나의 법전을 세상에 많이 전
하여 많은 백성들이 이를 깨우쳐 그들
이 열매를 맺었을 때 나 여호와가 그
열매를 거두어들임이니,
50 너희들이 이 일에 조금도 소홀히 해서
는 아니 되며, 그 열매를 열도록 하는
데 너희들이 최선을 다하여야 할 것이
니라.
51 그리하여 나 여호와가 그 많은 열매를
거두어들이는 것이 나의 가장 큰 기쁨
이요, 가장 영광된 것이며, 내가 이 세
상을 창조하며 나의 피조물 만백성 너
희를 아름답게 만든 그 영광된 뜻을
내가 얻을 수 있으며 볼 수 있음이니,
52 너희는 오로지 만백성을 구하는 데 제
대로 익은 열매가 맺어질 수 있도록
거기에 최선을 다하라.
53 그리 가는 자 내가 구원할 것이며, 너
희들이 나에게 오르는 길이며 나 여호
와로부터 사랑과 축복과 구원을 받는
것이 거기에 있음을 잊지 말라.

3,583 번째 하나님 말씀

2002년 10월 3일 23시 20분

1 사랑하는 나의 아들아!
2 "네, 아버님! 말씀하옵소서."
3 너희들 인간사에 살아가는 속에서 '미
운 자 떡 하나 더 주라.' 하는 말이 있
지 아니하던가?
4 그 뜻이 무엇이던가?
5 너희들이 도저히 넘을 수 없는 선을
넘고, 도저히 사랑할 수 없는 그와 같
은 사람을 사랑하고 소중히 생각하며
아끼는 그것이 너희가 갈 길이라는 것
이니라.
6 너희들이 도저히 갈 수 없는 그 길을
행하고 지키는 것이 나의 법전을 읽고
깨우친 나의 백성이 가야 할 길임을
너희는 알아야 할 것이니라.
7 너희가 그와 같은 마음 자세로 살아가
지 아니하며 너희 자신을 다스리지 아

니할 때, 너희는 정녕 그리도 갈구하
고 소원하던 구원의 뜻을 이룰 수가
없음을 알아야 할 것이니라.
8 도저히 용서할 수 없는 자, 사랑할 수
없는 자를 사랑하며 용서하는 그것이
깨달은 자요, 변화된 삶을 사는 사람
이 가는 길임을 알아야 할 것이니라.
9 이제 내가 제3의 시대에 나의 아들을
통하여 법전이라 하여 책을 세상에 내
보냄이니, 이를 먼저 깨우치고 깨달은
너희들은 다른 백성들과 차별화된 삶
을 살아가야 함이니,
10 이는 남들이 할 수 없는 어렵고 힘든
그 모두를 행하고 인내하며 살아가는
그와 같은 차별화된 삶에 의하여 나의
피조물 만백성이 너희를 보고 깨달아
하늘에 오를 수 있는 길이 어떠한 길
이며, 어떠한 길을 선택하여 어떤 지
도자를 따라가는 것이 구원의 길인가
를 그들이 깨우치고 알게 되어 있음이
니라.
11 이게 지금의 나의 백성들이 가지고 있
는 마음의 상태며, 그들이 생각하며
살아가는 형국이니라.
12 내가 무어라 말하였더냐?
13 너희들이 수천 년 역사 동안에 살아오
면서 사랑을 베풀고 나누며 사는 것을
행하지 못하였으며, 말로써는 그리 행
한다 하나 행동을 그리하지 아니하였
기 때문에 형제지간에 믿지 못하고 서
로 의심하며, 그가 한마디 한마디 말
하는 것을 진실하게 받아들이지 못하
며,
14 그 한마디 한마디 말을 할 때마다 그
속에 숨어 있는 뜻이 무엇인가, 그가
전하는 것이 무엇인가를 의심하고 생
각하여 그가 전하는 그 순수한 뜻을
받아들이지 못하며 제 생각과 제 판단
으로 인하여 전혀 생각할 수 없는 형
국으로 이루어지는 것이 지금의 너희
들이 살아가는 형태이며, 너희들이 그
와 같은 마음을 가지고 살아가는 것이
니라.
15 이와 같은 마음이요, 이와 같은 흐름
속에서 나의 법전을 읽고 깨우친 너희
들이 나의 만백성과 차별화되는 삶을
살지 못한다 하면,
16 너희들은 정녕 오늘의 깨달음이요, 나
의 법전을 가지고 공부하며 내가 나의
아들을 통하여 내리는 그 성령의 강론
을 들었으나, 너희는 귀가 열리지 아
니하여 그를 듣지 못한 자들임을 알아
야 할 것이니라.
17 사랑하는 나의 아들아!
18 "네, 아버님! 말씀하옵소서."
19 너희들 인간의 욕심이요, 너희들이 살
아가는 형태가 어떠하던가?
20 너희들이 인생을 살면서 서서히 육은
죽음으로 가며 영혼은 나에게 부름을
받는 삶에 너희는 경륜을 하나하나 쌓
아 가는 그 속에서 한 살 한 살 나이를
더 먹게 됨이니라.
21 그리하여 너희 몸이 쇠진하여 나이가
들어 늙었을 때, 그 모든 살아옴을 회
개하며 앞으로 남은 생애에 많은 것을
베풀며 사랑을 나누며 살아가고자 하
는 것이 너희들이 살아야 하는 자세이
며,
22 그리하여 너희들이 나에게 죽어 올 때
는 동전 한 닢, 금화 하나를 가지고 오

지 못함이니,
23 그와 같은 것들을 너희들이 살아서 만
백성에게 나눠 주고 가벼운 마음으로
써 가장 편안한 것으로써, 갖지 아니
하며 창고에 쌓아 놓은 것 없이 그저
한 벌의 옷을 걸치고 혈혈단신 가볍게
여행하는 그와 같은 마음으로 인생의
삶을 마지막에 정리하는 것이 너희들
이 살아가는 길인 것이니라.
24 그러나 너희는 어찌 살아가는가?
25 나이를 먹으면 먹을수록 너희들은 더
편하고자, 더 많은 것을 갖고자, 더 많
은 것을 움켜쥐고자 하는 그 욕심이
더함이니,
26 과연 너희들이 그와 같은 삶을 사는
속에서 나 여호와의 뜻을 알며 너희들
이 영원히 사는 다음의 하늘의 세상이
있다는 것을 알 수 있겠는가?
27 그와 같은 마음으로 가는 자, 다음 세
상이 있음을 알지도 못하며 영원히 사
는 그 세상을 알지도 못함이니라.
28 이것이 바로 우매하고 어리석은 인생
의 삶을 살아가는 너희들이니라.
29 여기서 너의 제자들과 나의 법전을 읽
는 만백성, 너희들은 깨우쳐야 할 것
이니라.
30 너희들이 나로부터 세상에 생명을 받
아 나가 육의 세상에서 삶이니,
31 모든 인생을 마치고 황혼기에 접어드
는 자들은 그 모두를 다 어려운 많은
백성에게 돌려주며 가벼운 모습으로
써 죽음을 대비하는, 여행하는 그와
같은 마음 자세로써 살아가는 것이 너
희들 나이 든 자요, 황혼에 사는 인생
의 가야 할 길이거늘,
32 머지않아 육과 영이 분리되는 그와 같
은 형국에 이를 때까지 움켜쥐며 더
갖고자, 더 쌓아 놓고자 하는 그와 같
은 마음을 버리지 못하고 살아가는 것
이 너희들이니,
33 죽을 때까지 너희들이 마음을 다스리
지 못함이니, 과연 그와 같은 욕심 속
에 살아가는 너희가 구원을 받을 수
있으며 구원의 빛조차 볼 수 있겠는가?
34 이제 나의 법전을 읽고 깨우친 만백
성, 너희들은 노후에 너희가 살아온
인생을 정리하면서 그와 같이 마음을
비우며 살아가야 할 것이니라.
35 황혼에 들어 죽음의 목전에 있는 자가
욕심을 버리지 못함이니, 그가 젊었을
때의 삶이 과연 어떠했겠는가?
36 그 모든 너희들이 지고 있는 죄를 그
대로 안고 나에게 왔을 때 너희는 그
에 대한 대가를 다 치러야 한다는 것
을 잊어서는 아니 될 것이니라.
37 그리하여 내가 그와 같이 너희들이 행
할 수 있는 것을 일깨워 주기 위하여
지금 제3의 시대에 법전을 내리고 있
으니,
38 바로 어리석고 우매한 너희를 깨우쳐
주고자 함이니라.
39 이를 정독하지 아니하며 깨우치지 못
하는 자, 나의 법전대로 행하며 살려
고 노력하지 아니하는 자, 너희들은
나에게 와 단 한 번인 그 심판의 자리
에 설 수 없음을 알아야 할 것이니라.
40 지금 내가 나의 아들을 통하여 너희에
게 그리 수없이 전하나, 너희는 이를
듣지 아니하고 너희 것으로 만들려 하
지 않음이니, 너희들이 얼마나 어리석

은 자인 줄 알겠는가?
41 훨훨 타는 그 불 속에 들어가면 타 죽
게 되어 있으며, 그 불에 몸이 닿았을
때 살이 익어 떨어져 가는 그와 같은
아픔이 있다 하여도 너희는 그를 믿지
아니할 자들이며 믿지 않으려 하는 자
들이니라.
42 '설마 내가 그와 같은 체험이요, 그와
같은 시련을 겪겠느냐?' 하는 그와 같
은 마음을 가지고 사는 것이 너희들의
형국이니라.
43 너희에게 닥쳐오는 그 미래의 엄연한
사실까지도 부인하며 그를 인정하지
않고 살려 하는 것이 너희들이니,
44 이와 같은 너희들이 살아가는 자세를
스스로 나의 법전을 읽고 깨우치는 자
만이 하늘에 오르는 그 찬란한 영광의
빛을 볼 수 있음을 알라.

3,584 번째 하나님 말씀

2002년 10월 3일 23시 28분

1 사랑하는 나의 아들아!
2 "네, 아버님! 말씀하옵소서."
3 구약 시대에 너희들은 나에게 보여서
는 안 될 행함을 보였으며 나에게 거
역해서는 아니 될 것을 거역하는 삶을
살았으며,
4 신약 시대 또한 그와 같이 내가 생각
할 수도 없으며 생각하기도 싫으며 볼
수도 없는 그와 같은 처참한 형국을
너희들이 나에게 보여 주었음이니,
5 그것이 바로 나의 피조물 만백성, 나
로부터 생명을 받아 세상에 나간 자들
이 행한 행위이니라.
6 너희들이 누구로부터 생명을 받아 세
상에 나갔는가?
7 너희들이 나 여호와로부터 생명을 받
으며 영혼을 받아 세상에 태어나 한
시대를 살아감이니,
8 그와 같은 너희들에게 생명을 준 그
생명의 은인이요, 창조주인 내가 나의
아들을 세상에 내보냈으니,
9 너희들이 나에게 받은 그 생명의 은혜
요, 그 영광이요, 그 은총을 갚는다 생
각하고 사는 마음 한 가지만 가졌다
하더라도 너희에게 생명을 준 창조주
내가 보낸 나의 아들을 그와 같이 너
희들이 처참하게 죽게 하지는 아니하
였을 것이니라.
10 수천, 수억의 인구의 너희들이 깨우치
며 하늘에 오르는 길을 온다 하면서도
그와 같은 이치 하나 가르친 자가 없
으며 그와 같은 뜻 하나 가르친 자가
없기에, 너희는 신약 시대에 내가 생
각하기도 싫으며 내가 바라보기도 싫
은 그 처참한 행위를 하였음이니라.
11 그리하여 너희들의 창조주인 내가 창
조한 너희들을 버리며, 그리하여 너희
들이 하늘에 오르는 그 천국의 문을
내가 닫았음이라 너희들에게 말하였
음이니라.
12 그리하여 내가 지금 제3의 시대에 나
의 피조물 만백성을 구원하기 위하여
나의 법전을 세상에 내려보냄이니, 내
가 나의 법전을 세상에 내려보내는 것
은 바로 다음과 같은 뜻이 있음이니,
너의 제자들은 이를 깨우쳐 행해야 할
것이니라.
13 내가 밤과 낮을 가리지 아니하며 나의

아들을 통하여 나에게 묵상하게 하여
나의 법전이요, 나의 뜻을 내려보내
책으로 만들어 만백성을 구하는 그 역
사를 이루는 그 근본의 뜻은,
14 나 여호와가 나의 피조물 만백성 너희
들을 사랑하는 것같이 나의 법전을 읽
고 깨우친 백성이 창조주 내가 나의
피조물 만백성을 사랑하는 그와 같은
마음으로 나의 백성들을 사랑하여 그
들을 구원의 길로 인도하라 하는 것이
바로 나의 뜻이며 내가 법전을 내려보
내는 것이니,
15 내가 그와 같은 뜻을 갖고 내려보낸
법전을 읽고 깨우친 자들이며 내가 직
접 나의 아들을 통하여 내리는 강론을
듣는 너희들이 어찌 살아야 할 것인가
를 너희는 알아야 할 것이니라.
16 너희들이 행하는 것은, 나의 피조물
만백성을 나 여호와가 사랑하는 것처
럼 너희가 그와 같이 나의 모든 백성
을 사랑하며 형제를 사랑하며 이웃을
사랑하며, 그와 같은 마음으로 살아
많은 백성을 구원하는 대명을 수행할
수 있도록 하기 위하여 내가 너희를
선택하여 나의 성전에 나의 아들의 강
론을 듣게 하였음이니,
17 과연 너희들이 그와 같은 마음 자세로
살아 역사를 이룬다면 너희 마음자리
를 어찌 갖고 살아야 되는 것인가를
너희는 알아야 할 것이니라.
18 너희들은 내가 만백성을 사랑하듯이
내 마음과 같이 나의 피조물 만백성을
사랑하여, 나의 법전을 그들의 손에
쥐여 줘 그들이 정독하여 차곡차곡 쌓
여 가는 그 변화되는 마음속에서 그들
을 내가 구원하고자 하는 것이 나의
뜻임이니,
19 너희들이 그와 같은 많은 백성을 구하
는 것이 곧 나 여호와에게 보답하는
길이라 내가 가르쳤음이니, 너희는 이
와 같은 나의 뜻을 저버려서는 아니
될 것임을 알아야 할 것이니라.
20 그와 같은 대명을 받아 행하는 너희들
이 나의 그 큰 뜻을 이루는 그곳에 참
여하며, 그 큰 뜻의 깨우침이며 창조
주인 나의 참된 진리를 듣고 깨우치는
자는 너희밖에 없거늘,
21 이와 같이 대명을 받은 너희들이 작고
작은 일에 연연하여 얼굴을 붉히며 서
로 시비하며 서로 사랑하지 못하며 서
로 아끼지 못하며 속과 겉이 다른 그
와 같은 형국으로 지금도 살아간다면,
22 이는 너희들이 나의 성령을 듣지 아니
하고 살아가는 평범한 농부의 그 순수
한 마음만도 못함이니, 너희들이 과연
어찌 살아가야 하겠는가?
23 나의 대명을 받아 만백성을 구하는 그
임무를 받고 나의 법전을 읽으며 나의
강론을 듣도록 내가 선택한 너희들이
과연 어찌 살아가야 하는가?
24 너희들이 작고 작은 일에 연연하며 육
의 삶의 생활을 벗어나지 못하여 너희
손톱에 가시가 찔리는 그 아픔에 연연
하는 그와 같은 삶으로 살아갈 때,
25 정녕 너희들이 나의 백성들과 무엇이
차별화되며 너희들이 어찌 지도자요,
선생으로서 그들을 이끌고 인도할 자
격이 있다 말하는가?
26 그와 같은 마음 자세로 지금 많은 종
교 지도자들이 나의 백성을 이끌어 가

기에 지금과 같이 말세요, 사악한 시
대가 이루어졌음이니,
27 내가 천 년에 걸쳐 새로운 역사를 이
루고자 함에 기초를 다지는 너희들이
그와 같이 마음이 변하지 못하며 지금
의 종교 지도자와 같은 형국에서 벗어
나지 못한다면 천 년의 역사는 이루어
질 수 없으며 물거품으로 되어 감을
알아야 할 것이니라.

3,585 번째 하나님 말씀

2002년 10월 4일 06시 25분

1 사랑하는 나의 아들아!
2 "네, 아버님! 말씀하옵소서."
3 지금 모든 종파들이 수천 년 역사 동
안 흘러오면서 그들이 잘못된 가장 큰
원인이 무엇이던가?
4 그들은 나를 믿음에 대하여 나의 백성
들을 깨우치는 데 전념하지 아니하며,
오로지 저희들이 금화와 은화를 거두
어들여 저희들의 성전을 지으며 많은
신도를 거느리며 그리하여 궁궐과 같
은 성전을 지은 그 속에서 만백성을
가르친다 하였으니,
5 그들은 나의 교리요, 나의 뜻을 가르
치기 전에 나의 백성 그 모두를 다 재
물로 계산했으며, 그 재물을 거둬들이
는 데 혈안이 되다 보니 정녕 나의 뜻
을 가르칠 수가 없었던 것이 아니던가?
6 여기서 오늘 너희들은 하나 깨우쳐야
할 것이니라.
7 너희 인간사에 부모가 자식을 사랑하
고 자식의 그 모습이 너무나 아름답고
예뻐 그에게 선물이라는 것을 해 주었
다 할 때, 그 부모는 자식에게 왜 그
선물을 내리겠는가?
8 그것은 그가 자기의 본업에 열심히 하
고 학업을 중단치 아니하며 더욱더 열
심히 노력하여 사람으로서 바로 서는
그와 같은 기틀을 마련해 주기 위하여
그 마음을 위로하고 달래고자 선물을
내림이니라.
9 그러나 너희들 인간관계에서도 부모
가 자식에게 그와 같이 아름답고 고운
모습으로 자라도록 하려 그 마음을 위
로하고자 선물을 내렸으나,
10 그 어린아이가 선물에만 연연하며 그
본업이요, 학업에 열중하지 아니하며
인간의 살아가는 인생에 비뚤어지는
그와 같은 마음 자세로 가면, 이는 선
물을 해준 그 부모의 뜻이요, 그 의의
를 모르는 것임이니,
11 그를 잘 관리하며 그가 학업에 열중하
며 그가 피로하고 쉬고자 할 때 그 부
모의 은혜를 생각하며 그 선물을 가지
고 여가를 즐겁게 보낼 수 있는 것은
당연한 것이니라.
12 내가 너를 사랑하기에 너에게 선물을
내리며 모두를 다 내림이니,
13 네가 나의 피조물 만백성을 바로 일깨
우는 것에 전념하지 아니하며 내가 너
에게 내리는 상이요, 내가 내리는 선
물이요, 그것에만 연연한다면,
14 너는 나의 피조물 만백성을 깨우치는
네 앞을 막음이며, 네가 밝은 것을 보
지 못하며 옳은 것을 듣지 못하게 되
어 그들을 가르치지 못함이니,
15 너는 내가 내리는 나의 선물이요, 내
가 너에게 내리는 상금이요, 내가 너

에게 내리는 그 은혜에 연연하는 그와
같은 마음으로 되어서는 아니 될 것이
며,
16 내가 너에게 내리는 그 상을 네가 받
고자 하며 그를 먼저 생각하는 마음
자세로 가서는 아니 될 것이니라.
17 내가 너에게 내리는 그 선물을 네가
필요한 곳에 적절하게 활용하며 네가
그를 가지고 더불어 어렵고 힘들 때
네 마음을 달래고 위로하는 그와 같은
현명한 삶을 살아야 할 것임을 잊지
말라.
18 부모가 자식이 성장하는 모습이요, 그
가 너무나 아름답고 착하기에 그 자식
에게 선물을 했을 때, 자식이 선물에
만 연연한다면 그 본연의 자세를 잃게
됨이니,
19 이와 같은 이치를 깊이 깨우쳐 네가
매사에 남들로부터 또는 네가 살아감
에 있어서 모두를 다 계획성 있게, 그
리고 네가 다 자신을 조절하는 그와
같은 삶의 사는 길을 선택해야 할 것
이니,
20 이 뜻을 네가 거역하지 아니하며 이를
알아 실천하도록 그리하라.

3,586 번째 하나님 말씀

2002년 10월 4일 06시 33분

1 사랑하는 나의 아들아!
2 "네, 아버님! 말씀하옵소서."
3 지금 나로부터 깨달음을 받았다 하며
나로부터 명을 받았다 하는 자들, 또
한 지금의 종교 지도자들이 가는 형국
이 얼마나 오만하며 무서운 짓을 하고
있는지 알고 있는가?
4 너희들은 지금 너희 자신을 착각하고
있음이니,
5 너희들은 이 지구의 그 모두요, 내가
만든 아름다운 지상에 존재하는 모든
자연과 동식물, 그들이 다 너희들에
따라 움직이는 것처럼 그리 생각하는
것이며,
6 이 지구가 자전과 공전을 하며 돌고
도는 것도 너희를 위하여 그들이 존재
한다 그리 생각하며, 너희들이 그들
속에서 너희를 위하여 자전과 공전이
존재한다, 그리고 그는 너희들만을 위
하여 존재하는 것이라 그리 착각 속에
살고 있음이니라.
7 그것이 지금 너희들이 가고 있는 형태
이니라.
8 모든 자연의 돌아감이 너희들을 위하
여 존재하며, 너희들이 존재하는 거기
에 맞춰 돌아간다 그리 착각하고 있음
이니,
9 이것이 지금의 종교 지도자요, 또한
구원의 길을 가는 자들이요, 그리고
나로부터 무엇인가를 깨달았다고 착
각하는 자들이 하고 있는 행위이니라.
10 지상의 모든 것이 너희들의 삶에 맞춰
존재한다는 그 착각에서 너희는 벗어
나야 할 것이니라.
11 그 자연의 방대함이 곧 나의 성전이
니, 이 모두가 너희들의 삶에 맞춰 그
리 간다고 착각하지 말라.
12 그리고 너희들이 그들을 다 다스린다
고 생각하지 말라.
13 너희들을 위하여 이 세상에 모두를 다
존재토록 하였으나, 너희는 자연의 그

방대하며 순수한 법규에 의하여, 이
지상이 나의 성전이라 하였으니, 내가
만든 성전의 이 모든 법규에 맞춰 그
속에서 한 부분을 맡은 일원으로서 너
희 자신이 겸손한 마음 자세로 살아가
는 그와 같은 마음 자세는 너희들이
가질 수 없는가?
14 겸손하고 아름다운 그 미덕을 갖고 사
는 너희들이 되어야 할 것이니라.
15 지금 너희들이 무엇이더냐?
16 하늘에 오른다 하여 나의 피조물 만백
성을 가르치는 수천 년 동안 흘러온
그 종교 집단, 너희들이 이제는 모든
나의 백성이 너희 말에 순종하며 그저
너희들의 명령이라면 그대로 광신적
으로 따르고 있음이니,
17 너희는 그들이 구원을 받기 위하여,
나를 만나기 위하여 모이는 것이 아니
라, 너희들의 강론이요, 너희들이 위
대해서 모여든다는 그와 같은 착각에
빠져 있음이니,
18 스스로 위대한 신이 되고자, 또 신이
된 것 같은 착각 속에서 살아가는 것
이 너희들이니라.
19 그러나 너희는 여기서 알고 가야 할
것이니라.
20 내가 만든 지구의 공전이요, 자전이라
하여 돌아가는 그 형태요, 모든 동식
물, 그 모두가 다 너희들의 삶에 맞춰
따라오는 것이라 그리 생각하지 말라.
21 너희를 보살피며 너희를 돕는 것이니,
너희들이 그 방대한 자연의 위대함을
아는가?
22 그 위대함 속의 일부분인 너희들이 겸
손한 마음이요, 이 자연 속에서 거기
에 맞춰 스스로 겸허한 자세로 사는
것이 너희들의 본분이며 인간의 도리
라는 것을 너희는 잊지 말아야 할 것
이니라.
23 너희 스스로 길거리에 풀 한 포기까지
그 모두를 다 생산하며 이 자연의 오
묘한 것을 만들고 너희들에 의하여 이
루어졌다 생각하는 그와 같은 착각 속
에서 사는 것이 너희들이니,
24 너희가 이룬 것이 아니요, 너희가 만
든 것이 아니라, 나 여호와가 그 모두
를 내렸으며 나 창조주가 그 모두가
존재하도록 하였다는 엄연한 그 사실
을 너희는 깨우쳐야 할 것이니 그리
알라.
25 그를 깨우치지 못하는 자, 하늘의 참
진리요, 너희들이 그리도 갈구하는 그
구원의 길의 뜻이 무엇인가 그것도 보
지 못하는 어리석고 우매한 백성임을
알라.

3,587 번째 하나님 말씀

2002년 10월 4일 09시 37분

1 사랑하는 나의 아들아!
2 “네, 아버님! 말씀하옵소서.”
3 그 누구도 넘을 수 없는 고비를 넘어
야 되며 그 누구도 인내할 수 없는 그
어려운 고비를 인내로써 견디고 넘어
가야 하는 것이 나로부터 선택된 목자
요, 만백성을 구하는 나의 아들임을
너는 알아야 할 것이니라.
4 감히 누구도 생각할 수 없는 그 어렵
고 험난하며 힘든 고비를 넘지 못한다
면 너는 정녕 나의 아들로서 만백성을

구하는 그 대명을 이룰 수 없음이니,
이를 알아야 할 것이니라.
5 내가 일찍이 나의 아들 예수를 통하여
뭐라 전했는가?
6 그 예수가 너희 성서에 기록되어 너희
들을 가르쳤음이니, 이 세상에 의인이
하나도 없다 말하였음이니라.
7 바로 너희들이 의인으로서 선택을 받
는 것은 나의 법전을 지키며 나의 계
명을 지키며 나의 율법에 따라 사는
그 길밖에는 없음이니라.
8 이제 내가 너희들을 구원할 자와 구원
하지 못할 자를 선택하기 위하여 나의
법전을 세상에 내려보냄이니,
9 이를 보고 그대로 지키고 행하는 자,
의인으로서 하늘에 오를 것이니라.
10 이제 내가 그와 같은 역사를 이루기
위하여 너를 세상에 내려보냈으며,
11 너를 따르는 제자들로 하여금 나의 법
전을 바로 읽고 지키고 깨우쳐 하늘에
오르는 그 영광을 얻도록 하고자 함이
니,
12 이를 너희들이 먼저 행함이 얼마나 소
중한 것인가를 너희는 알아야 할 것이
니라.
13 이제는 구약과 신약 시대를 다 접어
두었음이니,
14 내가 바로 새로운 계명이요, 나의 성
령의 뜻을 세상에 내려보내 너희를 구
원하는 것은,
15 너희가 이제 나의 계명을 지키는 시대
로 돌아가야 할 때이며, 그와 같이 살
지 아니하면 아니 됨이니, 이를 너희
는 알아야 할 것이니라.
16 이와 같은 역사의 변화 속에서 아무것
도 너희를 구원하는 길이 없으며 너희
를 하늘나라로 인도하는 것이 없음이
니,
17 오직 너희가 나의 법전이요, 계명을
지키고 사는 그것밖에 없음이니라.
18 이제 너희들은 내가 이 세상에 만백성
을 구원할 자, 버릴 자 구분하며, 또한
그들이 깨달아서 하늘에 오르도록 그
와 같이 천 년에 걸쳐 이 지상에서 이
룰 그 모든 역사가 하나의 오차도 없
는 계획에 의하여 지금 진행되고 실시
되고 있음을 너희들이 알아야 할 것이
니,
19 이를 깨닫지 못하는 자는 정녕 구원을
받을 수 없음을 알아야 할 것이니라.
20 지금 너희들이 믿음이라고 하여 광란
이요, 광신의 그와 같은 형태로써 너
희 손으로 지은 그 성전에 가서 온갖
죄를 짓고도 울고불고 용서를 빌면 나
여호와가 너희를 용서해 주는 것이라
하나,
21 너희는 여기서 그와 같은 착각과 환상
에서 깨어나야 할 것이니라.
22 더구나 죄를 짓고도 재물로써 구원을
받고 축복을 받는다 그리 말함이니,
23 이는 너희들이 만들어 낸, 너희들이
잘못 가르치고 있는 그와 같은 근본이
요, 기본인 것을 알아야 할 것이니라.
24 모두는 나의 계획에 의하여 진행되며
이루어지고 있음이니,
25 너희들이 나에게 올 수 있는 것은, 나
여호와가 존재함을 알며 나 여호와가
원하는 그 뜻을 제일 우선으로 행하여
너희들이 변화되는 그와 같은 형태로
써만 구원을 받을 수 있으며 너희들이

하늘에 오를 수 있음을 알아야 할 것이니라.

26 이제 내가 행함의 시대의 문을 열어, 행하는 자만이 구원을 받을 수 있는 그와 같은 역사의 시대가 진행되고 있음을 너희는 알아야 할 것이니 그리 알라.

3,588 번째 하나님 말씀

2002년 10월 4일 09시 57분

1 사랑하는 나의 아들아!

2 "네, 아버님! 말씀하옵소서."

3 나의 피조물 만백성 중에 저희 손으로 지은 성전에 재물과 금화를 바치며 광란의 기도를 드리며 울부짖는 자, 그들은 저희들의 기도만 나 여호와가 들어주는 것처럼 착각하며 그리도 몸부림치고 있음이니라.

4 그리하여 저희들이 어려운 생활 속에서 각종 모든 헌금과 재물을 바치는 것이 구원을 받는 길이라 착각하며,

5 너희들의 종교 지도자가 너희를 현혹하여 가르치기를, 물질이 있는 곳에 마음이 있음이니 많은 재물을 갖다 바치는 것만이 구원을 받는 것이요, 하나님을 생각하는 것이라 그리 가르침이니,

6 너희들이 댈 수 없는 온갖 이름을 다 붙여 거둬들이는 그 헌금이요, 기금이요, 재물을 내는 것이 너희들이 구원을 받는 길이라 생각하며,

7 그와 같은 길을 가는 자, 너희들만이 나 여호와가 그 기도를 들어주는 양 그리 착각하고 살고 있음이니라.

8 그러나 너희들은 여기서 깨우쳐야 할 것이니라.

9 이 세상의 모든 지상이 다 나의 낙원이라 하였음이니, 나의 낙원에서 나의 계명대로 살아가고자 노력하는 자, 그 백성의 기도는 내가 다 들어주며 만인의 기도를 듣고 있음을 알아야 할 것이니라.

10 너희들같이 잘못 가르치는 자 밑에 가서 저희 손으로 지은 그 혼란한 두꺼비집과 같은 그곳에서 기도하는 것만을, 거기에 와 기도하는 너희들의 것만을 들어준다는 그와 같은 착각 속에서 너희들이 깨어나야 할 것이니라.

11 정녕 그러한 자의 기도를 내가 듣지 아니함이니라.

12 나의 계명대로 살 수 없다 말하며, 인간이기 때문에 죄를 짓지 아니하고 살 수 없는 것이 너희들의 삶이라 그리 가르치는 자, 그리하여 그 성전에 와서 용서를 빌며 눈물로 회개하며 재물을 바치는 것만이 구원을 받는 길이라 말하는 자, 그리고 그곳에 와 기도하고 경배하는 것만이 나 여호와가 들어준다 그리 말하는 자, 너희들은 정녕 나와는 아무런 관계도 없는 자들이며,

13 그저 일상생활을 하면서 남을 핍박하지 아니하고 시기하지 아니하며, 그리고 나의 성전인 이 자연의 지상에서 기도하는 자, 만인의 기도를 내가 다 들어줌을 알아야 할 것이니라.

14 지금 가장 많이 사랑을 베풀며 사는 곳이라는 종교 집단의 너희들이 얼마나 우매한 짓을 하여 나의 뜻을 역행하는가?

15 너희는 믿지 않는 형제요, 부모까지도
경원시하며 산다 내가 너희들에게 말
하지 아니하였던가?
16 그렇지 아니한 것이 깨달음이거늘, 너
희들은 그리 나의 뜻을 거역하고 살아
가는 것이니라.
17 나를 찾지 아니하고 믿지 않는 백성들
도 저희를 길러 준 부모의 정을 알며
고마움을 알며 형제의 아름다움을 알
며 형제의 정을 아나니,
18 그를 나누며 살아가는 자, 그가 곧 나
의 성전에서 기도하는 자와 같다 함이
니라.
19 너희 성서에 기록되어 '형제를 핍박하
는 자, 형제를 사랑하지 않는 자, 지옥
으로 간다.' 하였음이니, 너희들이 지
금 바로 지옥으로 가는 행위를 하고
있지 아니한가?
20 믿지 않는 나의 피조물 만백성은 형제
를 사랑하며 형제지간에 아름다운 나
눔을 가지고 사느니라.
21 그러나 믿음을 향하여 구원을 받았다
말하는 너희들은 너희와 똑같은 그 믿
음의 세계를 가지 아니한다 하여, 성
서에 기록되어 형제를 사랑하지 않는
자 불바다로 떨어진다는 그 가르침이
있건만, 너희 형제를 경원시하며 살아
가는 것이 무엇이더냐?
22 형제를 핍박하며 형제를 저주하며 그
와 같은 행위를 하고 살아가는 것이니,
23 바로 너희들이 지옥으로 가는 것이며
지옥의 불바다로 가는 행위임을 내가
이미 성서에 기록해 놓았거늘, 너희들
이 그저 그리 행하고 감이니라.
24 그리하여 너희들은 지옥으로 간다 함
임을 알아야 할 것이며, 지옥으로 가
기 위하여 기도하고 경배하는 자, 나
와 아무런 관계가 없다 함을 알라.

3,589 번째 하나님 말씀

2002년 10월 4일 12시 33분

1 사랑하는 나의 아들아!
2 "네, 아버님! 말씀하옵소서."
3 내가 세상에 너희들의 생명을 내보냄
이니, 세상에 나가 아름답게 살다 나
의 나라에 올 수 있는 그와 같은 삶을
살라 하여 너희들이 나로부터 선택되
어 내가 가장 아름다운 모습으로 만든
인간 너희들이 세상에 나가 살아감이
니라.
4 그러면서 너희들은 어찌 살아가는가?
5 너희들은 사랑을 베풀며 나누며 살라
내가 그리 가르쳤으며 그리 가도록 인
도하고자 하나,
6 그와 같은 심성이 육의 세상에 살아가
면서 서서히 지워지는 것이 너희들의
삶이 아니던가?
7 너희들은 남이 너희에게 베풀어 준 은
혜요, 이웃에 있는 자가 너희에게 많
은 덕을 베풀며 남이 너희에게 수없이
베풀어 준 것은 백사장에다 그 모두를
기록하며,
8 너희들이 남에게 하나 베풀어 준 것은
바위에다 그 공적을 기록하고자 하는
것이 너희들의 생각이니,
9 이 자체가 너희들이 얼마나 잘못된 인
간의 삶의 형태이던가?
10 남이 너희에게 잘못한 것은 너희가 가
슴속 깊이 고이고이 간직하여 죽을 때

까지 그를 안고 가며 그를 적대시하며,
11 너희가 남에게 잘못했던 그 수천수만
가지는 그저 창공에 날리듯이 잊어버
리는 것이 너희들의 마음이니,
12 이와 같은 삶으로 변화된 것이 오늘의
너희들의 형국이니라.
13 남이 너희에게 수없이 베풀어 준 그
아름다운 사랑은 너희들이 그저 파도
에 쓸리며 사람들이 밟아 없어지며 바
람이 불어 지워지는 백사장에 그것을
기록하여 남기고자 하며,
14 너희들이 하나 잘한 것이며, 너희들이
하나 가슴에 맺힌 것이며 하나의 억울
하고 분한 것은 바위에다 기록하여 그
게 변하지 않도록 남기고 그로써 너희
를 자랑하며 복수하고자 하는 그 마음
이 변하지 아니하는 것이 너희 인간의
마음이니,
15 이런 너희를 어찌 다스릴 수 있으며,
너희들의 그와 같은 마음을 깨우쳐 하
늘에 오를 수 있다 하는가?
16 내가 세상에 너희들이 살아갈 수 있도
록 그 모두를 주었으며, 그리고 너희
들이 깨우쳐 하늘에 오르는 나의 법전
이요, 그 길의 가르침인 이 성령이 세
상에 내려감이니,
17 이를 접하는 너의 제자들, 이를 보고
공부하는 너의 제자들의 행동이 그러
함이니라.
18 내가 제3의 시대에 직접 내려와, 나의
법전의 책장을 넘길 때 내가 같이 있
으며 그를 닫을 때 내가 떠난다 하였
으며,
19 너희들은 나의 아들딸이요, 나의 선택
된 자이니 나의 법전대로 살라 내가
그리 말하며,
20 그리고 만백성에게 너희들이 행함으
로써 빛이 되어야 그들이 너희를 보고
따라와 내가 이루고자 하는 새로운 역
사를 이루며, 만백성을 구하며, 그 만
백성을 구하는 것이 나에게 가장 큰
기쁨이요, 너희들이 나에게 안겨 주는
가장 큰 선물이라 하였으나,
21 너희들의 공덕은 바위에 기록하고자
하며 남이 너희에게 베풀어 준 그 공
은 그저 바람에 지워지며 물에 지워지
는 백사장에 그를 기록하고자 하는 것
이 지금 너의 제자들의 마음이요, 그
들이 가지고 있는 생각이니라.
22 너희들은 어찌 모르는가?
23 나의 아들을 내가 가르침이니, 나보다
더 위대한 스승이 세상에 있다 생각하
는가?
24 창조주인 스승으로부터 배우고, 모두
를 다 창조하며 주관하며 진리로써 역
사하는 나 여호와가 스승이 되어 나의
아들을 가르침이거늘, 그 가르침을 받
고 깨우쳐 행하는 그의 깊이를 모르는
너희들이니,
25 나 여호와가 너희들의 생명을 내려 주
어 너희들이 이와 같이 존재할 수 있
으며 그리고 너희들이 하늘에 올 수
있는 깨우침의 그 강론을 들으며 나의
법전을 손에 쥔 그 역사를 생각한다면,
26 나 여호와의 은혜를 생각한다 하여도
너희들이 나의 법전이요, 나의 아들의
행함을 돌아다볼 때, 너희들의 공적을
앞세우는 것이 아니라 나의 공과 은혜
에 너희들이 먼저 감사하는 마음을 가
졌을 때, 나의 성전에서 얼굴 붉히는

일이요, 언성을 높이는 단 한 마디의
말도 해서는 아니 되는 것이 너희들이
니 이를 명심하라.
27 남이 너희에게 베풀어 준 은혜요, 공
덕은 지워지는 종이에 쓰며 너희들이
베푼 것은 영원히 지워지지 않는 종
이에 쓰고자 하는 그와 같은 마음을
이제는 지우고 뽑아내야만 너희들이
나의 아들이요, 나의 딸로서 만백성을
구하는 그 선하고 아름다움을 행할 수
있음이니라.
28 너희들은 어찌하여 선하고 아름다움
의 행함이 얼마나 기쁘고 영광되며 그
축복이 있는지 그리도 모르느냐?
29 너희들이 오늘에 손해를 보는 것 같으
며 너희들이 잃는 것 같은 그와 같은
것들이 세월이 지난 다음에 너희에게
크나큰 복이요, 영광으로 돌아오거늘,
그 한 치 앞도 보지 못하는 너희들이
니,
30 너희들을 나의 아들이 어찌 끌고 가며
나의 성령의 나의 법전의 그 깊이를
너희들이 어찌 알겠는가?
31 너희들이 얼마 남지 않은 그 인생에
아름답고 고운 것으로만 생각할 수 있
는 마음 자세를 못 가짐이니, 내가 너
희에게 무어라 말했느냐?
32 이 세상의 모두는 정답이 있다 하였음
이니라.
33 나 여호와가 이 세상에 모두를 내놓으
며 너희들에게 내려보내며 너희들이
취하고 살아가며 나누며 대화하는 속
에, 너희들이 얽히고설키고 살아가는
그 수억 가지 중에 반드시 정답이 있
다 하였음이니라.
34 그 정답은 가장 아름다우며 가장 소중
한 나의 진리인 것이니라.
35 나의 아들이 너희에게 얼마나 목이 터
져라 부르짖었던가?
36 한 끼의 밥을 얻어먹는 자가 고맙다
인사함이 아니요, 사 주는 자가 인사
한다는 그 이치 하나를 깨달아도 너희
들이 오늘의 물질의 손해요, 오늘의
재물의 손해는 내일의 크나큰 영광과
축복이 있다 하는 것을 알 것이거늘,
37 그를 행하며 그 길을 가는 것이 나의
아들이요, 지금의 목자요, 나의 선지
자가 가는 것이거늘,
38 그 나의 아들이 살아가는 그것조차도
보지 못하는 너희들이 어찌 나 여호와
가 베푸는 나의 뜻이요, 내가 이루고
자 하는 그 역사를 알아 내가 이루고
자 하는 새로운 천 년의 역사를 이 지
상에 이룰 수 있겠는가?
39 육으로 부딪치며 대화하며 답을 들을
수 있으며 설명을 들을 수 있으며 정
답과 오답을 들어 깨우칠 수 있는 너
희들이 만지고 보며 대화할 수 있는
나의 아들과 살아가는 그 속에 그와
같은 시시비비의 역사가 이루어지는
것은,
40 나의 아들의 그 깊이와 미래에 너희들
에게 나로부터 상을 받게 해주고자 하
는 그 이치도 깨닫지도 못함이니, 하
늘에 나 여호와가 행하는 것을 어찌
알겠는가?
41 그를 모르는 자, 나의 아들과 딸이 아
님을 알라.
42 오늘에 내가 너희들에게 깨우치는 이
뜻을 깊이 깨우쳐 너희 것으로 만들어

야 할 것이니라.
43 너희들 인간사에 살아가면서 하는 말
이 있지 않으냐?
44 아무리 자식이 부모의 공을 알며 부모
의 사랑에 은혜를 보답한다 해도 그
부모가 자식을 사랑하는 마음을 알 수
없다 하였음이니,
45 너희들 세속에 전하기를 사랑은 내리
사랑이요, 아래에서 위로 바치는 사랑
은 내리사랑을 따라갈 수 없다 하거늘,
46 너희들은 나의 아들 선지자가 너희들
의 종이라 이르니 정말 너희들의 종이
요, 너희들의 머슴이라 그리 생각하는
가?
47 이 세상에 하나밖에 존재하지 않는,
하늘과 땅 사이에 하나밖에 존재하지
않는, 창조주 나 여호와가 스승으로서
가르치는 나의 아들이니,
48 나로부터 배운 그 나의 아들보다 너희
들이 무엇이 더 깨우침이 높은가?
49 이는 나의 아들이 이 세상 모두를 지
배하는, 나를 대신하여 역사를 이루는
자니,
50 그가 지도자며 이끄는 자임을 너희들
이 가슴에 깊이 새겨 두어야 할 것이
니라.
51 지도자요, 이끄는 자가 둘이 될 수 없
음이니라.
52 사랑은 위에서부터 내림이니라.
53 나로부터 가르침을 받는 나의 아들이
너희들의 마음과 너희들의 속사정을
모른다 생각하지 말라.
54 너희들의 미래에 크나큰 상을 나로부
터 받게 하고자 하는 나의 아들의 그
애절한 마음을 너희들이 모름이니,
55 너희들이 그 감사함을 알 때는 이미
너희들은 나에게 와 심판을 받고 있을
것이며 그때 알게 될 것이니,
56 오늘의 모든 마음을 다 비우며, 모든
마음을 다 날려 보내라.
57 내가 나의 아들에게 말하였음이니라.
58 모두를 조용히 앉아서 기다리라 하였
으니, 너희들은 모두를 다 날리며, 너
희 자신이 없으며, 구르는 돌과 같이
살라는 나 여호와의 가르침을 깊이 깨
우쳐 너희 것으로 만들어 넓고 높은
세상의 이치를 보도록 그리하라, 사랑
하는 나의 백성들아!

3,590 번째 하나님 말씀

2002년 10월 5일 06시 32분

1 사랑하는 나의 아들아!
2 "네, 아버님! 말씀하옵소서."
3 내가 너에게 일렀음이니, 세상에 풀
한 포기, 나무 한 그루, 그리고 과일을
열어 너희들에게 먹을 것을 주는 그
과일나무며 모든 미물이요, 동식물이
세상에 존재해 살아가는 그 전체적인
모습을 바라볼 수 있는 마음을 갖고
볼 때,
4 얼마나 자연의 웅대함과 아름다움과
오묘함이 거기 있으며, 그 모두가 나
여호와가 창조한 것이며 너희가 말하
는 전지전능한 하늘의 아버지가 만든
것이니, 그들이 얼마나 아름답고 소중
하게 너희 눈에 보이겠는가?
5 그와 같은 마음으로써 모든 사물을 볼
수 있도록 너의 제자들에게 깨우쳐 주
어야 할 것이니라.

6 이 세상 그 모두는 창조주인 너희 아
버지가 만든 것이니, 그 모두가 얼마
나 오묘하고 소중하며 사랑스럽고 귀
한 것인가, 그리고 대자연의 그 속에
서 살아가는 그들의 생활 형태며 살아
가는 그 모습이 얼마나 아름다운 것인
가?

7 그리 보면 그들이 다 소중하며, 세상
모두가 다 아름답고 소중한 것을 볼
수 있을 것이니라.

8 만에 하나 그중에 미물이요, 나무 하
나가 너희들과 바뀐 그 형태로 세상에
태어났다 하면 과연 어떠하겠는가?

9 너희들 인간이 과일을 열게 하는 나무
요, 또는 그 과일나무가 인간으로 만
들어졌으며, 땅속을 뒤지고 사는 벌레
가 사람으로 만들어지며 너희들과 바
뀌었다면 과연 어떠하겠는가?

10 너희들이 아름다운 모습으로써 태어
나 나로부터 생명의 영혼을 받아 세상
에 나왔음이니,

11 하물며 미물도, 떨어지는 낙엽의 나무
하나도, 길거리에 나는 잡초와 같은
풀 한 포기 한 포기도 다 나의 정성에
의하여 세상에 이루어졌으니, 그 아름
다움을 너희들이 보라 하였거늘,

12 같은 형제로써 같이 서로 받치고 힘이
되어 살아가도록 만든 너희가 서로 소
중한 이웃이며 하나의 형제라는 것을
어찌 모르는가?

13 하나의 동식물도 다 아름답고 소중하
거늘, 내가 가장 아름답게 만든 인간
너희야말로 너희들 인간관계가 얼마
나 소중하고 귀중한 사이던가?

14 그러나 너희들은 길거리에 핀 꽃 한
송이는 아름답다 생각하며 대자연의
위대한 것은 아름답다 생각하느니라.

15 그러면서 같은 형제로서 태어난 인간
의 소중함은 그것들만도 못하게 생각
함이니,

16 너희들이 1년 내내 가꾸는 그 과일의
열매를 보며 너희는 탐스럽다 생각하
며 아름답다 생각하며 소중하다 생각
하느니라.

17 그러나 내가 한 형제라 한 그 인간은
너희들이 취하고 살 수 있도록 만든
과일이요, 그 동식물만도 못하게 너희
마음속에 그리 자리 잡고 있음이니,

18 어찌하여 그리도 소중히 하고 아끼며
아름답게 서로 손잡고 살아가야 되는
인간관계는 서로 적대시하며 무서워
하며 두려워하는 그와 같은 너희들의
심성으로 변하여져 살아가는가?

19 사랑하는 나의 아들아!

20 "네, 아버님! 말씀하옵소서."

21 아름답게 피어 있는 그 꽃 한 송이의
식물이요, 너희들이 먹을 수 있고 취
할 수 있는 가을에 익은 그 모든 과일
이요, 열매의 그 소중함과 아름다움보
다도 너희들이 서로 인간을 볼 때 열
배 백배 천배 더 소중하고 아름답게
보는 마음이 내가 최초에 만든 인간의
원초적인 마음이며,

22 그 마음을 가짐으로 인하여 너희들이
하늘에 오르는 길에 오를 수 있으며,

23 너희들이 계명을 지키고 나의 법전을
지키고 살아가는 것도 너희들이 너희
형제요, 똑같은 인간을 소중히 사랑하
며 아름답게 볼 수 있으며 이 세상 무
엇과도 바꿀 수 없는 그와 같은 귀한

것으로써 생각할 때 너희들의 그 모두
가 이루어지며,
24 그 바탕 위에서 계명을 지키고 나의
법전을 읽고 깨달아 너희들이 경지에
오를 때, 하늘에 오르는 길을 보게 되
며 너희들이 천국의 문을 들어설 수
있는 것임을 알라.
25 같은 형제요, 이웃을 사랑하지 못하며
소중하게 여기지 못하는 인간관계를,
내가 똑같이 아름다운 형태로 만든 모
든 백성을 너희들이 얼마나 소중하고
귀한가를 생각하고 사랑하며,
26 그 깊은 마음을 갖고 아름답고 소중하
게 인간을 그리 볼 때, 너희들이 하늘
에 오를 수 있는 그 훈련의 기초가 됨
을 알라.
27 인간이 인간을 사랑하지 아니하며 인
간이 인간을 소중히 생각하지 아니하
는 것은, 남을 사랑하지 아니하며 남
을 소중히 생각하지 아니하는 것은 너
희들 자신을 소중히 생각하지 아니하
며 너희들 자신을 귀하게 생각하지 아
니함이니,
28 내가 하늘에 오르는 기초는 너희 자신
을 사랑하는 것으로부터 시작한다 하
였음이니라.
29 남을 미워하고 시기하고 질투하는 것
은 너희 마음속에 그와 같은 검은 마
음이 있기에 그와 같이 보인다 하였음
이니,
30 이 세상에 너희들이 인간으로서 태어
난 한 형제이니 그 하나의 형제보다
더 소중하고 귀한 것이 없거늘,
31 그를 사랑하는 것부터 너희들이 마음
속에 뿌리를 내려 만백성을 볼 때 사
랑하고 귀한 마음으로 보는 그와 같은
너희들의 마음 자세가 되어 있을 때,
32 그 속에서 하늘에 오르는 참된 그 근
본의 빛을 보게 되며, 거기서부터 너
희 마음속에서 그 길을 달려갈 수 있
는, 너희들이 나로부터 선택된 백성으
로 됨을 알라.
33 이를 행하지 아니하는 자, 근본을 모
르고 근본을 사랑하지 아니하는 자,
너희들이 나의 계명을 지키며 나의 법
전을 지키고 산다 하여도 그는 언젠가
는 사악한 마음으로 돌아갈 수 있으며
쓰러질 수 있는 마음임을 알라.
34 인간을 보되 너희들이 이 세상에 가장
소중한 것을 다루듯이 그와 같이 보도
록 하라.
35 그것이 너희들의 원초적인 마음으로
서, 너희들의 그 원초적인 마음이 곧
천사의 마음이요, 나 여호와의 심성임
을 그리 알라.

3,591 번째 하나님 말씀

2002년 10월 5일 06시 42분

1 사랑하는 나의 아들아!
2 "네, 아버님! 말씀하옵소서."
3 내가 너에게 일찍 가르쳐 말하기를,
네가 유리창이라는 것을 깨지 아니하
였을 때 남들이 너보고 깼다 하면 뭐
라 말하라 하였느냐?
4 "네, 아버님! 이리 대답하라 하셨사옵
나이다, '네, 제가 그 유리를 깼습니
다.' "
5 그리고 너에게 물어 달라 말하거든
내가 어찌하라 하였느냐?

6 "그를 변제하며 물어 주라 하셨사옵
나이다."
7 너의 제자들에게 여기서 하나 깨우쳐
가르칠 것이 있음이니, 남이 너희에게
잘못했다고 지적하는 것은 그의 눈에,
그 사람의 마음에 너희들의 잘못하는
것이 보이기 때문에 너희들을 가르치
며 너희에게 충고를 함이니, 그를 어
찌 받아들여야 하겠는가?
8 "네, 아버님! 사람들이 저에게 잘못한
다, 제가 무엇이 잘못되었다 말하면,
'그러냐?' 대답하며
9 '그 김용철이라는 사람이 아주 못된
놈이구려!' 그리 대답하라고 저를 깨
우쳐 주셨사옵나이다."
10 너의 이웃이 너를 보고 잘못했다 말하
며 너의 제자가 너에게 잘못됐다 말하
며 너의 제자들이요, 책을 읽은 백성
들이 의혹이 가며 이해가 안 가며 잘
못됐다 말하면,
11 '그 잘못한 사람이 누구인가? 김용철
이라는 사람이 아주 나쁜 사람이고 잘
못된 사람이구려!' 그리 말하라 내가
너에게 가르쳐 주었음이니,
12 너의 제자들 또한 그와 같은 마음으로
살아야 할 것이니라.
13 어찌하여 너희들은 내가 그리 모두를
가르쳐 주거늘, 살과 뼈를 붙여 너희
것으로 만들지 아니하는가?
14 그게 곧 너희들의 게으름이니라.
15 그러니 모르고 보지 않은 자가 너에게
뒤집어씌울 때, 네가 그 모두를 받아
들이며 네가 그를 인정하라 하였거늘,
16 너의 제자들이요, 이웃의 형제들이요,
모든 백성이 너희를 지적하며 너희에
게 잘못한 것을 말해 줄 때, 거기에 어
디 갑론을박의 이유가 있는가?
17 '허허' 웃으며 그것을 받아들이라 하
였으며, 너희를 지적하거든 너희 자신
의 이름을 부르며 '그 녀석 참 나쁜 사
람이구려!' 하도록 그리 가르치라 하
지 아니하였던가?
18 "네, 아버님! 그리 말씀하셨사옵나이
다. 그리 가겠사옵나이다."
19 너는 만백성을 가르치는 지도자이기
에, 만백성이 너의 스승이라 하였음이
니라.
20 그러니 스승의 가르침을 거역하는 것
은 제자의 도리가 아님이니,
21 너는 그와 같은 마음 자세로 너의 제
자들이요, 나의 법전을 읽은 백성들이
그리 살아갈 수 있도록 다시 한 번 깊
은 깨우침과 가르침을 주어야 할 것이
며, 너 또한 그리 행하고 살아가야 함
을 잊어서는 아니 될 것이니라.
22 내가 너희들에게 주옥같은 그 가르침
을 수없이 전해 주나, 그를 보고 행하
지 아니하며 실천하지 아니하면 아무
런 가치가 없음이니라.
23 단 하나라도 실천하고 행하는 자가 나
로부터 선택된 백성이요, 나의 뜻에
따라 살아가는 백성임을 알아야 할 것
이니라.
24 내가 너희들에게 말하지 아니하였는
가?
25 나이를 많이 먹은 사람은 죽음을 대비
하여 하나하나 소중한 것들을 그저 남
에게 전해 주며 놓고 살아가라 함이니,
26 그와 같이 이제는 너희들이 죽음을 향
하여 달려가는 그 순간에 그리 나이

먹은 자, 백발이 되어 가는 자처럼 모
두를 다 아름다운 마음으로 씨앗을 뿌
리듯이 하나하나 소중한 것을 남에게
전해 주며,
27 너희들이 정녕 죽음의 그 순간에는 그
저 걸친 옷 한 벌, 너희들의 아름다운
그 마음 하나면 그보다 더 행복한 것
이 없으며 그보다 더한 축복이 없다
말하였거늘, 그 아름다운 삶을 너희들
은 과연 살 수 없겠느냐?
28 그 모두는 다 욕심을 버리지 못하였기
때문이요, 너희들 자신을 먼저 생각하
기 때문에 그와 같은 마음으로써 살아
가지 못함이니,
29 남을 용서하는 마음이 없기에 남이 너
희들을 훈계하고 가르칠 때 그것을 아
름다운 모습으로 받아들이지 못함이
니, 곧 사랑이 없는 것은 무엇이더냐?
30 나의 뜻을 거역하며 사는 것이니라.
31 너는 여기서 깨우쳐야 할 것이니라.
32 남들이 가르치는 것을 그대로 지키지
아니하며, 내가 너희에게 내린 작은
가르침도 너희 것으로 만들어 행하지
아니함은 너희들이 게으른 자들이니
라.
33 나의 법전을 읽지 않는 자, 게으르지
아니하면 나의 법전을 안 읽을 수 없
듯이, 너희들이 나의 법전을 읽지 않
는 것은 너희들이 그만큼 게으름이니,
34 내가 60이라는 점수를 세상에 내려보
내 너희들이 편하게 살아갈 수 있도록
모두를 다 주었음이니,
35 그 속에서 노력하지 아니하고 잘못 사
는 자, 의식주를 해결하지 못하는 자,
그리고 나에게 무엇을 달라며 구원의
기도를 드리는 자, 그들을 내가 뭐라
말했더냐?
36 게으른 자들이요, 노력하지 아니하는
자들이라 그리 말하였음이니,
37 내가 너희들에게 가르치고 내리는 그
소중한 가르침을 너희들이 행하지 아
니하고 그저 건성으로 들으며 그를 잊
어버리고 산다는 것은 너희들이 가장
게으른 자이니라.
38 게으르지 아니한 나의 백성이라면 하
나하나 제 것으로 만들어 그를 지켜
가는 삶을 살 것이니,
39 너희들이 정녕 게으른 자로 살다 나에
게 와 너희들의 그 게으름에 대한 심
판을 받을 것인가,
40 부지런히 노력하여 내가 가르친 것을
너희들의 살과 뼈로 만들어 부지런한
삶을 사는 그 상을 나로부터 받을 것
인가?
41 너희들이 나의 뜻의 내용을 모르는 것
은 게으름이니라.
42 너희들이 게으르지 아니한 자는 내가
가르친 작고 큰 것을 너희들의 뼈와
살로 만들어 깨달음을 얻을 것이니,
게으른 자는 경지에 오를 수 없음을
너희는 알아야 할 것이니라.

3,592 번째 하나님 말씀

2002년 10월 5일 20시 28분

1 사랑하는 나의 아들아!
2 "네, 아버님! 말씀하옵소서."
3 이 세상 나의 피조물 만백성이 나로부
터 생명을 받아 세상에 나감이니,
4 그는 계명을 지키고 사랑을 베풀며 아

름답게 살다가 영원히 사는 나의 나라
에 올라올 수 있도록 그리 너희들이
나에게 명을 받아 세상에 나감이니라.
5 그러나 너희들이 살아가는 그 세상 속
에서 이는 이로써, 주먹은 주먹으로
써, 욕은 욕으로써 너희들이 똑같이
받아치며,
6 누구도 양보하는 자가 없으며 누구도
경쟁에서 지고자 하는 자가 없는 것이
지금 너희들이 살아가고 있는 그와 같
은 형태이니라.
7 너희들이 잘못을 하지 아니하였을 때
너희에게 잘못했다 말하거든, '내가
그리했노라.' 그리 대답하고 너희들이
그 모두를 그저 인정하고 넘어갈 수
있는 그와 같은 마음을 가지고 사는
것이 나에게 올 수 있는 근본이요, 기
초적인 마음이라 하였으나,
8 너희들이 인간사 세상 속에서 조금이
라도 양보하며 조금이라도 남에게 피
해를 보는 것 같은 그와 같은 언행을
하고 사는 것이 진정한 인간의 사는
도리라 아무리 깨우쳐 주고 그들에게
강론을 해도 정녕 그 마음을 그들은
돌릴 수가 없는 것이니라.
9 그저 이는 이로써, 주먹은 주먹으로
써, 욕은 욕으로써 그대로 치고받는
그와 같은 것이 너희들의 마음이요,
거기에서 조금도 지지 않으려 함이니,
10 거기에 양보하는 미덕이 없으며 양해
하는 마음이 없으니, 거기에서 어찌
사랑이 싹트며 감히 너희들이 남에게
베푸는 삶을 살 수 있겠는가?
11 그것이 너희들이 나에게 올 수 있는
기초적인 마음의 변화이거늘, 그 마음
하나를 변화시키지 못하는 것이, 또
그 마음을 변하고자 하지 않는 것이
너희들이니,
12 눈앞에 보이는 손해요, 눈앞에 보이는
그 불이익만을 보고 살아가기에 그와
같이 힘은 힘으로써 맞받아치는 그 양
보 없는 삶을 살아가는 것이 나의 피
조물 만백성 너희들임이니라.
13 너희들이 당장 손해를 보며 불이익을
당하는 것 같으나, 거기에 너희에게
돌아오는 축복이 있고 영광이 있음을
바라보지 못하며,
14 남에게 불이익을 주어 너희가 무엇인
가 작은 것을 거둬들였을 때 너희들은
승자인 것 같으나, 그 몇십 배 몇백 배
를 잃는다는 그와 같은 깨달음 하나도
모르고 살아가는 것이 너희들이니,
15 어찌 그와 같은 마음을 가진 나의 피
조물 만백성의 마음을 유한 마음으로
돌릴 수 있으며 어찌 가르칠 수 있겠
는가?
16 너희들이 아무리 한 사람을 놓고 깨우
치고자 강론을 하고 또 그에게 설교를
한다 하여도 그는 그저 그 당시에 한
쪽 귀로 듣고 한쪽 귀로 흘리는 것으
로써 끝나 버리니,
17 또한 가르침을 받는 그 속에서는 그들
이 더러는 인정을 하고 더러는 수긍을
하나, 그 마음속에는 다 제 나름대로
살아가는 생활의 습성이 있으며 방법
이 있으며, 그 계산을 바꾸려 하는 자
가 별로 없음이니, 이를 어찌 바로잡
겠는가?
18 그리하여 나의 법전을 책으로 만들어
나의 성령을 세상에 내려보내니,

19 이를 읽고 또 읽고 또 읽고 또 읽어 깨
우치는, 그리고 1권에서부터 160권까
지 나의 법전이 세상을 덮으니 그들이
그저 그를 읽고 또 읽는 그와 같은 환
경과 분위기가 조성됨으로 인하여 그
들이 책에서 구원을 받으며 책에서 깨
우침을 얻는 그와 같은 스스로 변하는
그 역사를 이루고자 하는 것이 나의
뜻임이니, 이와 같은 이치를 너는 알
아야 할 것이니라.
20 인간 너희들의 마음이 얼마나 사악해
져 있으며 너희들이 얼마나 지금 우매
한 삶을 살며 너희들이 얼마나 사랑과
나눔의 용서함이 없는가?
21 그것을 너희들이 각자 가슴에 손을 얹
고 자신을 반성해 보는 기회를 가져야
할 것이니라.
22 지금 나의 법전을 읽고 접한 백성, 너
희들이 과연 불이익을 당하며 남으로
부터 손해를 본다 할 때,
23 얼마나 참고 인내하며 그를 용서할 수
있는 마음을 가지고 살아가는가?
24 너희들이 용서할 수 있는 것을 용서하
는 것은 진정한 용서가 아닌 것이니라.
25 남들이 도저히 용서할 수 없다고 생각
하며 너희들이 용서할 수 없는 그와
같은 것을 이해하고 용서하는 것이
즉, 그것이 용서하는 마음의 근본임을
알아야 할 것이니라.
26 이제 너희들은 작은 것에 의하여 큰
것을 잃는 그와 같은 어리석은 삶을
살아서는 아니 될 것이니라.
27 오늘에 작은 것을 잃음으로 인하여 미
래에 큰 것이 너희들에게 있다는 것
을, 그와 같은 하늘의 법도의 이치를
깨우치고 사는 나로부터 선택된 아들
딸들이 너희들이 아니던가?
28 너희 자신이 그와 같이 행하지 못한다
면 나의 피조물 만백성은 어떠한 법전
을 읽는다 해도, 누가 강론을 한다 하
여도 그들을 바로잡을 수 없음이니,
29 너희들이 변하고 변한 모습으로 행동
하며 만백성을 가르치고 일깨워 주며,
그리고 나의 법전을 가지고 만백성에
게 전하여 그들이 읽고 또 읽는 그 속
에서 깨우침을 얻을 수 있도록 그리
너희들이 나의 백성을 구원하여야 할
것이니,
30 이것이 너희가 가야 할 어려운 길이며
힘든 길임을 알아야 할 것이니라.

3,593 번째 하나님 말씀

2002년 10월 5일 20시 39분

1 사랑하는 나의 아들아!
2 "네, 아버님! 말씀하옵소서."
3 나의 피조물 만백성 인간의 60평생을
살아온 너를 모든 사람들이 살아가는
얽히고설킨 그 육의 삶에서 한 점의
부끄럼이 없는 완벽한 삶을 살아가며
생활을 하는 너로 만들기 위하여 나
여호와가 훈련을 시키고 있으며,
4 너를 내가 훈련시키고 또 훈련시켜 밤
과 낮을 가리지 아니하며 대장정의
160권의 법전을 세상에 내 이 지상을
다 덮으며, 만백성 너희들의 손에 쥐
여 주어 너희가 바른길을 깨우치도록
하고자 함이니,
5 내가 너희에게 제3의 시대를 열어 나
의 성령을 직접 내려 전하는 이 대업

은 나의 법전으로 하여금 너희들을 하
늘로 구원한다는 것이 아님을 너희는
알아야 할 것이니라.
6 나의 법전은 너희들을 직접 하늘로 구
원하는 것이 아니요,
7 너희가 나의 법전을 읽고 깨우치며 나
의 십계명을 읽고 깨우칠 때 너희들이
정녕 사악한 사탄들에게 넘어지지 않
도록 하며, 너희들이 넘어지지 않는
길을 가르쳐 주는 것이며, 그리고 너
희들이 넘어지고자 하는 것을 나 여호
와가 막고자 하는 뜻이 여기 있음을
알아야 할 것이니라.
8 너희들이 나의 십계명이요, 지금 세상
에 내리는 나의 이 법전을 읽고 행한
다 하여, 이를 깨우쳤다 하여 하늘에
구원을 받아 오는 것이 아니며,
9 너희들에게 하늘에 오르는 길의 방법
을 깨우쳐 주며 너희들이 악마요, 사
탄에게 쓰러지지 아니하도록 미리 막
고자 하는 그 큰 뜻이 여기 있음이니,
10 사탄에게 먹히지 아니하고 넘어가지
아니하며 하늘에 오르는 길의 이치요,
내가 깨우치는 것이 무엇인가를 나의
법전에서 깨우쳐 행하도록 그와 같이
너희들을 바로 세우고자 하는 것이 나
의 법전이 세상에 내려가는 뜻이며,
11 그로 하여금 너희들에게 구원의 빛을
보게 하고자 하는 것임을 알아야 할
것이니라.
12 나의 사랑하는 백성, 너희들이 사탄에
게 넘어지며 악마에게 빠지지 않고 견
디어 너희 스스로 구원의 길에 들어설
수 있는 그와 같은 길잡이의 역할로서
나의 십계명과 나의 법전이 지금 세상
에 내려감이니,
13 이 160권의 대장정을 만들기 위하여
나의 아들을 잠을 재우지 아니하며 그
를 내가 훈련시키고 또 훈련시켜서 이
와 같이 세상에 내가 내려보내는, 너
희들에게 내리는 은총이요, 영광이요,
기적임을 너희는 어찌하여 그리도 모
르는가?
14 너희는 알아야 할 것이니라.
15 너희가 아무리 수천 년 동안 믿음의
길을 왔으며 나의 아들 예수의 보혈이
요, 또 예수가 너희 모든 죄를 사하여
짊어지고 갔다 하여 너희들은 구원받
은 백성이며 천국에 갈 수 있는 백성
이라 그와 같이 깨우치나,
16 나의 계명대로 살고자 노력하지 아니
하며 나의 법전을 읽고 깨우치지 아니
하는 자, 너희들은 정녕 악마에게 빠
지지 아니하는 그와 같은 나의 법전을
읽고 깨우치는 길이 아니라면 악마로
부터 견뎌 낼 수가 없다는 것을 알아
야 할 것이니라.
17 이제 내가 제3의 시대에 나의 아들을
통하여 내리는 법전을 너희들이 읽고
또 읽고 정독하여 깨우치는 그 속에서
너희들이 악마요, 사탄에게 빠지지 아
니할 것이며, 너희가 정녕 구원의 길
에 들어설 수 있는 것을 알아야 할 것
이니라.
18 그와 같이 사탄과 악마에게 넘어지지
아니하며 빠지지 아니하는 너희들이
반석 위에 서서 그때부터 하늘에 오르
는 찬란한 빛을 보게 되는 것이니,
19 너희들이 하늘에 오르는 그 반석 위에
일어설 수 있는 것은 나의 십계명대로

지키며 나의 법전대로 사는 것이며,
그 위에서 너희들이 구원을 받는 다음
단계의 역사가 이루어짐을 알아야 할
것이니라.

3,594 번째 하나님 말씀

2002년 10월 5일 20시 54분

1 사랑하는 나의 아들아!
2 "네, 아버님! 말씀하옵소서."
3 너희들이 한마음이 되지 아니하며 하
나로 이루어지지 아니할 때 그 무엇도
이룰 수 없으며 역사할 수 없다 말하
였음이니라.
4 오로지 천사와 같은 심성으로써 너의
제자들이 하나의 마음이 될 때, 그 모
든 역사는 이루어지며 기적의 변화는
이 세상에 이루어진다 내가 너희에게
깨우쳐 주었음이니, 이 깊은 의미를
너희들이 알아야 할 것이니라.
5 하늘에 오르는 길이요, 천국의 문에
들어서는 길은 오로지 한 길이라는 것
을 너희는 알아야 할 것이니라.
6 너희들이 하늘에 오르는 그 길이 한
길이요, 천국의 문에 들어서며 나의
나라에 오는 것은 왜 한 길인지 그 뜻
을 깨우치지 못하고 있는가?
7 너희는 깨우쳐 알고 있을 것이니라.
8 진정한 참진리는 하나이기 때문이니
라.
9 나에게 올 수 있는 참진리의 길이요,
하늘에 오르는 길은 하나이니, 너희가
정녕 하나가 되지 않고는 다 같이 구
원받을 수 없다는 것을 알아야 할 것
이니라.
10 참진리요, 하늘에 오르는 그 길은 진
정한 한 길이니, 열이면 열 사람의 마
음이요, 백이면 백 사람의 마음이 다
다르다면 너희들이 참진리를 볼 수 있
는 자가 없음이니, 너희들은 그리하여
하늘에 오를 수가 없다 하였음이니라.
11 오로지 너희들이 구원의 길에 오를 수
있는 것은, 천사요, 나 여호와 창조주
의 심성과 같이 사랑하는 마음으로써
너희들이 변하여 하나가 되었을 때 오
로지 참진리의 길을 올 수 있음을 알
아야 할 것이니라.
12 참진리의 깨달음의 길은 하나며 그 오
르는 길도 또한 한 길뿐이니, 너희들
이 한 길로만이 하늘에 오를 수 있는
그 영광을 얻게 되어 있음을 알아야
할 것이니라.
13 그리하여 너희들이 하나가 되지 아니
하면 정녕 구원의 역사를 받을 수 없
으며, 하늘에 오르는 그 길을 볼 수도
없으며 오를 수 없다 함이 여기에 있
음이니,
14 너희들 제자는 오로지 마음이 하나로
되었을 때 진정한 참진리의 길을 터득
하고, 너희들이 똑같이 깨달았을 때
진리의 그 한 길을 따라 나 여호와에
게 구원받을 수 있음을 알아야 할 것
이니라.
15 너희들이 열이면 열, 백이면 백의 마
음이 다 각자일 때 너희는 참진리의
길을 보지 못하는 것이니, 그 누구도
구원의 길을 올 수도 없으며 구원을
받을 수 없다는 것을 알아야 할 것이
니라.
16 이와 같은 깊은 이치를 너희들이 깨달

아, 내가 너희에게 한마음이 되며 하
나와 같이 모두 다 이루어지는 그와
같은 삶을 살지 아니할 때 너희들은
정녕 구원받을 수 없다고 말한 그 뜻
이 여기에 있음을 알아야 할 것이니라.
17 오로지 하늘에 오르는 그 합격점의 길
은 한 길이니, 그 길에 들어서려면 너
희들이 그 합격점을 맞아야 할 것이니,
18 그 합격점을 맞지 못하며 각자의 마음
속에 생각하는 것이 다르며 너희들이
받는 점수가 다 다르다 할 때,
19 너희들은 기준 미달로서 영원히 구원
의 길에 들어설 수 없으며 참진리의
길인 하늘에 오르는 천국의 문으로 인
도하는 그 한 길을 따라 오를 수 없음
이니,
20 너희 마음이 천사의 마음같이 하나로
변했을 때, 너희들이 다 그 길을 따라
서 올 수 있음을 알아야 할 것이니라.

3,595 번째 하나님 말씀

2002년 10월 5일 21시 03분

1 사랑하는 나의 아들아!
2 "네, 아버님! 말씀하옵소서."
3 너는 창조주 나 여호와가 존재함을 알
고 있으며, 내가 너희들에게 법전을
내려 너희를 깨우치고자 하는 그 모든
성령을 직접 받았으며, 네가 나의 음
성을 들음이며, 내가 존재함을 너는
보고 있음이며,
4 내가 천 년에 걸쳐 너희들의 악의 씨
를 뿌리 뽑으며 선한 백성이요, 하늘
에 오르는 천사와 같은 나의 백성만이
천 년 후에 하늘에서 이루어진 것같이
지상에 이루어지는 그 낙원에 존재하
며 살아갈 수 있도록 그와 같은 모든
변화와 그 형태를 너는 듣고 또 보고
그리하여 알고 있느니라.
5 그러나 나의 만백성은 그와 같은 네가
알고 있는 그 모두를 하나도 보지 못
하며 듣지 못하며 깨닫지 못하고 있음
이니라.
6 그리하여 너는 나의 성령을 들으며 나
의 음성을 들으며, 내가 이루고자 하
는 역사가 무엇이고 내가 앞으로 행하
고자 하는 것이 무엇인지 다 알고 있
음이니,
7 그걸 모르는 나의 백성들이 너를 따라
나의 법전이 저희 생명과도 바꿀 수
없는 소중한 하늘에 오르는 길이라고
그들의 가슴속에 심기는 그리 쉽지 아
니함이니라.
8 그리하여 듣지도 못하며 보지도 못하
며 감히 생각조차도 못하는 나의 사랑
하는 백성들을 깨우치는 것이 또한 너
의 임무이며, 너의 대명임을 알아야
할 것이니라.
9 듣지도 못하며 보지도 못하나, 나를
믿고 경배하고 구원의 길을 따르고자
하며 나의 십계명을 지키고자 하며 나
의 법전대로 살아가고자 하는 그들을
법전을 읽고 정독하고 또 정독하도록
깨우쳐 구원하는 것이 너와 너의 제자
들이 가야 할 길이며 해야 할 임무임
을 너희들이 알아야 할 것이니라.
10 이를 믿지 않으며 듣지 않으려 한다
하여도 너희는 나 여호와의 성령으로
써 내가 존재함을 깨우쳐 주어야 할
것이며,

11 지금 법전이라 하여 160권의 대장정
의 책이 세상에 나옴이니, 이 책 또한
나의 성령으로써 이루어지는 것이라
믿고 따를 수 있도록 나의 피조물 만
백성을 다스리고 깨우쳐 주어야 되는
것이 너희들의 가장 큰 대명이요, 너
희들이 해야 할 임무임을 알아야 할
것이니라.
12 지금 나의 성령으로써 만백성을 구하
고자 나의 아들을 통하여 '하늘에 오
르는 길'이요, '하나님! 말씀하옵소서'
라 하여 내려보내 이 책으로써 만백성
을 구원하고자 함이니,
13 너희가 믿고자 하는 그 믿음의 깊이
요, 너희들이 이는 정녕 나 여호와의
성령이라 생각하는 그 믿음이 얼마나
깊으냐에 따라서, 그리고 그 깊이에
따라 어찌 행하느냐에 따라서 나의 만
백성이 너희를 따르고 안 따름이며,
그들이 구원을 받고 못 받음이 여기에
있음이니, 너희들이 그와 같이 소중한
백성임을 알아야 할 것이니라.
14 나의 피조물 만백성, 그들은 손에 쥐
여 주어도 더러는 의혹하며, 그들이
직접 눈으로 봐도 더러 의혹하며 믿지
않으려 하는 것이 나의 백성들이니라.
15 너희들이 살아가면서 남에게 베풀고
자 할 때 그저 베푸는 것을 감사히 받
으면 될 것을, 베풀고 싶어서 베푸는
자에게 '어찌 베푸는가?' 하며 의혹하
고 그를 의심하며 그를 따르지 아니하
며,
16 그의 아름답고 고운 뜻에 동조하는 것
이 아니라, 그를 비방하고 욕하며 그
가 곧 쓰러지기를 바라는 그와 같은
것이 너희 인간들의 심성이니,
17 그와 같은 마음을 가지고 믿음이라는
그 길을 죽을 때까지 간다 하여도 그
들은 구원받을 수 없는 것이며, 그와
같이 가는 백성은 나의 백성이 아님을
너희는 알아야 할 것이니라.
18 그리하여 지금 잘못 가고 잘못 깨우치
는 백성은 물론이요, 나 여호와가 존
재함 자체도 의심하는 자, 그리고 그
를 믿으려 하지 아니하는 자, 그 모든
백성을 깨우쳐 하늘에 오를 수 있도록
하는 것이 너희들의 가장 큰 대명임
을 잊어서는 아니 될 것이니 그리 알
라.
19 사랑하는 나의 아들아!
20 지금 네가 버티고 160권의 그 장정의
책을 기록할 수 있는 것도 네가 나 여
호와의 존재함을 알며, 네가 나의 성
령을 받아 기록하여 이 법전이 세상이
변하는 역사며, 어찌하여 나의 피조물
만백성이 천 년에 걸쳐 이 법전으로
하여금 천사와 같은 마음으로 변할 것
인가 그 모두를 너는 나의 계획을 알
고 있으나,
21 너를 따르는 제자들이요, 나의 법전을
읽는 만백성은 그와 같은 이치를 깨우
칠 수 없을 것이니라.
22 내가 너희에게 깨우쳐 주기를, 너희들
의 이 동양의 작은 나라에서 쓰는 말
이요, 언어가 세상의 공통어가 될 것
이라 그리 깨우쳐 주며,
23 3부가 나왔을 때부터 각국의 언어로
써 번역하여 그들을 깨우치되, 4부부
터는 너희들의 동양의 작은 나라의 글
이요, 너희들의 습관으로써 그와 같이

나의 피조물 만백성을 구하고자 하는
것이 나의 뜻이거늘,
24 그렇다 하여도 너희는 이를 믿지 아니
하려 하며, '설마, 설마' 하는 그와 같
은 마음을 갖고 있음이니, 너희가 죽
기 전에 이 엄연한 사실로써 너희 앞
에 역사할 것이니,
25 그리하면 너희들이 나의 법전이요, 나
의 성령은 내가 직접 써 내리는 것이
며, 나의 아들이 나 여호와 창조주를
대행하여 지상에서 모든 업무를 수행
하며 나의 뜻을 이루는 그 대명을 받
은 자로서, 나로부터 명받은 나의 아
들로서 너희들 앞에 존재하며, 너희들
에게 강론하며 깨우치고자 하는 것이
진실된 나의 뜻이라는 것을 알게 될
것이니라.
26 그때 가서야 너희들이 그를 믿고 따르
려 하나, 그때 가서 회개하고 반성하
며 너희 스스로 지은 그 죄를 다 털어
놓고 나 여호와 앞에 심판받을 때, 그
때는 이미 늦으니, 너희는 이와 같은
세상의 이치를 알아 미리 행하는 자가
되어야 할 것이니 그리 알라.

3,596 번째 하나님 말씀

2002년 10월 5일 21시 20분

1 사랑하는 나의 아들아!
2 "네, 아버님! 말씀하옵소서."
3 나의 아들 예수를 따랐던 제자, 그들
보다도 지금 나의 아들을 따르는 제
자, 너희들이 더 소중하며 너희들의
대업이 얼마나 막중한가를 내가 너희
에게 일찍이 깨우쳐 주었으나, 너희는
지금 어떠한 생각으로써 삶을 살아가
는가?
4 예수의 시대의 그 제자들보다 너희들
이 더 어렵고 힘든 고난의 길을 가고
있음이니라.
5 예수의 시대의 그 제자들은 예수가 강
론할 수 있도록 모두를 그리 준비해
주었으면 되며, 그들은 그와 더불어
강론을 하며 만백성을 깨우치는 그와
같은 역사를 이루었음이니,
6 그들 스스로 모든 것을 간단히 다 이
루며 다 해결하고 처리해 가면서 그들
은 나의 복음을 예수와 더불어 전할
수 있었음이니라.
7 그러나 지금 나의 아들을 따르는 너희
는 어떠하던가?
8 나의 아들이 나의 성령을 받아 세상에
전함이니, 이를 받은 너희들은 이를
가지고 책이라는 것을 만들어야 함이
니,
9 나의 성령으로 기록된 법전인 이 책을
너희들이 만들며 그 책을 또한 만백성
에게 전하기 위하여 셀 수 없는 그 많
은 법전을 세상에 만들어 냄이니,
10 거기에 따르는 금화와 은화요, 또 만
백성에게 전하는 그 수고로움 또한 너
희들이 상상할 수 없을 만큼 힘들고
어려운 길을 가고 있음이니,
11 그리하여 너희들을 내가 말하기를, 예
수의 시대의 열두 제자들보다 지금 나
의 아들을 따르는 너희가 더 소중하며
너희 책임이 막중함이라 하였음이니
라.
12 또한, 예수의 시대에 따랐던 그 제자
들은 무성히 나 여호와가 존재함을 그

저 깨우쳐 주고 전하면 되는 것이었으
나,
13 너희는 제3의 시대에 직접 창조주인
나 여호와를 따라 내가 구원할 자와
구원하지 못할 자를 구분하는 이와 같
은 역사에 동참해 한 획을 긋고 있음
이니, 얼마나 너희들이 소중하던가?
14 나의 아들이 나로부터 성령을 받아 내
리는 160권의 그 대장정의 법전을 너
희는 책으로 만드는, 남이 보지 못하
는 그 노고요, 수고로움이 거기에 있
으며,
15 또한 금화와 은화로써 나의 법전을 너
희들이 세상에 만들어 전하는 그 대업
이 얼마나 어렵고 힘든 길이던가?
16 그러나 너희는 알아야 할 것이니라.
17 너희들이 모두를 다 바치고 준다 하여
도 너희가 나로부터 선택된 그 하나보
다 더 소중하고 값진 것이 없다는 것
을 너희는 어찌 모르는가?
18 너희들이 지금의 삶이 아무리 힘들고
고달프다 하여도 너희는 나로부터 선
택된 그 영광과 은혜에 대하여 항상
기도드리는 마음 자세로써 살아가야
할 것이니라.
19 나에게 항상 감사의 기도를 드리며 나
를 향하여 오고자 하는 그 마음으로써
너희들이 바른 자세로 나에게 경배하
며 기도드리는 그와 같은 삶을 살지
아니한다면,
20 정녕 너희 스스로 사악한 자요, 악마
의 마음이 너희를 잠식해 들어감이니,
너희들이 견딜 수 없음을 알아야 할
것이니라.
21 너희는 무엇보다도 너희들의 오늘의
삶이 아무리 고달프고 힘들다 하여도
지금의 불평이요, 마음 아픈 소리를
해서는 절대로 안 됨을 알아야 할 것
이니라.
22 너희들은 지금 나로부터 선택된 그 한
가지로써 어느 것과도 바꿀 수 없음이
니,
23 너희는 그저 지금과 같은 믿음의 삶으
로써 살아가며, 나의 법전을 가슴에
안고 정독하여 너희들이 항상 감사드
리는 그와 같은 마음을 지워서는 아니
됨을 잊어서는 아니 될 것이니라.
24 너희들이 항상 나 여호와에게 기도드
리는 그와 같은 마음 자세로 살아가지
아니한다면, 너희들 또한 천국에 오르
는 길을 볼 수 없으며, 천국에 오르겠
다는 것은 너희들의 꿈이요, 허황된
생각임을 알아야 할 것이니라.
25 이 역사를 이루기 위하여 너희들은 지
금에 항상 나 여호와가 존재함을 믿으
며 나에게 감사와 경배의 기도를 드리
는 그 자세로써 너희들이 잠시도 마음
을 놓아서는 안 되며,
26 그와 같은 굳건한 마음으로써 너희들
이 삶을 살아갈 때, 너희 스스로 죽어
내 앞에 왔을 때 너희가 아름답게 산
만큼 그 상에 의하여 너희들이 구원을
받는 크나큰 영광을 얻게 됨을 잊어서
는 아니 될 것이니, 이를 깊이 깨우쳐
행하도록 그리하라.

3,597 번째 하나님 말씀

2002년 10월 5일 21시 30분

1 사랑하는 나의 아들아!

2 "네, 아버님! 말씀하옵소서."
3 너희들이 나로부터 생명의 성령을 받
아 세상에 태어나니, 너희들이 갓 태
어난 아기는 천사와 같으며, 천사와
같은 심성이며, 그 눈동자 또한 천사
와 같으니라.
4 그 곱고 아름다운 천사와 같은 아이가
자라고 자라면서 세상사 세속에 얽히
고설킨 그 삶에 백 가지 천 가지 모든
것에 대한 욕심이 마음속에 자람이니,
5 욕심이 너희 스스로 마음속에 자리를
잡기 시작함이니 그 욕심이 또한 무엇
이던가?
6 너희들의 욕심의 숫자만큼 너희 마음
속에 가지고 있는 것이 죄요, 죄의 형
태가 그와 같이 너희들에게 하나하나
얽히고설키게 되어 있는 것이니라.
7 너희들이 욕심을 백 가지 천 가지를
가지면 가질수록 그 욕심에 의하여 죄
의 형태가 천 가지 만 가지로 너희 마
음속에 자리 잡음이니,
8 이는 곧 풀 수 없는 실타래와 같이 얽
히고설켜 너희 죄가 그와 같이 풀 수
없는 지경에 이르게 됨이니라.
9 도저히 너희들이 실타래처럼 얽히고
설킨 그 죄를 풀 수 없음이니,
10 과연 너희가 이를 풀지 아니하고 어찌
나로부터 구원을 받으며, 천사요, 나
와 같은 심성으로 사는 자만이 사는
하늘나라 천국에 올 수 있겠는가?
11 내가 죄지은 자 천국에 올 수 없다 말
했으며, 천사와 같은 마음을 가진 자
만이 천사가 사는 하늘에 올 수 있다
하였음이니라.
12 내가 너희를 기꺼이 여겨, 지은 죄가
실타래처럼 얽히고설킨 자를 천사가
사는 그 세상에 갖다 놓는다 하여도,
너희는 숨이 막히고 가슴이 터지는 견
딜 수 없는 고통에 스스로 그 죄의 대
가를 치르러 가는 것이 하늘나라의 형
편이며 법도이니라.
13 그리하여 죄지은 자가 존재할 수 없으
며 살 수 없는 것이 나의 나라의 법칙
임을 너희는 알아야 할 것이니라.
14 과연 너희들이 실타래처럼 얽히고설
킨, 그 풀 수 없는 죄의 고리를 어찌
풀어야 하겠는가?
15 너희들이 엉킨 실타래를 풀고자 할 때
그 실의 끝을 찾아 풀기 시작하면 그
를 풀어 갈 수 있듯이,
16 너희가 지금 수없이 실타래처럼 얽히
고설킨, 너희들이 가지고 있는 그 죄
를 하나하나 풀 수 있는 것은 과연 어
찌해야 되겠는가?
17 너희들이 진정한 나의 가르침이요, 나
의 참진리를 봄으로 인하여 너희가 서
서히 변화되며 풀어 갈 수 있음을 알
아야 할 것이니라.
18 바로 무엇이더냐?
19 내가 지금 나의 아들을 통하여 밤과
낮을 가리지 않고 그를 훈련시키며,
'하늘에 오르는 길'이요, 법전이라 하
여 나의 성령을 책으로 만들어 세상에
전함이니,
20 너희들이 나의 책을 접하는 그 순간
에, 얽히고설킨 실타래를 푸는 그 실
끝을 찾듯이, 너희들의 얽히고설킨 그
죄요, 풀 수 없는 그 죄의 고리를 풀
며, 나의 법전을 봄으로 인하여 너희
마음이 깨달으며 너희 마음의 문이 열

리기 시작함이니,
21 오로지 나의 법전만이 너희들의 그 엉
킨 실타래를 풀어 줄 수 있음을 알아
야 할 것이니라.
22 진정한 진리의 가르침이 아니면 너희
는 정녕 그 실타래를 풀 수 없음이니,
나의 법전이 무엇이던가?
23 '하늘에 오르는 길'이요, '하나님! 말
씀하옵소서'라는 이 책이 바로 내가
내리는 나의 성령이니,
24 나의 진정한 성령의 빛만이 너희들의
실타래처럼 얽힌 그 수많은 죄를 풀
수 있음이니,
25 도저히 풀 수 없으며 버릴 수 없으며
너희 몸에서 뗄 수 없는 그 많은 얽히
고설킨 그 죄악의 뿌리를 너희들이 하
나하나 풀어 버릴 수 있는 것은 나의
법전을 접하는 그 길밖에 없으며, 나
의 법전을 정독할 때 너희가 알게 됨
을 알아야 할 것이니라.
26 너희들이 지금 지고 있는 그 죄를 풀
지 아니하며 실타래처럼 얽히고설킨
그 죄의 고리를 하나하나 풀어 젖히지
아니한다면, 너희는 결국 구원을 받을
수 없으며, 지옥으로 가 너희가 지은
죄의 대가를 영원히 그곳에서 치러야
함이니,
27 이제 내가 나의 모든 하늘의 뜻을 가
르쳐 나의 아들을 통하여 너희를 구원
하고자 명함이니,
28 너희는 나의 법전을 접하는 것만이 너
희들의 얽히고설킨 그 죄의 고리를 다
풀 수 있다는 것을 알아야 할 것이니,
29 나의 법전을 정독하고 또 정독하고 깨
우쳐 너희들이 그 얽힌 죄의 고리를
풀며 구원을 받도록 그리하라.
30 그 길밖에 없음을 너희들이 명심하여
듣고 행하여야 할 것이니, 잊지 말라.

3,598 번째 하나님 말씀

2002년 10월 6일 07시 26분

1 사랑하는 나의 아들아!
2 **"네, 아버님! 말씀하옵소서."**
3 온 인류요, 이 세상 우주 공간 중에 나
의 아들은 너 하나뿐이며, 만백성을
구원하고자 하여 나를 대신하여 육을
갖고 사는 자 너 하나뿐이니,
4 나의 성령을 기록하여 책이라는 것으
로 만들어서 나의 피조물 만백성을 깨
우치는 대역사를 이루는 자는 너 하나
뿐임이니라.
5 내가 너희들 자신 한 사람 한 사람이
소중하다는 것을 깨달으라 했듯이, 너
또한 네가 얼마나 소중하고 귀한 자인
가를 알아야 할 것이니라.
6 이 세상 우주공간, 하늘과 땅 사이에
나의 아들이라 하여 지금 나의 백성을
구하는 자는 너 하나뿐이니, 너의 제
자들이 또한 네가 얼마나 귀하고 소중
한 자인가를 모르고 있음이니, 그들은
그것부터 깨우쳐야 할 것이니라.
7 나의 아들이요, 이 세상의 모든 동식
물 중에 오로지 나의 아들로서 나를
대신하여 만백성을 구하는 대역사를
이루고자 세상에 내려간 자 너 하나뿐
이니, 너보다 더 소중하고 귀한 자가
세상에 없거늘,
8 그를 보지 못하는 것이 너의 제자들이
요, 나의 법전을 읽으며 깨우치는 그

백성들도 또한 그러하니라.
9 그것을 깨닫지 못하는 자, 그는 진정
나 여호와가 존재함을 믿지 못하는 자
며, 선과 악이 저희 마음을 다스리고
자 할 때 어떤 것이 크고 작으냐의 이
해관계에 따라 마음이 변할 수 있는
자임을 너희는 알아야 할 것이니라.
10 나의 아들이 이 세상 우주공간에 오로
지 한 사람이며, 나의 성령을 받아 만
백성을 구하는 너희들의 종이요, 너희
들의 선생은 나의 아들 하나뿐이니,
11 그가 너희와 더불어 있음이 얼마나 소
중하고 귀한 것인가를 너희가 안다 하
면 너희들의 그 마음 자세가 달라질
것이며,
12 너희들이 선과 악의 그 갈림길의 싸움
에서 선을 선택할 수 있고 진리를 위
하여 목숨을 바쳐 뛸 수 있는 그와 같
은 자로 변하는 것은 곧, 이 세상 하늘
과 땅 사이에 나의 아들은 하나며 나
를 대신하여 대역사를 이루며 만백성
을 이끄는 목자는 단 하나라는 것을
너희들이 먼저 깨달아야 함이니,
13 그가 얼마나 소중하고 귀한 자며, 너
희들이 감히 그와 더불어 한 시대를
살아가는 것이 너희들에게 얼마나 큰
축복이요, 영광인가를 먼저 깨닫고 생
각할 줄 알아야 할 것이니,
14 그 마음속에서 너희들이 나의 법전을
읽을 때 진정한 진리를 깨닫고 내가
가르치고자 하는 것을 알 것이니라.
15 나의 아들 예수가 그와 같은 역사를
보이고 기적을 보이며 한 시대를 끌어
가고자 하였으니, 그를 따랐던 제자들
이 과연 어떠한 행위로써 그에게 등을
돌렸으며 그를 팔았던가?
16 그들의 원초적인 그 본심에는 나의 아
들 예수를 그들은 진실로 나의 아들이
라 믿지 아니하였으며,
17 정녕 나로부터 명을 받아 만백성을 구
하기 위하여 내려간, 저희들이 살고
있는 우주 공간에 단 한 사람이거늘,
18 그와 더불어 한 시대를 대화하며 한
시대를 나누며 한 역사의 획을 그어
살아가는 그 소중함을 그들은 몰랐으
며, 그것이 얼마나 저희들에게 위대한
축복인가를 몰랐음이니라.
19 나의 아들 예수와 한 시대를 살아가는
것이 얼마나 귀하고 값지고 소중한 것
인가를 그들은 모르고, 그들은 그리
생각하지 아니하였기 때문에 그와 같
이 무서운 일을 저질렀으며 불행한 일
을 저질렀음을 알아야 할 것이니라.
20 그들이 그와 같은 역사와 기적을 이루
는 그 세월 속에서 육을 가진 나의 예
수도 더러는 실수를 할 수 있으며, 또
한 너희들에게 미래의 진리를 위하여
오늘에 가르치는 것을 그들이 그 당시
의 깨달음으로 이해를 못 함이니,
21 그들은 그와 더불어 살면서 그걸 예수
의 실수요, 예수가 잘못하는 것이라고
많이 느꼈으나, 그것은 예수가 인간으
로서 실수한다고 생각한 그들의 생각
이 잘못이며,
22 그가 세월이 흐른 다음에 그것이 필요
했으며 그와 같은 말이 필요했고 행동
이 필요했기에 한 것이거늘,
23 그들은 그 미래의 이루어질 역사를 모
르니 나의 아들 예수를 더러는 의혹하
며 더러는 실망하며 더러는 저희 나름

대로 생각하는 그 판단 속에서,
24 저희 마음속 깊이 나의 아들 예수가
나로부터 내려간 나의 아들이요, 모두
를 구원하기 위하여 그가 가르치고 전
하는 것이며 나를 대신하여 나의 성령
의 뜻을 전하는 것이라는 굳건한 믿음
을 그 제자들이 갖지 못하였느니라.
25 그들이 그와 같은 마음을 가졌다면 그
들은 목숨으로써 예수를 지켰을 것이
며, 스스로 제가 먼저 목숨을 던지는
그와 같은 역사를 이루었을 것이니라.
26 지금의 너의 제자들 또한 어떠하던가?
27 너의 제자들이요, 나의 법전을 읽고
깨우친 만백성, 너희들은 오늘에 내리
는 나의 법전이라는 이 책이 정녕 나
의 성령이요, 만백성을 구하고자 하는
것이며,
28 또한 나의 아들이 세상에 하나밖에 없
으니 그가 얼마나 귀한 자인가를 깨닫
고 그를 보기를 나 여호와를 보는 것
과 같은 그와 같은 마음 자세로 가지
지 아니하는 자, 어떠한 상태든 그를
따를 수가 없음이니라.
29 그가 너희에게 말하는 것은 절대적인
명령이요, 절대적인 진리의 뜻에 의하
여 너희를 바로잡고자 함이니,
30 그가 지금 하고 있는 역사요, 그가 하
고 있는 행위가 너희들이 오 년, 십
년, 백 년, 천 년 후에 어떠한 형태로
나타날 것인가 그것을 너희는 모르기
때문에 그가 행하는 것을 알 수가 없
음이니라.
31 한 치 앞을 보지 못하며 내일의 역사
를 보지 못하는 너희들이 천 년의 역
사를 보고 이루고 가는 나의 아들의
그 속을 알 수 없음이니,
32 너희는 우선 나의 아들이 정녕 나로부
터 선택된 나의 아들이요, 만백성을
이끄는 목자요, 그를 통하여 법전이라
는 책을 만드는 것이 나의 성령의 뜻
이라는 그것부터 마음속에 굳건히 갖
는 자,
33 그 앞에 무엇을 던져도 아까운 것이
없으며 소중한 것이 없으며 귀한 것이
없음이니라.
34 너희들의 자식인들 바칠 수 없으며 너
희들의 금화와 은화인들 바칠 수 없겠
는가?
35 너희들이 그와 같은 마음을 가졌을 때
모두를 다 던질 수 있음이니라.
36 너희 자신을 던질 수 있으며, 너희들
이 그리도 소중히 하는 금화와 은화를
던질 수 있으며, 너희 자식을 바칠 수
있으며, 그가 가는 길을 위하여 너희
들이 바치지 못할 것이 없음이니,
37 그 바치지 못할 것이 있으며 너희들이
그를 위하여 던질 수 없는 것이 있다
하면,
38 너희들은 그를 나의 아들이라 믿지 못
하며 나를 대신하여 그가 육을 가지고
세상에 역사를 이루고자 하는 오늘의
가는 길을 모르기 때문이며 믿지 않으
려 하기 때문이니라.
39 너희들은 이를 깨우쳐야 할 것이니라.
40 이를 바로 보지 못하는 자, 너희들은
정녕 너희 마음속에 비움이 없으며 너
희 자신을 버리지 못함이니,
41 너희들은 결국 이 찬란한 하늘의 영광
의 그 천국의 문을 들어서는 영화를
보지 못할 것이니, 너희들의 마음자리

를 고쳐야 할 것이니라.
42 어떠한 형태든 나의 아들이 가고자 하는 그 길에 너희들이 파장을 이루는 행위는 용서할 수 없음을 알라.
43 내가 천 년의 역사를 이루기 위하여 그에게 오늘의 행위를 하게 하며, 그가 나의 뜻을 받아 행한다는 것을 너희는 잊어서는 아니 될 것이니,
44 한 치 앞도 못 보는 너희들 머리로 모두를 평가하는 우매한 행위를 하지 말라.
45 너희들이 이 세상 모든 것을 다 바칠 수 있는 그 마음 자세가 되었을 때 너희들이 바로 그가 나의 아들이라 함을 믿을 것이며 나를 대신하여 세상에 살아가는 자라 믿을 것이니,
46 그를 믿지 못하는 자, 너희들은 정녕 진심이 없음을 알아야 할 것이며,
47 너희 마음속에 욕심이라는 그 한 가지로 인해 모든 얽히고설킨 너희들의 죄를 둘둘 말아 가는, 그리고 죄의 온상이 되어 눈덩이처럼 불어나는 삶을 사는 그 욕심을 버리지 못한 자며, 순수한 마음 자세를 갖지 못한 자이니라.

3,599 번째 하나님 말씀

2002년 10월 6일 07시 37분

1 사랑하는 나의 아들아!
2 "네, 아버님! 말씀하옵소서."
3 너를 따르는 너의 제자들과 나의 법전을 읽은 만백성, 너희들은 깨우쳐야 할 것이니라.
4 이 세상 모두를 다 지배하는 자는 나로부터 명을 받은 나의 아들이요, 나를 대신하여 육을 가지고 너희를 깨우쳐 하늘에 오르는 길을 인도하는 이는 나의 아들 하나뿐이라 하였으니,
5 나의 아들과 한 시대를 살아가며 한 역사를 이루는 대임을 맡은 너희들이 얼마나 소중한 자들인가를 알아야 할 것이니라.
6 그와 같은 마음 자세요, 그와 같은 깨달음을 가진 너희들이 행하여야 할 것은 첫째, 너희들의 목숨을 그가 가는 길을 위하여 다 던질 수 있는 그와 같은 믿음의 마음 자세가 되어 있지 아니하면 아니 됨이니라.
7 너희들이 육의 세상에 살아가면서 모든 인간관계에 너희들의 가장 소중한 그 어떠한 것도 감춤이 없이 그가 가는 길에 필요하다 할 때 던질 수 있는 그와 같은 마음 자세가 되어 있지 아니하다면,
8 나 여호와가 직접 세상에 내려가 너희를 구원하고자 하며 너희를 제자로 삼아 대명을 내린다 하여도 너희는 정녕 하늘에 오르는 길을 볼 수 없는 자들이니라.
9 너희들이 너희 자신을 던져서 스스로 이 대역사를 이루는 곳에 참여함을 영광으로 알며 너희 자신을 던질 수 있는 마음의 훈련이 되어 있어야 할 것이며,
10 나의 법전 160권이 세상에 나와 만백성을 구하는 그 대명을 이루고 있는 나의 아들이 가는 그것보다 세상에 더 소중한 것이 없다는 것을 너희들이 깨달았을 때,
11 나의 아들 예수에게서 등을 돌렸던 그

와 같은 제자들이 되지 아니할 것이니
라.
12 너희들이 그와 같은 마음을 갖지 못함
은 너희들이 육의 세상이요, 세속에
살아가는 그 삶에 욕심이 있음이니,
13 재물에 대한 욕심이 있으며 명예에 대
한 욕심이 있으며 육의 삶의 향락을
위하여 너희들이 욕심을 가지고 있음
이니,
14 그를 버리지 못한다면 정녕 너희들은
육으로써 사는 것이지, 그 육의 세상
의 한계를 벗어나 영의 세계요, 하늘
을 위하여 사는 삶이 아님을 알아야
할 것이니라.
15 육의 삶을 위하여 살며 육의 세상의
모든 것을 위하여 사는 너희들이 어찌
하여 죽어 나에게 와 영혼의 심판을
받을 수 있으며 하늘에 오르는 길을
볼 수 있다 말하는가?
16 너희들 자신이 영혼을 위하며 다음 세
상을 위하여 살아가는 그와 같은 아름
다운 마음 자세가 아니라면, 결코 너
희들은 하늘에 오르는 그 심판을 받을
수 없음을 알아야 할 것이니라.
17 그러니 너희들의 소중한 그 모두를 다
바쳐 나의 아들이 지금 이루고 있는
160권의 법전이 세상에 나오는 데 최
선을 다하는 그와 같은 마음이어야 할
것이니,
18 160권의 법전이 세상에 나와 만백성
을 구하는 그 역사 앞에는 아무것도
그보다 더 소중한 것이 없다는 것을
너희 마음속으로 깨달아야 할 것이며,
19 너희들이 그와 같은 각오가 되어 있지
아니하다면 너희들 또한 나의 아들 예
수에게서 등을 돌렸던 그 제자들처럼
항시 등을 돌릴 수 있으며 떠날 수 있
는 자들이며, 나의 품에서 나를 버리
고 떠날 수 있는 마음 자세이니라.
20 그와 같은 마음의 자세를 고치지 못하
며 마음속에 깊이 새겨 넣지 못한 자,
너희들이 나의 법전을 읽고 또 읽고
나의 강론을 듣는다 하여도 너희들 마
음 한구석에는 사악한 마음이 있으니,
그는 곧 무엇이더냐?
21 나의 성령의 가르침을 받는 너희들이
마음 한곳에는 인간의 욕심을 충족시
키고자 하는 그와 같은 바라는 마음을
버리지 못하고 있기 때문에 그 욕심으
로 하여금 사악한 마음이 너희 마음에
도사리고 있음이니,
22 그는 선한 마음을 잠식할 것이며, 나
를 따르며 나의 아들이 너희에게 전하
여 보여 주는 그 나의 성령을 따르며
그 책을 보고 깨우치는 너희들 마음이
항상 무너져 쓰러질 수 있는 그와 같
은 상태에서 너희들이 존재하기에, 너
희들에게 뭐라 내가 말하였는가?
23 떨어지면 죽는 낭떠러지에서 그 높은
곳의 나뭇가지에 매달리고 있을 때 그
손을 놓지 않고 매달리는 자만이 나에
게 구원을 받을 것이며 구원받을 수
있는 자라 하였음이니라.
24 그게 힘들고 어렵다 하여 그것을 놓았
을 때 그는 산산이 부서지며 영원히
죽음이니,
25 너희들이 참진리요, 하늘에 오르는 그
길이 그보다도 더 힘들고 어려운 길임
을 알라.
26 그리하여 힘들고 어렵다 하여 너희들

이 등을 돌리며 마음이 변화되며 이
역사를 이루는 나의 아들에게 파장을
이루며 나 여호와에게 거역하는 마음
을 갖는다 할 때, 너희들이 과연 구원
의 길을 오를 수 있겠는가?
27 그 손을 놓지 않는 자만이 구원의 길
에 오를 수 있으며 구원할 자가 나타
남을 너희는 알아야 할 것이니라.
28 이와 같은 간단한 이치를 깨우치지 못
하여 너희들이 수시로 마음이 천 번
만 번, 천 갈래 만 갈래 변하는 그와
같은 형국으로 살아간다면 너희는 정
녕 나로부터 구원의 길을 올 수 없음
을 알라.
29 내가 나의 아들을 통하여 너희들에게
뭐라 가르쳤는가?
30 너희들이 말할 때 너희들 속의 생각이
백 갈래 천 갈래로 갈라져 그것들이
말로써 뭉쳐 나온다 하였음이니,
31 말로써 너희들이 귀로 듣기는 하나 그
세세히 갈라져 있는 너희들의 욕심이
요, 시기하는 마음이요, 질투하는 마
음이요, 미워하는 마음 그 모두가 다
하나씩 자기들의 자리를 차지하고, 너
희가 말하는 것이 백이라면 거기에 모
두 백 가지가 이루어져서 말이 되어
나옴이니,
32 그 말은 하나이되 백 가지 생각이 다
다르니 그 말의 뜻이 이루어질 수 없
음이니라.
33 그와 같이 내가 너희들에게 가르쳐 주
었음이니 그는 무엇이더냐?
34 너희들이 말할 때 백이라는 걸로 나뉘
어 너희 가슴속에서 백이라는 것이 다
다른 음성을 내고 세상에 나온다 하는
것은 너희들 가슴속에 백 가지 마음이
들어 있음이니,
35 백 가지 중에 선한 마음이요, 하늘에
오르고자 하는 마음은 하나요, 나머지
는 다 욕심이요, 잘못된 생각들이니,
36 과연 너희들의 그 하나가 아흔아홉이
라는 것을 견디고 하늘에 오를 수 있
는 길이 있다 말할 수 있겠는가?
37 그러기에 너희들이 천사와 같은 마음
으로 변하여야 된다 하였으며, 너희들
이 나의 아들과 더불어 이 세상에 160
권의 법전을 만드는 데 선택된 그 앞
에 너희들의 모두요, 너희 자신의 목
숨을 바치며 너희 자신의 가장 소중한
그 무엇도 던질 수 있는 그와 같은 마
음으로 굳어져야 함이니라.
38 그와 같이 굳어진 자, 그가 하는 말 속
에는 사랑이요, 진리요, 한 가지 말이
나올 수 있으나, 그와 같이 굳어지지
아니하는 자의 말하는 것은 백가지 천
가지로 갈라진다 하였음이니,
39 너희들 마음속에 백 가지 천 가지가
도사리고 있다는 것을 알아야 할 것이
니라.
40 이와 같은 이치를 깨달았다면 너희들
이 정녕 어떠한 각오로 살아가야 하는
가를 알아야 할 것이니라.

3,600 번째 하나님 말씀

2002년 10월 6일 07시 46분

1 사랑하는 나의 아들아!
2 "네, 아버님! 말씀하옵소서."
3 너희들이 믿음의 길을 가는 것은 어린
아이들이 타고 즐기는 시소라는 것과

같은 마음으로써는 너희는 정녕 하나
도 깨우침이 없음을 알아야 할 것이니
라.
4 너희가 믿음을 향하여 치솟아 올라오
나 또한 그 시소가 무거운 것에 눌려
내려가듯이 너희들이 올라갔다 내려
갔다 그와 같이 하는 것은 아무리 높
이 깨우쳤다 해도 또다시 그와 같이
땅으로 떨어짐이니,
5 항상 제자리걸음을 하고 있는 것이 너
희들의 믿음의 형태임을 알아야 할 것
이니라.
6 너희들이 나의 법전의 열여섯 권을 읽
고 또 읽어 깨우쳤으며 너희들이 또한
깨달음의 경지가 하늘에 오른다 하나,
시소와 같은 마음을 가진 자는 정녕
구원을 받을 수 없다 내가 말하였음이
니,
7 그리하여 너희 마음을 표시하여 그릴
때 그것을 내가 그려 주었음이니라.
8 바로 그와 같은 것이 너희들의 믿음의
형태이니, 너희들이 오늘 세상에 나간
나의 법전 모두를 다 읽고 깨우쳐 공
부하였다 해도,
9 그와 같이 올라갔다 내려갔다 하며 변
덕스럽게 변하는 마음의 자세를 가진
자는 정녕 구원을 받지 못한 자며, 그
저 땅에서 발을 떼지 못하고 있는 형
국임을 알아야 할 것이니라.
10 시소라 하는 것처럼 그가 하늘에 올라
갔다 내려갔다, 또 내려갔다 올라갔다
함이니, 항상 그는 땅에다 발을 대게
되어 있음이니라.
11 그리하여 너희 믿음이 그와 같은 형국
이니, 그와 같은 자 깨닫지 못함을 알
라.
12 그는 깨우침이 가장 낮은 자이니라.
13 그리고 그는 언제든 땅으로 떨어질 수
있는 자이기에 믿을 수 없는 것이 그
들이 가고 있는 형국이니라.
14 너희는 그와 같은 믿음의 형국으로 가
는 자를 깨달음이 높다 그리 평가하지
말며, 그가 가는 길이 위대하다 생각
하지 말라.
15 시소는 올라갔다가 항상 제자리로 내
려옴이니, 너희들의 믿음이 그와 같은
자는 깨달을 수가 없으며 오를 수가
없음이니라.
16 남들은 한 발 한 발 계단을 밟아 하늘
에 오름이니 두 주먹을 불끈 쥐고 올
라가는 그들과 달리,
17 시소와 같은 마음으로써 믿음을 향하
는 자는 항상 경지에 오른 만큼 또 일
순간에 땅에 떨어짐이니 그것이 바로
흔들리는 마음으로 믿음의 길을 가는
자의 표본임을 알라.
18 내가 시소라는 것을 가지고 너희를 깨
우쳐 주며 너희 마음자리를 고쳐 줌이
니,
19 한 계단 한 계단 올라가는 그것밖에는
너희가 나에게 오를 길이 없으며 구원
받을 길이 없는 것이니라.
20 너희가 그와 같이 미련한 속에서 구원
을 받는 것이니라.
21 계산된 자, 생각이 빠른 자, 제 머리로
판단하는 자, 시소 위에 앉아서 그저
그들은 즐기고 있으며 말로써 믿음의
길을 가고 있으나,
22 제가 오늘은 땅에 떨어지며 내일은 하
늘 계단에 올라갔다가 다시 또 떨어지

는 그와 같은 불쌍한 믿음으로 가고
있는 자들이 세상에 말이 많으며,
23 그들로 하여 말로써 모든 걸 다 행하
다 보니 저 자신이 어디에 있는지를
모름이니라.
24 그들이 몇 계단을 올라오고서 이야기
할 때는 나의 뜻이요, 가르침을 말하
나, 그들이 또한 일순간 땅에 떨어져
말한 것은 가장 사악한 사탄이요, 사
악한 자의 마음으로 변화됨이니,
25 그가 말하는 그 속에는 바로 그와 같
은 마음을 갖고 행하게 되어 있음이
니, 그를 믿을 수 없으며 믿어서도 안
됨이니, 이러한 시소와 같은 믿음을
갖지 말라 너의 제자들에게 이르라.
26 오로지 두 주먹을 쥐고 펼 줄 모르는
자와 같이 하늘을 향하여 달려오는 그
미련한 자만이 구원을 받을 수 있으며
축복된 영광의 자리에 올 수 있음을
너희는 알아야 할 것이니라.
27 너의 제자들에게 스스로 시소와 같은
믿음으로 가는 자가 아닌가 자신을 되
돌아보라 그리 이르라.
28 그리고 그와 같은 믿음을 가지고 가는
자, 그는 바로 고쳐야 할 것이며 그 시
소에서 내려야 할 것이니라.
29 거기서 내리지 아니하는 자, 영원히
땅에서 발을 뗄 수 없음이니, 그는 한
치도 구원의 길에 오를 수 없음을 너
희는 알아야 할 것이니라.
30 이것이 너희가 가야 할 길이며 너희들
이 믿음을 향하여 가는 근본임을 알라.
31 시소의 믿음으로 가지 말라.
32 그와 같은 자는 정녕 나의 하늘에 오
르는 찬란한 빛을 보지도 못하며, 너
희들이 십계명에 따라 살아가고자 노
력하며 나의 아들을 통하여 나의 성령
의 가르침을 직접 들으며 나의 법전을
천 권 만 권을 읽는다 하여도, 너희들
이 열 번 백 번을 반복하여 160권의
법전을 읽는다 하여도, 나의 아들이
죽을 때까지 써내는 그 많은 장서를
다 읽고 깨우친다 하여도 시소와 같은
자는 전혀 한 발자국도 떼어 놓을 수
없음이니,
33 제가 올라갔다 하여 다시 내려와 땅에
떨어진 자가 먼저 가는 자들까지 흔들
어 놓음이니,
34 그리고 그들을 항상 제 밑에 있으며
저보다 아래 있는 자라 생각하여 그들
을 경원시하며 그들을 제 손아귀에 쥐
고자 하며 제 뜻을 펴고자 함이니, 그
게 바로 무엇이더냐?
35 땅에서 발을 떼지도 못한 자가 그들을
통제하려 함이니, 이는 잡음이 나며
너의 제자들이 흔들림이니라.
36 두 주먹을 쥐고 미련한 자처럼 달려가
는 그 제자들까지도 땅에 떨어트리는
그와 같은 역사를 이루는 자들이니,
37 그와 같은 자를 선별하여 너희 스스로
믿음의 길을 너희들과 통할 자와 통하
지 않을 자, 같이 갈 자와 같이 가지
못할 자를 구분하여 너희들이 그들로
하여금 또 땅으로 떨어지는 그와 같은
억울함을 당하지 말며,
38 너희들이 구원을 받지 못하는 그와 같
은 아픈 상처를 받지 말아야 할 것이
며, 너희들이 지옥으로 떨어지는 그와
같은 불행을 받아서는 아니 될 것이니,
39 그와 같은 자를 구분하여 너희들이 스

스로 경계하며 너희 스스로 자신을 지
켜 가는 그와 같은 믿음을 가져야 할
것이니라.
40 지금은 너희보다 믿음이 높으며 아는
것이 많은 자라 하나, 그는 시소를 탄
것처럼 언제 땅에 떨어질지 모르니,
41 그와 같은 자의 가르침은 근거가 없으
며 뿌리가 없으며 흔들려 불어 가는
바람과 같음이니 그를 믿어서는 아니
되니, 너희들이 그와 같은 자를 선별
할 수 있는 지혜요, 안목을 갖도록 하
라.
42 나로부터 선택된 백성이요, 이 법전을
읽고 깨우친 자는 시소와 같은 마음을
가진 자, 변덕스러운 자의 그 마음을
같이해서는 아니 됨을 잊지 말라.

3,601 번째 하나님 말씀

2002년 10월 6일 07시 55분

1 사랑하는 나의 아들아!
2 "네, 아버님! 말씀하옵소서."
3 시소를 타는 것과 같은 자 깨달을 수
없다 하였으며, 마음이 변덕스러운 자
깨달을 수 없으며 구원받을 수 없다
말하였으며, 그와 같은 자를 가까이하
는 자는 스스로 저 자신까지 무너짐이
라 내가 말하였음이니라.
4 마음이 변덕스러운 자는 무엇이더냐?
5 곧 제 앞에 이익이요, 제 앞에 이해관
계가 도래하였을 때, 그는 수시로 제
수준에 제 뜻에 맞춰 마음이 변하는
것이며, 세상의 이치와 도덕을 하루아
침에 버릴 수 있는 자들이기 때문에,
그와 같은 자와 거래하며 그와 같이
가는 자는 구원을 받을 수 없다 하였
음이니,
6 시소와 같은 마음인 자 그 마음을 고
쳐야 하며, 변덕스러운 자 그 변덕스
러운 마음을 고치지 아니하면 저 자신
이 지옥으로 감은 물론이요, 저희 형
제와 이웃까지 다 그들이 지옥으로 이
끌어 가는 것이니라.
7 변덕이라는 것은 무엇이더냐?
8 항상 자기 앞에 계산을 두며 자기 앞
에 주판알을 튕겨 저희에게 손해가 날
수 있으며 피해를 본다 하면 등을 돌
리며 마음이 변함이니,
9 그와 같이 변덕스러운 자는 이해관계
에 따라 도덕과 질서가 없으며 상식이
없는 자임을 알아야 할 것이니라.
10 오로지 작은 육의 삶의 그 이익을 위
하여, 그를 추구하기 위하여 수없이
마음이 변하는 것이 그 마음이니, 바
로 그와 같은 자는 영원히 구원을 받
을 수 없음이니,
11 너희들은 너희 스스로 자신을 점검해
보며 너희 마음을 되돌아봐서 제삼자
의 입장에서 냉정히 평가하여 그와 같
은 마음을 가지고 있으며 그와 같은
삶을 살아가는 자 있거든 정녕 나의
법전을 읽고 깨우쳐 그를 바로잡지 못
하면 아니 됨이니라.
12 너의 제자들 중에 그와 같은 마음으로
살아가는 자가 있다면, 저 스스로 지
옥으로 가며 이웃에 있는 형제까지도
지옥으로 가게 하며 나의 성전에서 불
협화음을 만들며 나의 아들의 마음에
파장을 이루는 것이 그와 같은 자들이
니라.

13 항상 이해관계가 앞서 저에게 손해가 가며 득이 없을 때는 사악하게 변할 수 있으니, 바로 주인을 돌아서서 물 수 있는 것이 그와 같은 자들이니라.

14 세상에 살아가면서 너희들의 인간관계를 말하지 않느냐?

15 가장 가까운 자가 배신하며, 많이 아는 자가 배신하며, 가장 큰 은혜를 입은 자들이 배신한다 함이니, 그와 같은 자가 무엇이더냐?

16 시소를 타는 자와 같으며 변덕스러운 자이기 때문이니라.

17 그와 같은 자를 쓴 주인이 잘못이며, 그와 같은 자를 미리 파악하지 못하여 다스리지 못한 죄는 그에게 열 번 백 번 정확하게 물림을 알아야 할 것이니라.

18 내가 너희들에게 말하지 아니하였던가?

19 제가 받은 은혜는 바닷가의 모래 위에 그 공적을 기록하고 싶으며 제가 한 가지 잘한 것은 바위에다 써서 남기고 싶은 것이 너희들의 마음이며,

20 제가 남에게 섭하게 했던 것은 그저 백사장에 그 내용을 기록하고 싶으며 제가 남에게 하나를 베푼 것은 지워지지 않는 종이에, 바위에 기록하려는 것이 너희들의 마음이니,

21 바로 그와 같은 마음의 근본이요, 대표적인 자가 시소를 타는 자요, 변덕스러운 자이니라.

22 너희들이 아무리 아랫사람을 잘 다스린다 하여도 천 가지 중에서 한두 가지를 실수할 수 있음이니, 한두 가지를 실수했을 때 가차없이 돌아서는 것이 변덕스러운 자며,

23 돌아서서 주인을 물며 그 상전을 무는 자가 바로 시소를 타는 자요, 변덕스러운 자임을 너희는 잊어서는 아니 될 것이니,

24 그와 같은 자와 더불어 갈 때 그는 영원히 지옥으로 갈 수 있으며 구원을 받을 수 없다는 것을 알라.

25 너희가 구원을 받지 못하는 자를 깨우치지 못한다면 너희는 그들과 겸상하며 같이 갈 수가 없음이니,

26 그를 경계하여 그를 깨우쳐 너희들이 바른 사람으로 쓰든지, 그렇지 않으면 그와 같은 자와 너희들이 상면해서는 아니 될 것이니라.

27 그 변덕스러운 자, 이해관계를 위해서 설법하는 자, 이해관계를 놓고 말하는 자, 그 말이 타당할 것 같으나, 그는 사랑이 없으며 용서가 없으며 은혜를 모르며 감사함을 모르는 자니,

28 인간 세속에 살아가면서 주인으로부터 백 가지 은혜를 받고 하나의 섭함을 받았을 때 돌아서서 주인을 무는 자니, 나 여호와도 또한 그리 물 자들이니라.

29 천 가지, 만 가지 말할 수 없는 크나큰 은혜요, 영광을 받았다 해도, 저희 육이 고달프고 힘이 들며 저희에게 고통이 있을 때 그는 나를 욕할 것이며 나를 물고 늘어질 수 있는 그와 같은 자들이니,

30 너희들이 이와 같은 자를 선별하여 친구로서 같이 가며, 친구로서 그를 도저히 깨우쳐 갈 수 없거든 그를 버리는 수밖에 없음을 알라.

31 스스로 제가 지옥으로 가고자 하는 자
이니, 그는 주인을 무는 자와 같음이
니 너희는 이를 알아야 할 것이니라.
32 그리하여 너희들이 뭐라 말하느냐?
33 짐승만도 못한 인간이 있다 말하나니,
짐승은 너희들이 열 번을 잘하고 두
번을 잘못해도 순종함이니라.
34 그는 여덟 번의 받은 은혜를 아는 것
이니라.
35 그러나 간사한 인간이요, 시소와 같은
인간은 그를 모르느니라.
36 백 번의 은혜를 받았어도 하나의 섭함
을 가지고 물고 늘어지며, 그로 인하
여 주인에게 창을 들이대며 은인에게
악으로 갚으려 하는 것이 그들이니,
37 간악한 자며 또한 변덕스러운 자며 시
소를 타는 자와 같으니, 그들을 너희
가 깨우쳐 살아야 할 것이니 그를 잊
지 말라.
38 내가 오늘 변덕스러우며 시소와 같은
자의 마음을 강조함은 너희들을 버리
고자 함이 아니라,
39 나의 성전에 와서 나의 아들에게 나의
법전의 강론을 들으며 나의 법전을 읽
고 깨우치는 선택된 나의 아들과 딸들
이 그런 사악한 자들로 하여금 지옥으
로 가는 것을 미리 막고자 함이니라.
40 오늘의 나의 아들을 통하여 너희에게
이를 깨우치는 것은 변덕스러운 자,
시소를 타고 노는 자, 그와 같은 자를
나 여호와가 벌하고자 함이 아니라,
그들을 바로 쓰고 구원하고자 하며 그
를 예방하고자 함이니,
41 너의 제자들 또한 그와 같은 자가 있
을 때 그를 너희 스스로 깨우쳐 인도
하는 것은 너희들의 몫이니라.
42 너희가 그들을 버린다면 그들은 영원
히 구원을 받을 수 없을 것이니, 그들
이 잘못되어 버림을 받을 때 너희 마
음 또한 편할 리 없을 것이니라.
43 그러니 그러한 자들을 구원하여 같이
갈 수 있는 그 예방책으로써 내가 오
늘 상세히 너희에게 명함이니, 이를
들어 그리 굳고 곧게 행하도록 그리하
라, 사랑하는 나의 아들딸들아!

3,602 번째 하나님 말씀

2002년 10월 6일 08시 07분

1 사랑하는 나의 아들아!
2 "네, 아버님! 말씀하옵소서."
3 아무리 높고 높은 산이라 하여도 너희
가 정복하고자 노력하고 노력하면 어
떠한 악조건과 시련 속에서도 너희에
게 정복되게 되어 있는 것이 너희들이
살아가는 세상사의 이치며, 이 모든
자연이요, 동식물의 존재하는 가치이
니라.
4 모두를 다 너희들이 지배하고 관리하
고 산다 하였음이니, 너희에게 정복되
지 아니하는 것이 있으며 너희가 이길
수 없는 것이 있다 하면, 그는 그것들
이 너희보다 더 위대하고 존귀한 것이
아니던가?
5 아무리 높은 산이라 하여도, 아무리
넓은 바다라 하여도 너희에게 정복되
지 아니하는 것이 없음이니라.
6 너희들 인간은 살아가면서 고통스럽
고 힘들고 도저히 넘을 수 없는 그 고
난과 시련도 견디며 살아갈 수 있는

것이 너희들이니라.
7 고통과 시련이 아무리 너희를 압박하여도 그 모두를 헤쳐나가며 인내하는 것이 너희가 가진 특성이요, 능력이 아니던가?
8 너희들의 믿음이 그러하니라.
9 너희는 모든 고통과 시련을 견디고 나갈 수 있듯이, 너희들의 믿음의 길이 그 아무리 어렵고 힘들다 하여도 너희는 그 길을 올 수 있음이니라.
10 그와 같은 능력과 자질과 용기와 힘을 나 여호와가 너희에게 주었음이니라.
11 그리하여 너희가 십계명이라는 것을 지킬 수 있다 내가 명하였으며, 너희는 지키며 살아갈 수 있음을 알라.
12 너희들의 어렵고 힘든 그 모든 고통은 너희가 인내로써 견디며 살아가는 능력이 있으면서, 어찌하여 너희들이 믿음을 위하여 영원히 사는 나의 나라에 오는 그 시련은 조금만 힘이 들어도 너희는 시험이요, 연단이라 그리하며 그를 견디고 이기려 하지 아니하는가?
13 믿음을 향하여 달려오는 길이 아무리 고통스럽다 하여도 그곳에는 길이 있으며, 너희들이 역사할 수 있음을 알아야 할 것이니라.
14 반드시 너희는 이길 수 있기에 내가 너희에게 명한 것임을 알아야 할 것이니라.
15 너희가 그와 같은 이치 하나를 깨닫고 믿음의 길을 간다 하면 나를 향하여 믿으며 오는 그 고통이요, 시련이 어렵고 힘들다 하여도 그것들을 다 정복할 수 있는 능력과 한계를 내가 너희에게 주었음이니라.
16 주지 아니하였다면 내가 공의의 하나님이 아니요, 창조주 하나님이 아니니라.
17 너희는 그를 알아야 할 것이니라.
18 내가 나의 아들을 통하여 나의 법전에 수없이 기록하여 깨우쳐 주었음이니라.
19 내가 사탄에게는 무한한 힘을 주며 너희 인간에게는 적은 힘을 주어 너희에게 사탄을 이기고 나에게 올라오라 한다면 공의의 하나님이 아니라 하지 아니하였던가?
20 사탄과 사악한 자가 이루는 그 역사를 너희도 이룰 수 있도록 똑같이 능력을 주었음이니,
21 너희가 얼마나 계발하며 인내하고 참고 견디느냐에 따라서 악과 선의 그 갈림길에서 너희들이 진정한 선을 선택할 수 있는 것, 악으로부터 취할 수 있는 모든 부귀와 영화를 버리며 선으로 가는 가시밭길을 선택하고 갈 수 있는 그와 같은 너희들의 지혜와 능력과 용기를 다 주었음이니, 바로 거기에 뜻이 있음이니라.
22 너희들이 아무리 높은 산이요, 넓은 바다라 하여도, 동식물 중에 아무리 맹수가 사납고 험악하며 힘이 강하다 하여도 그들을 다 제압할 수 있는 그 위대한 능력을 내가 너희에게 주었으며,
23 너희들이 고통과 시련이 아무리 견디기 어렵다 하여도 그 시련을 다 이기고 인내하고 나갈 수 있는 그와 같은 너희들의 인내심과 노력할 수 있는 것을 주었음이니라.

24 그러니 하늘에 오르는 길이 그보다도 더 어렵고 힘든 것이 아님을 알라.

25 하늘에 오르는 길도 너희들이 노력하고 인내함으로써 그 길을 찾을 수 있으며 그리 올 수 있는 것을 다 주었음이니,

26 이를 명심하여 너희들이 행하여, 좌절하지 말며 중간에 버리는 자가 없도록 하라.

27 아무리 고통스러운 것도 부닥치면 너희는 이기고 나가는 지혜가 있듯이,

28 너희들이 지금은 십계명을 지키는 것이 어려우며 나의 법전을 지키고 하늘에 오르는 것이 어렵고 힘들고 고통스러워도 거기에 진정한 참진리의 길이 있음을 잊지 말라.

29 그리고 너희들이 능력을 가지고 있음을 너희 스스로 알라.

30 너희 스스로 그 능력을 포기하지 말라.

31 하늘에 오를 수 있는 능력이요, 십계명을 지킬 수 있는 능력이요, 나의 법전대로 지키고 살 수 있는 능력을 내가 너희에게 충분히 주었음이니, 그를 찾아 너희들이 하늘에 오르는 영광된 길의 축복을 얻으라.

3,603 번째 하나님 말씀

2002년 10월 6일 08시 26분

1 사랑하는 나의 아들아!

2 "네, 아버님! 말씀하옵소서."

3 나의 법전이 세상에 나가 만백성을 구하는 그 역사를 이루는 그곳에 나를 향하여 저 자신을 다 바칠 수 있는 마음을 굳건히 가진 자, 가장 소중한 저의 자식을 바칠 수 있는 마음을 가진 자, 너희들이 인간 세상에 제 목숨은 내놓아도 재물은 내놓을 수 없다 하는 그 소중한 금화와 은화의 재물 또한 나의 법전을 만드는 그 앞에 내놓을 수 있는 마음을 갖고 사는 자, 그와 같은 백성이 세상에 또한 너의 제자들 중에 있음을 너는 알아야 할 것이니라.

4 그와 같은 자의 후손이 이 세상을 지배하며 살 때 이는 지상의 낙원이 이루어짐을 너희는 알아야 할 것이니라.

5 내가 너에게 일찍이 일깨워 말하기를, 그와 같은 마음을 가진 자 하나가 있으면 이 세상을 다 얻은 것보다 행복하며 축복이요, 영광이라 말하였으니, 그 말의 뜻이 무엇인지를 너는 이제 깨달았는가?

6 "네, 아버님! 그 말씀을 이제야 깨달았사옵나이다.

7 그와 같이 마음을 비우며 깨닫는 것이 어렵고 힘든 길이라 그리 깨우치며 그리 알고 있었사오나, 이제 저는 그 뜻을 알았사옵나이다.

8 그와 같이 아버님을 위하여 그 모두를 다 바칠 수 있는 마음을 가진 자, 그 하나가 생김으로 인하여 그 후손이 그를 따라가며 또 그 후손이 그와 같이 세상에 나오니, 그게 바로 이 세상에 새로운 역사요, 새 시대를 여는 근본이요, 뿌리임을 알았사옵나이다.

9 그리하여 그가 얼마나 소중하고 위대한 자인지, 이 세상에 어떠한 값진 것과도 바꿀 수 없는 소중한 자라는 것을 이제야 깨달았사옵나이다.

10 그와 같은 백성이 세상에 나오지 아니

하면 그런 후손이 나올 수가 없으며
그 뿌리가 세상을 덮을 수 없음을 알
았사옵나이다.
11 아버님께서 천 년의 역사에 걸쳐 그와
같은 백성을 세상에 존속하게 하고자
하시는 뜻도 알았사오며,
12 천 년이라는 길고도 긴 그 역사를 아
버님께서 계획하심도 이제야 그 뜻을
알았사옵나이다.
13 어쨌든 이 세상에 남자든 여자든 그와
같은 자가 한 사람이 나왔을 때, 그 뿌
리가 그와 같이 선할 것이며, 그와 같
이 아름다운 마음으로 살 것이며,
14 아버님을 경배하는 그 마음에 자신의
목숨을 바치며 인간사에 저희들의 뿌
리요, 가장 소중하다 말하는 그 자식
을 바칠 수 있는 자, 금화와 은화의 그
모두도 다 손에서 놓을 수 있는, 그와
같이 정녕 행할 수 있는 마음을 가진
자,
15 그와 같은 자가 존재하는 것이 그 뿌
리가 천 년에 걸쳐 아버님께서 이루는
하늘의 낙원이 지상에서 이루어지는
그 근본이요, 조상이 되기 때문에 그
가 얼마나 소중한지를 알았사옵나이
다."
16 사랑하는 나의 아들아!
17 "네, 아버님! 말씀하옵소서."
18 너의 제자들 속에, 나의 법전을 읽고
깨우친 백성 중에 과연 그와 같은 마
음을 가지고 살아가는 자가 있는가?
19 또한, 그와 같은 마음을 가지고 사는
자 중에 그 후손을 생산할 수 있는 자
가 있는가?
20 그리고 그 후손이 또 후손을 생산할
수 있는 깨달음을 그와 같은 젊은 나
이에 깨닫고 행하는 자가 있는가?
21 후손을 생산할 수 있는 젊고 발랄한
그 속에서 그와 같은 깨달음을 가지고
있는 것이 얼마나 위대한 것인가를 아
는가?
22 너희는 알지 못할 것이니라, 나이가
많은 자에 의하여 자식을 낳도록 했던
구약 시대의 그 가르침을.
23 너희들은 나이 많은 자가 자식을 두는
것이 그의 영광이요, 축복이요, 그에
게 힘을 주는 것이 아니었음을 알라.
24 그 시대에 그와 같은 후손이요, 그와
같은 자식의 뿌리를 내릴 수 있는 인
간이 없었기에 너희들이 감히 생산할
수 없는 그 나이에 자식을 생산하도록
했던 나 여호와의 그 아픈 마음이요,
나의 뜻을 따르는 젊은이가 없었음을
너희는 알겠는가?
25 그것이 나 여호와의 아픈 가슴이며,
지금의 흐른 역사 속에 그 내용과 흐
름도 모르고 있는 것이 너희들이니라.
26 그리하여 너희들이 가르치는 성서에
그 나이 많은 자가 후손을 두었음이
니, 너희도 기적과 역사를 이루면 그
와 같은 후손을 둘 수 있다 생각하여
그 착각 속에 저도 그와 같은 은혜와
영광을 받으려 하니, 이러한 너희들이
얼마나 어리석고 우매한 자던가?
27 진정한 종교의 가르침이요, 진정한 성
서의 뜻을 아는 자는 그 시대의 백성
이 어찌 살았기에, 그와 같은 후손이
세상에 존재해서는 안 되기 때문에 쓰
러져 가는 고목에서 새싹이 나도록 했
던 그 역사를 알 것이거늘, 이와 같은

뜻조차 깨닫지 못하며 감히 생각도 못
하는 것이 너희들이니라.
28 그저 재물을 바치며 기도하며 영광을
드린다면 은혜요, 축복을 받으니 그저
그와 같이 백 살이요, 2백 살이요, 그
속에서도 자식을 낳을 수 있는 힘을
주는 축복과 영광을 받겠다는 도둑놈
의 심보와 같은 것으로써 나의 백성을
너희들이 가르치고 있음이니,
29 그러기에 수박의 겉도 핥지 못하듯이
성서의 겉도 핥지 못하는 것이 지금의
종교 지도자요, 단상에 서서 아우성치
며 소리 지르는 너희들이 그리 우매한
자들이니라.
30 첫째는 그 시대의 젊은 백성이요, 후
손을 생산할 자들이 그와 같이 깨달은
자가 없었음이니, 그를 통하여 그 씨
를 세상에 남기고자 했던 것이 나 여
호와의 뜻이라는 것을 너희들이 모르
겠는가?
31 지금도 그와 같은 형국이니라.
32 너희가 정녕 나이 든 자 깨달으면 내
가 그로 하여금 그 후손을 얻게 할 것
이요, 젊고 생산할 능력이 있는 자들
이 이 시대에 그와 같이 깨달음을 얻
지 못한다면 정녕 그와 같은 형국이
또 이루어질 것이니,
33 그게 얼마나 이 시대에 사는 백성 너
희들의 부끄럽고 추한 모습인가를 알
아야 할 것이니라.
34 그 당시에 그 많은 백성 중에서 깨우
친 자가 없어 나이 많은 자에게 고통
과 시련을 주어 그에게 자식을 얻게
하였음이니, 그의 고통과 시련이 얼마
나 컸겠는가?
35 그것이 너희들은 영광이요, 축복이라
그리 말하며 그저 너희도 그와 같은
기적의 역사를 이루는 것을 바라고 있
음이니,
36 그 당시의 너희 백성이 그렇게 사악했
다는 것을 알아야 할 것이니라.
37 지금도 또한 너희들이 그러하니, 내가
젊은이들을 깨우치며 젊은이들을 가
르치라는 것이 여기에 있음이니라.
38 순박하고 깨끗한 마음 자세를 가진 자
가 후손을 생산했을 때 그 후손이 더
아름답게 가는 역사를 이루게 됨이니,
여기에 나의 모든 가르침의 뜻이 있음
을 알라.
39 "아버님의 가르침을 이제야 깨달았사
오며, 그 말씀하신 뜻을 이제야 깨달
았사옵나이다."
40 생산할 수 없는 자 깨달았을 때 그 후
손을 세상에 번창시키지 못하기에 내
가 그와 같이 역행하는 역사를 또 이
루는 마음 아픈 고통을 겪어야 하는
것이니,
41 나의 법전을 읽고 깨우친 젊은 너의
제자들에게, 나의 이와 같은 뜻을 알
아 그들이 고통과 시련 속에서 변화되
는 역사를 이루어 나에게 기쁨을 안기
라 그리 말하라.
42 이것이 하늘의 뜻이니라.
43 너희들이 정녕 나의 법전을 읽고 지금
도 깨우치지 못하며 생산의 생산을 거
듭할 수 있는 백성이 깨우친 자가 없
을 때, 과연 거기에서 누구를 통하여
새로운 씨요, 새로운 후손을 만들겠는
가?
44 이 뜻을 너희는 깨우쳐 생각해 보라.

45 누구를 선택하여 그와 같은 역사를 이
루어 갈 수 있겠는가?
46 너희들이 젊은 자 중에 정녕 그와 같
이 저 자신을 바치고 목숨을 바치고
자식을 바치며 나를 향하여 모두를 다
던질 수 있는 마음 자세를 가진 자가
한 사람도 없다 하면, 누구를 통하여
이 세상에 나의 후손을 뿌리내리겠는
가?
47 너희들은 나이 먹은 자에게 그와 같은
역사가 이루어졌을 때 왈가왈부할 자
격이 있겠는가?
48 너희들은 자격이 없느니라.
49 그리하여 젊은이를 깨우치라 하였음
이니라.
50 그리하여 젊은이들이 변하라 하였음
이니, 지금 너희는 나의 이와 같은 이
치를 알라.
51 몇천 년 전 구약 시대에 내가 나이 먹
은 자로부터 그 후손을 생산하게 한
것은 그 무리 속에 혈통을 받을 자격
이 없는 사악한 자들이 있었음이니,
52 오늘에 또한 그와 같은 사악한 자들이
무리 속에 역사를 이룸이니, 나이 든
자로부터 후손을 얻게 한다면 오늘의
너희들이 그 시대의 백성들과 똑같이
자격과 능력이 없음이니,
53 너희들이 부끄러움을 알며 감히 하늘
에 와 구원받을 생각을 하지 말라.
54 그리하여 깨우치는 자가 그리 소중하
다 하였음을 알라.

3,604 번째 하나님 말씀

2002년 10월 6일 08시 49분

1 사랑하는 나의 아들아!
2 "네, 아버님! 말씀하옵소서."
3 내가 아이를 생산할 수 없는 부부에게
그 자식을 생산하도록 한 것은 나의
고통이라 말하였음이니라.
4 너희들이 그 당시에 생산할 수 있는
모든 백성 중에 하나도 바로 된 자가
없기에 오로지 바로 된 자요, 믿음의
우등생인 그를 통하여 자식을 두게 하
였다 하였음이니, 너희들은 그 당시의
상황을 알라 하였음이니라.
5 얼마나 그 백성들이 잘못되었으며 잘
못 가고 있었으면 그와 같이 자식을
둘 수 있는 젊은이 중에 깨달은 백성
이 세상에 하나도 없었음인지 너희는
그 시대의 상황을 알아야 할 것이니라.
6 그리하여 내가 나이 먹은 그들에게 늦
게 자식을 얻게 하였음이니,
7 그것을 너희는 믿음의 길을 가는 것이
축복을 받는 길이며 영광이라는 그것
에만 연연하는 그 믿음으로 가르치지
말라.
8 그 시대의 상황을 너희들이 알아야 할
것이니, 그렇다면 너희는 여기서 이를
반박할 것이니라.
9 그 시대에 그만한 믿음을 가진 자가
없기에 나이 먹은 자로 하여금 그 씨
를 후손에 내리기 위하여 자식을 두게
하였다는 이 대목을 너희는 믿지 않으
려 할 것이며 이는 잘못 가르치는 자
라 할 것이니라.
10 그러면 그것을 너희들이 반박하지 못

하며 거역하지 못하도록 그 후에 역사
가 이루어졌음이니, 늦게 자식을 둔
그에게 내가 그 자식을 제물로 바치라
하였을 때 그가 거부하였던가?
11 그는 거부하지 아니하고 그 자식을 제
물로 바치고자 하였음이니라.
12 내가 늦게 그에게 준 자식은 그만큼
깨달은 자가 없기에 그로 하여금 그
고통 속에서 자식을 얻게 하였음이니,
13 그때 너희 백성이 그만큼 사악하고 사
악한 마음으로써 형성된 사회상을 알
아야 할 것이니라.
14 그러면 너희들의 지금에 살아가는 마
음 자세요, 너희들의 믿음이요, 구원
의 길에 들어선 자요, 하늘에 오르는
영광을 받은 자요, 나의 아들 예수의
보혈로써 은혜를 받았다 말하는 너희
에게 그와 같이 늦게 얻은 그 소중한
자식을 나에게 바치라 할 때 너희는
바칠 수 있겠는가?
15 바칠 수 없지 아니하던가? 그것이 바
로 그와 너희들과의 차이점이며, 너희
들의 믿음이 말로써만 가는 것이니라.
16 그리하여 내가 그에게 아들을 바치라
하였을 때 그는 서슴없이 그 아들을
바치고자 하였음이니, 그게 바로 무엇
이던가?
17 그게 그 시대에 나의 뜻에 따라 살아
가고자 하며 내가 존재함을 믿으며 오
로지 나를 위하여 제 목숨과 제 자식
과 모두를 다 바칠 수 있는 그와 같은
마음을 가진 자가 그 하나뿐이었다는
것을 입증함이니라.
18 내가 그 아들을 바치라 할 때 그가 거
부하고 그를 바치려 하지 아니하였다
면,
19 그는 내가 지금 나의 아들을 통하여
너희에게 깨우쳐 주었듯이, 정녕 나의
뜻에 따라 모두를 다 바칠 수 있는 깨
우침의 변화의 역사 속에 사는 단 한
사람이라는 것을 너희는 입증할 수 없
을 것이니라.
20 그러나 그가 한 사람으로서 자기의 늦
게 둔 그 자식을 나에게 바쳤음이니,
그가 얼마나 진정 나를 위하여 살아가
는 백성이었는가?
21 전무후무하여 그 한 사람이라는 걸 알
아야 할 것이니라.
22 지금 너희 중에 그와 같은 마음을 가
지고 있는 자가 세상에 나왔을 때, 단
한 사람을 얻음으로 내가 세상과 바꾸
지 아니한다 하였음이니,
23 이제 그와 같이 깨달은 자식으로부터
그 후손으로 하여 천 년에 걸쳐 이 세
상을 지배하고자 하는 것이 나의 뜻이
니 그리 알라.
24 그리하여 너희들이 바로 가야 할 것이
며, 그와 같은 자 세상에 나올 수 있음
을 알라.
25 이제 나의 아들의 제자 중에서 그와
같은 자가 나올 것이니, 사랑하는 나
의 아들아!
26 "네, 아버님! 말씀하옵소서."
27 그러한 제자요, 그와 같은 백성이 나
올 것이니라.
28 그들을 대비하여 너는 바르게 가르쳐
야 할 것이며, 그와 같은 자가 있음이
니 그들을 대비하여 네가 바로 서 만
백성의 거울이 되어야 할 것이니라.
29 저 자신을 바치며 제 자식을 바치며

모두를 다 던질 수 있는 그와 같은, 너
희들이 감히 상상할 수 없는, 천 년에
걸쳐 그 후손이 세상을 덮을 수 있는
백성이 나올 것이니라.
30 그들을 위하여, 그들이 있음을 너는
믿고 너 자신이 한 점의 부끄럼이 없
는 삶을 살아가야 할 것이며,
31 그와 같은 백성이 나올 수 있도록 네
가 가르치고 깨우쳐 그와 같은 많은
나의 피조물 백성이 나옴으로써 이 세
상에 천 년에 걸쳐 이루는 역사를 반
드시 이룰 수 있을 것이며,
32 그와 같은 자 열 명, 백 명이 나올 때
바로 이 세상에 사악한 무리가 존재하
지 못하며 그 뿌리를 뽑아내는 역사를
이룰 수 있는 그 후손들이 나오게 됨
이니, 그들이 반드시 올 것이니라.
33 지금 네 앞에 와 강론을 듣는 제자 중
에 그와 같은 마음이 되지 아니하는
자, 너희는 정녕 나에게 선택된 백성
의 그 서열에서 처지게 될 것이며,
34 마음에 시소와 같은 그 계산된 마음으
로 사는 자, 너희는 정녕 나와 관계가
없는 백성임을 또한 알아야 할 것이니
라.
35 지금 너희들이 법전을 읽고 깨우치고
나의 강론을 들으며 변한다 하나,
36 그 늙은 나이에 자식을 얻을 수 있었
던 자의 마음과 같은 나의 백성이 이
제 지금부터 나올 것이며 그와 같은
자손이 세상에 태어날 것이니,
37 너희가 먼저 그와 같이 변하는 자가
되어야 할 것이며 너희가 우등생이 되
어야 할 것이니라.
38 너희는 늦게 자식을 얻은 그 영광을
보기 전에 그가 얼마나 나를 향하여
믿음이 견고하였으며 바른 자세였으
며 곧았으며 진실된 믿음으로 갔는가
그 믿음만을 바라보라.
39 그와 같이 할 수 있는 자, 그와 같이
변할 수 있는 자만이 너희들이 나에게
선택된 백성 중에서 또한 그와 같은
후손을 둘 것이니,
40 바로 그들의 후손을 양성하여 내가 이
루고자 하는 역사를 이룰 것이니라.
41 그들을 대비하여 너는 가르칠 것이며,
너의 제자들 또한 그와 같이 일찍이
변하지 못하는 자는 나로부터 멀어짐
을 알라.
42 그러한 자는 세상에 존재할 가치가 없
으며 나의 성전에 올 자격이 없으며,
그 후손이 또 사악한 뿌리의 후손을
낳게 됨이니,
43 진정한 선한 뿌리의 후손을 낳지 못하
며 두지 못하는 자, 그는 나를 거역함
이니,
44 나의 성령을 들으며 나의 아들로부터
이 강론을 듣는 자, 너희들의 마음 자
세를 바르게 세워야 할 것이니라.
45 어떠한 이유든 너희는 그와 같은 마음
으로 변해야만 될 것이니라.
46 너희에게 어렵고 힘든 그 고통도 다
견딜 수 있는 능력을 주었듯이, 그보
다 덜한 고통을 인내하지 못하며 너희
들이 그 일을 하지 못한다 하면, 너희
는 나와 관계가 없는 자임을 알라.
47 오로지 모두를 다 나를 위하여, 160권
의 법전이 세상에 나오는 역사를 위하
여 바칠 수 있는 그 마음을 갖고 가는
자, 그가 나를 믿으며 내가 존재함을

믿기 때문이니,
48 그 백성만이 나로부터 선택된 아들딸
이니, 그들로 하여금 그 후손이 천 년
에 걸쳐 지상에 낙원을 이루어 영원히
사는 이 세상을 만들고자 함이니,
49 지상에서 살다가 너희들이 하늘나라
에 바로 올라올 수 있는, 그와 같이 지
상과 하늘이 하나가 되는 그 역사의
땅을 이루는 것은 그와 같은 후손들만
이 그 역사를 이룰 수 있음을 알라.

3,605 번째 하나님 말씀

2002년 10월 6일 09시 45분

1 사랑하는 나의 아들아!
2 "네, 아버님! 말씀하옵소서."
3 이제 너의 제자들이 자리를 하나하나
잡아 갈 때가 되었음이니라.
4 5달란트의 역사를 이룸이니, 너희들
이 지금 만든 그 사업장이 이제 서서
히 빛을 보기 시작하여 자리를 잡아
갈 것이니라.
5 '이기종'의 그 아내에게 네가 전하라.
6 그가 믿음의 깨달음이 높으나 잘못하
면 곧 추락하여 그 식구들까지 다 이
곳에서 떠나게 되며 구원을 받지 못하
게 되는 것이 그의 가지고 있는 것이
니라.
7 그 마음이 지금서부터 다스려지지 아
니하였을 때 그는 떠남이니라.
8 그가 운영하는 그 달란트의 사업에 어
렵고 힘든 그 고비를 그는 제가 지금
저 나름대로 생각함이 틀림이니라.
9 신림동의 성전에 대해서는 네가 9월,
10월, 11월, 그 3개월의 모든 운영비
를 내주도록 하라.
10 그리하여 12월까지 그의 온 식구가
그곳에 매진하여 그 성전에서 스스로
그 길을 이루도록 그리하라.
11 내가 그에게 사람을 모을 수 있는 기
술을 가르쳐 주었으며 법전을 주었으
며 그 법전을 가지고 역사할 수 있도
록 모두를 해 주었음이니, 그가 이루
고 못 이루는 것은 저의 공이니라.
12 그가 그를 성공시키지 못할 때 그는
추락하는 자가 될 것이며, 성공했을
때 그는 일어서는 자가 될 것이니라.
13 그의 깨달음이요, 그의 마음이요, 그
의 심성이요, 그의 믿음이 가장 높이
가 있으나 그는 잘못 하면 가장 낮은
자로 추락할 수 있음이니, 그가 추락
하게 될 때 그 모든 식구들까지도 다
추락함이니라.
14 이를 내가 너의 제자를 통하여 이미
그 미래를 보여 주었음이니, 오늘 그
로 하여금 이를 증명토록 하여 그에게
깨우침을 주도록 하며,
15 그들에게 9월, 10월, 11월, 총 3개월
동안 그곳의 임대료라는 그 금화를 네
가 모두 지불해 주라.
16 그리하여 12월 말까지 그가 그곳에서
성공하지 못하면 그는 스스로 쓰러질
것이니,
17 내가 저에게 역사하여 무엇을 이루어
주거나 나의 아들 선지자가 저에게 무
엇을 이루어 주는 것을 기대치 말라
이르라.
18 제가 스스로 노력하여 얻는 것이며,
제 노력 없이는 이루어질 수 없음이
니, 지금 내가 모두를 다 갖추어 주었

음이니라.
19 그러니 그는 그곳에 매진하여 스물네
시간 그곳에 모두를 다 바치는 그와
같은 각오로써 이루라 하라.
20 그가 그것을 이루지 못할 때 그는 가
장 큰 성전을 이룰 수 없으며, 그가 또
한 순교자로서 그 길을 갈 수 없을 것
이니라.
21 그러하니 그에게 오늘 그리 명할 것이
며, 그 운영하는 모든 금화는 그의 아
내를 통하여 주도록 할 것이며,
22 그로 하여금 그 아내와 남편이 하나가
되며 자식들까지 하나가 되어 그 성전
을 이루도록 하라.
23 한 명부터 시작하여 그가 열 명, 백 명
을 이룰 때, 내가 그에게 크나큰 성전
을 줄 것이니라.
24 그리고 그는 나를 위하여 순교자의 그
길을 갈 수 있음이니, 그렇지 아니하
면 그는 날개 부러진 독수리처럼 추락
함이니, 그를 오늘부터 구원하는 마음
으로 돌려 바로 갈 수 있도록 그리 깨
우쳐 주라.

3,606 번째 하나님 말씀

2002년 10월 6일 09시 51분

1 사랑하는 나의 아들아!
2 "네, 아버님! 말씀하옵소서."
3 지금 너희들이 지상에 고여 있는 바다
의 물이 다 썩었다면 어찌하겠는가?
4 그 썩은 물에서 모든 생명이 살아갈
수 있겠는가?
5 그보다도 더한 이 지구 전체가 다 썩
었음이니라.
6 내가 너희들에게 취하고 살라 하여 천
국으로 만든 이 지상이 다 썩었음이
니, 그 썩은 물이 세상을 덮고 있음이
니라.
7 그리하여 바다보다도 더 넓고 넓은 이
지상에 내가 만든 낙원이 다 썩은 물
로 덮여 있으니,
8 이를 정화하고 쓸어 내기 위하여 지금
나의 성령이요, 나의 모두를 태운 나
의 뜻으로써 그를 씻어 내기 시작함이
니,
9 작은 호스로부터 너희들이 그 썩은 물
을 몰아내기 시작하는 것이니, 그것이
바로 너희들이 있는 자리에서 터를 만
들어 나감이니라.
10 물을 호스로부터 쏟아 너희들이 서 있
는 그 자리에서부터 터전을 만들어 나
가 하나하나 서서히 밀어내기 시작하
여 이 지상을 덮고 있는 그 썩고도 썩
은 물을 다 씻어 내고자 함이니,
11 그 역사를 이루는 데 너희들에게 오물
이 묻어 있으며 그 썩은 물에 너희들
이 같이 있으면 과연 역사할 수 있겠
는가?
12 그 호스에서 내리는 물은 생수요, 깨
끗한 물만이 그를 씻어 낼 수 있으며
그 썩은 물을 몰아낼 수 있으며 그를
다 털어 낼 수 있음이니라.
13 하늘의 낙원처럼 만드는 지상의 낙원
에서 그 썩은 물을 무엇으로 씻어 내
겠는가?
14 새로운 생수의 호스로부터 부어지는
그 물로써 지금 씻어 감이니라.
15 지금은 너희들이 바늘구멍만 한 그 호
스로써 물을 쏟아 그 썩은 물을 밀어

내고자 하는 역사의 시작이며,
16 서서히 너희들이 자리가 잡히며 자리
가 커짐으로 인해서 그 호스는 점점
굵기가 굵어질 것이니,
17 그 호스가 굵고 굵어지면 감히 썩어져
있는 물이 그를 감당하지 못하며 그
힘에 의하여 밀려 나가게 되어 있음이
니라.
18 그것이 바로 나의 백성 너희들이 깨우
쳐 하늘에 오르는 길에 오는 것이며,
너희들이 깨달아서 전진하는 것이며,
너희들이 바로 서는 것이며,
19 많은 백성들이 나의 법전을 읽고 깨우
치며 나의 아들의 강론을 듣고 바로
서고 깨끗하게 설 때 그 힘이 거기에
서 나옴이니,
20 그 밀어붙이는 힘은 태풍보다도, 회오
리보다도 더 무섭게 그 썩은 물들을
몰아낼 것이니라.
21 그 썩은 물들을 다 몰아내지 못하면
새로운 세상이 이루어질 수 없음이니,
그 역사를 하는 것이 너희들이니라.
22 바늘구멍만 한 호스로 그 물을 다 쓸
어 내기가 얼마나 힘이 들고 어렵겠는
가?
23 그러나 그 물의 모두는 다 밀려남이니
라.
24 바늘구멍만 한 그 생수는 점점 커지기
시작함이니, 그 힘을 감당할 수 있는
것은 이 지상에 아무것도 없음을 너희
는 알라.
25 그러니 그 호스를 잡아 물을 뿌리는
자, 너희들이 그와 같이 청렴하고 깨
끗해야 할 것이며,
26 너희 스스로 생수와 같은 자세가 되어
있을 때 그를 뿌림이니 원천의 뿌리가
깨끗하게 시작되는 것이니라.
27 너희들이 썩은 마음을 그대로 가지고
있다면 원천의 샘이 썩은 것을 쓸어
내지 못하고 있음이니,
28 이는 바로 나의 생수가 너희들부터 쓸
어 내게 되는 것을 알아야 할 것이니
라.
29 한번 쓸려 난 너희들은 다시 오를 수
가 없음이니,
30 너희들이 그 생수가 부어지기 시작하
여 나의 법전을 읽고 깨우침이니, 지
금은 터를 닦는 기간이니 너희들이 바
로 서지 아니하면 너희들이 영원히 쓸
려 감을 알라.

3,607 번째 하나님 말씀

2002년 10월 6일 12시 10분

1 사랑하는 나의 아들아!
2 "네, 아버님! 말씀하옵소서."
3 네가 나로부터 밤과 낮을 가리지 아니
하며 나의 성령을 받아 160권이라는
나의 법전의 책을 세상에 내어 만백성
을 구하고자 하니,
4 나의 법전을 들은 잘못 가르치는 종교
지도자요, 오만에 차 있는 백성들은,
이는 한 인간이 저의 지식과 상식으로
써 만들어 낸 것이며 나의 뜻이 아니
라 하여 태워 버리고 찢어 버린다 말
하였음이니라.
5 그와 같은 그들의 잘못 깨달음이요,
잘못 가는 그 형국을 바라보면서 너희
자신이 깨우치고 돌아다보아야 할 것
이니라.

6 나의 아들의 제자요, 나로부터 선택된
백성, 너희는 나의 아들이 너희에게
한마디 명하는 것을, 그 역사에 이루
어지는 것을 나의 아들의 생각과 나의
아들의 계획에 의해서 모든 것이 이루
어지고 진행된다는 그러한 생각을 머
릿속에서 지워야 함을 잊지 말라.
7 나의 아들은 오로지 나에게 묵상을 받
고 나의 명에 따라 움직이며, 그가 스
스로 행함이 없음을 너희들이 먼저 깊
이 깨우쳐야 할 것이니라.
8 그는 오로지 저 자신이 없음이니라.
9 나를 대신하여 이 세상에 육을 갖고
나의 뜻을 전하는 자이니,
10 그는 산 자가 아니요, 오로지 나의 명
에 따라서 움직이는 자이니, 그가 너
희에게 전하는 그 모든 뜻은 나의 뜻
임을 너희는 알아야 할 것이니라.
11 내가 너희에게 지키라 내린 십계명의
그 계명만이 소중하고 위대한 것이 아
님이니라.
12 제3의 시대에 역사를 이루어 나의 성
령을 들을 수 있으며 나의 뜻을 받아
기록하는 나의 아들에게 내리며 그가
행하는 것은 모두가 나의 주관하에 나
의 뜻에 의하여 이루어진다는 것을 너
희는 먼저 깨우쳐 너희 가슴속 깊이
그 마음을 심어야 할 것이니라.
13 그와 같은 마음을 심지 않고 너희가
나의 아들을 접하며 나의 성전에 와
나의 법전을 가지고 공부하며 나의 성
령을 들어도 그것이 너희 것이 될 수
없음을 알아야 할 것이니라.
14 그 모두는 나의 뜻에 의하여 역사하
며, 그가 임의로 행하지 아니함을 너
희가 먼저 믿어야 할 것이며, 그 마음
을 굳건히 갖도록 그리하라.
15 그렇지 아니하면 많은 지금의 종교 지
도자들이 나의 성령으로써 내려보낸
나의 법전을 보고 그가 제 상식과 지
식으로 썼다 하여 그를 찢어 버리고
태우는 것보다 그 죄가 가볍지 않음을
알아야 할 것이니, 너희들이 그 마음
자리부터 잡고 그리 가라.
16 내가 너희에게 모든 정답을 주지 아니
하였던가?
17 이 세상의 모든 백성이 하나의 공통어
로써 이루어져 그들의 기도하는 방법,
깨닫는 방법, 그 모두를 하나로 만들
고자 하는 것이 나의 뜻이라 하였으며,
18 너희들이 세상에 육의 죽음 직전에 이
찬란한 역사가 이루어지는 것을 볼 수
있다 하였음이니라.
19 그리고 세상에 흰 눈이 덮이듯이 나의
아들의 머리가 하얘졌을 때 그가 완벽
하게 섬이니,
20 많은 병자를 고치며 역사의 기적을 이
룰 때가 그때가 된다는 것을 너희는
어찌 그리도 모르는가?
21 나의 법전이 세상에 전해져 뿌리를 내
려 그 모든 역사를 이룰 때,
22 오로지 나의 법전을 읽고 깨우친 선택
된 백성만이 나로부터 기적의 역사를
보며, 그들이 은혜를 입는 것이 선별
되어 이루어짐을 알아야 할 것이니라.
23 내가 제3의 시대에 하늘에서 이루어
진 것같이 이 땅에서 이루고자 하는
이 시대에 나로부터 선택된 백성 외에
는 기적을 볼 수도 없으며, 그들에게
기적을 이룰 수도 없음이니라.

24 그들은 기적 앞에 굴복하는 것이며 기
적의 축복에 감사드릴 뿐이니, 지금
어렵고 힘든 나의 성전에서 나의 아들
을 따라 더불어 가는 너희들과의 마음
의 차이는 그 끝을 알 수 없음이니라.
25 너희들의 마음이요, 그 믿음은 끝이
보이지 아니하나, 기적으로써 따르는
그 백성들은 끝이 보이는 것이니, 너
희들과 그리하여 차별화됨이니라.
26 나의 아들의 머리가 하얘지며 나의 법
전이 세상을 덮었을 때, 그리고 모든
백성이 나의 법전을 읽고 이것이 나
여호와의 뜻이며, 제3의 시대에 이루
고자 하는 역사며, 너희들이 그리도
갈구하는 하늘에서 이루어진 것같이
이 땅에서 이루어지는 역사를 이룬다
는 것을 느낄 때,
27 그들에게 내가 기적의 역사를 이룰 것
이며, 그들에게 모든 영화를 내릴 것
이니, 깨닫지 아니한 백성에게 내가
내리지 아니함을 알아야 할 것이니라.
28 여기서 너희는 깨우쳐야 할 것이니라.
29 내가 천 년에 걸쳐서 이루고자 하는
역사가 무엇이더냐?
30 선한 백성이요, 나로부터 선택된 백성
이 이 세상에 남도록 하는 것이 나의
뜻임이니,
31 나의 아들이 지금 기적의 역사로 너희
들을 모은다 하면, 그곳에는 잘못된
자, 검은 마음을 가진 자, 사악한 자들
이 제 육신의 건강을 위하여 모이며
기적 앞에 모여들 것이니,
32 그들은 나의 아들이 세상을 떠난 다음
에 그 모두를 다 잠식하고자 하며, 내
가 길러 낸 선하고 선한 백성을 그들
이 다 잠식하여 그 뿌리가 없어지게
할 것이니,
33 2천 년 전에 나의 아들이 죽어 지금까
지 사악한 암흑의 세상이 이루어진 것
같이 또 그와 같은 역사가 이루어짐이
니라.
34 여기서 너희는 알아야 할 것이니라.
35 내가 지금 제3의 시대가 마지막이며,
나의 아들을 보내어 새로운 역사를 이
루는 것이 두 번 다시 없다 하였음이
니, 연습이 없음이니라.
36 오로지 이번이 마지막이라는 그 뜻을
알아야 할 것이니라.
37 그리하여 선택을 받지 못한 자에게 기
적을 이룰 수 없으며, 선택받지 않은
백성에게 내가 기적으로써 그들을 받
아들일 이유도 없으며 깨우칠 이유도
없으며 그들을 나의 아들 앞에 제자로
삼을 수도 없음을 너희는 알아야 할
것이니라.
38 완벽한 자들 속에서 완벽한 자가 된
그들에게 은혜와 축복과 영광의 기적
을 내가 내릴 것이니, 이것이 지금 제
3의 시대에 가는 것과 구약과 신약의
시대에 이루어진 역사와의 차이점임
을 알라.
39 너희들이 살아가는 조직 사회에서도
우두머리가 결정한 것은 아랫사람이
고치지 못하며, 그 우두머리가 결정한
것은 세상에 공포되며 시행되는 것이
니,
40 우두머리가 오차를 만들었을 때 그 모
든 조직은 하루아침에 물거품이 될 수
있는 것이 그 지도자요, 우두머리의
결정인 것이니라.

41 지금 바로 창조주 나 여호와가 새로운
역사를 이루고자 내가 직접 나의 성령
을 태워 나의 법전에 기록하여 내려보
내니, 나의 법전을 접할 때 내가 너희
와 같이한다 하였거늘,
42 내가 너희에게 지금 이루고자 하는 그
역사에 오차가 있을 때, 이는 아무도
수정할 수 없으며 다시 세울 수가 없
으며 다시 역사할 수가 없음이니라.
43 그리하여 기적과 같은 것으로써 깨달
은 자들이 나의 아들에게 와 제자가
되기를 원하며 축복받은 자라 하여 선
한 사람으로 살아가고자 말하나,
44 그들은 역시 기적에 의하여 온 자들이
기에 너희들과 차별화되느니라.
45 그들은 어렵고 힘들 때 그 길을 갈 수
없으며, 기적의 능력이 없을 때, 기적
의 역사가 이루어지지 아니할 때 그들
은 사탄으로 변하게 됨이니라.
46 오로지 지금에 같이 어려운 길을 가는
너희들과 너희 후손만이 영원히 나로
부터 선택된 자요, 나의 아들딸이요,
47 너희들 후손만이 지탱할 수 있음이니,
이것이 나의 뜻임을 너희들이 깊이 깨
우쳐 행하도록 그리하라.
48 이 이치를 깨닫지 못하면 아니 될 것
이니, 나의 뜻이 여기에 있음을 알라.

3,608 번째 하나님 말씀

2002년 10월 7일 07시 09분

1 사랑하는 나의 아들아!
2 "네, 아버님! 말씀하옵소서."
3 내가 너를 통하여 160권이라는 대장
정의 법전을 만들어 나의 피조물 만백
성을 구하고자 함이니,
4 이와 같은 나의 역사에 부름을 받은
백성, 너희들이 얼마나 영광이며 선택
된 자인가 하는 것을 가슴속에 깊이
새기는 자, 그와 같은 자가 나의 법전
의 참뜻이요, 내가 너희에게 전하고자
하는 그 뜻을 알 수 있다 하였음이니
라.
5 너희는 지금 내가 160권의 법전을 세
상에 내 구하고자 하는 나의 백성들이
살아가는 그 형국이 얼마나 잘못되었
으며, 얼마나 그들이 잘못 가는 세상
에서 살고 있는지 그것을 생각할 수
있는가?
6 너희들은 퍼센티지라는 것을 가지고
계산하며 말할 것이니라.
7 몇 퍼센트가 선한 사람이며 몇 퍼센트
가 악한 사람이라 너희들이 그리 말할
수 있으나,
8 지금 나의 지상의 낙원에서 살아가는
나의 피조물 만백성 너희들은 선한 마
음과 악한 마음을 가지고 사는 것을
그 퍼센트로 따질 수가 없을 정도인
것이 지금의 너희들이 살아가는 형국
이니라.
9 나로부터 생명을 받아 세상에 나가 지
키고 살아야 할 그 길을 내가 너희에
게 가르쳐 주었음이니,
10 그를 가지고 너희는 세상에 나왔으나,
너희들이 살아가는 생활 속에서 내가
너희에게 지키고 살라는 그 법도는 서
서히 너희 자신에게서 멀어지며, 육의
삶의 그 욕심으로 인하여 너희들이 얽
히고설킨 그 많은 죄를 너희 몸에 감
고 감이니,

11 지금 너희가 살아가는 그 모습을 선한
자와 선하지 아니한 자로 너희가 말하
는 계산으로 나눈다 하면, 선한 자로
나눌 점수가 하나도 없는 것이 지금의
이 험악한 세상임을 너희는 알아야 할
것이니라.
12 선하게 살고 착하게 살며 세상에 죄짓
지 아니하고 산다 말하며, 나로부터
나의 아들의 보혈로써 구원을 받아 하
늘에 오를 자격을 받아 놓았으며 하늘
에 오를 수 있다 말하는 자, 그들 또한
살아가는 것이 어떠하던가?
13 단 1분이라도 죄를 안 짓고 산다 말할
수 없을 정도인 것이 지금 나의 피조
물 만백성 너희들이 살아가는 그 형국
이니라.
14 너희들이 단 한 시간이라도 죄를 짓지
아니하고 살 수 있는 자, 한 시간이라
도 사악한 마음을 갖지 아니하고 살아
가는 백성이 과연 얼마나 있다 생각하
는가?
15 내가 이 지상에 사는 나의 피조물 만
백성 너희들을 놓고 볼 때, 초를 다투
어 사악한 생각을 하지 않고, 또는 죄
라는 것을 짓지 아니하고 사는 자가
없음이니,
16 내가 너희에게 초를 다투어 죄를 짓고
사는 것이 지금 내가 하늘에서 내린
이 지상의 낙원에서 너희들이 살아가
는 모습이라 말한다면, 너희는 과연
어찌하겠는가?
17 너희를 선하게 사는 자와 악하게 사는
자로 나누어 볼 때, 선하게 사는 자요,
나의 뜻에 따라 아름답게 살고자 하는
백성이 없으며, 초를 다투어 사악한
일을 하고 사는 것이 너희들의 지금의
형국이라면 과연 믿겠는가?
18 그렇다면 너희들이 선한 일을 하는 자
가 몇 퍼센트가 되며 악한 짓을 하는
자가 몇 퍼센트가 되는지 알 것이니,
19 선한 자와 악한 자를 견주어 볼 때, 초
를 다투어 사악하고 악한 행위를 하고
살아가는 것이 너희들이며, 나쁜 생각
을 잠시도 지우지 못하고 살아가는 것
이 너희들의 지금의 형태이니, 이를
바로잡는 그 역사가 얼마나 힘들고 어
려운 것이던가?
20 너희가 그렇지 아니하다면, 내가 한
권의 법전으로써 너희를 깨우칠 수 있
으며, 나의 아들 예수의 시대처럼 나
의 아들에게 성령이요, 내가 그에게
임한 나의 뜻을 말로써 전하며 너희를
깨우쳐 그 말이 전해지고 전해져 너희
들이 선한 백성으로 살아갈 수 있는
그와 같은 형국을 만들 수가 있다 하
면,
21 나의 아들을 통하여 법전을 세상에 내
는 오늘의 대장정의 길을 가지 아니하
였을 것이며, 그를 따르는 제자들 또
한 그 고통 속에서 이를 준비하지 아
니하여도 될 것이거늘,
22 너희는 도저히 말로써 전할 수도 없으
며, 나의 뜻을 입으로써 전해서 너희
를 깨우칠 수도 없는 것이 지금의 형
국이니라.
23 너희들이 백 명 중에 선한 자가 한 사
람이 있을까 말까 하며 아흔아홉 명이
선하지 못한 생각을 하고 사는 것이
지금의 형국이니,
24 내가 그것을 나누어 계산하면 초를 다

투어 죄를 짓고 사는 것이 지금의 형
국이니,
25 초를 다투어 죄를 짓는 그들을, 그 초
속에서 그를 막는 역사가 이루어져야
할 것이니, 얼마나 너희들이 어렵고
힘든 길을 가야 하는가를 알아야 할
것이니라.
26 내가 천 년에 걸쳐 새로운 역사를 이
루고자 하는 이 대업에 참여한 너희들
이 초를 다투는 속에서, 그 1초, 2초
속에서 나의 피조물 만백성을 구원하
는 그와 같은 역사가 필요한 것이니,
27 너희들이 잠시도 쉬어서는 아니 되며,
너희들이 다른 생각을 해서도 아니 되
며, 너희들이 나의 법전이요, 나의 성
령의 뜻대로 살고자 하는 그와 같은
마음을 잠시라도 버린다면 그들을 구
원할 수 없음을 알라.
28 너희들이 선하고 천사와 같은 마음으
로 굳어진 그 속에서만이 그들을 구원
할 수 있는 가르침에 임할 수 있음이
니,
29 바로 이러하기에 너희들이 살아가는
데 어렵고 힘든 그 고비를 넘기고 인
내하고 살아야 하는 것이니라.
30 이제는 더 이상 볼 수도 없으며 너희
들이 생각할 수 없을 만큼 사악한 무
리들이 초를 다투어 사악한 일을 저지
르며, 그 속에서 이 지상이 다 사악한
것으로 덮였음을 너희는 알아야 할 것
이니,
31 그를 벗기고 또 벗겨야 하는 것이 너
희들의 임무임을 잊어서는 아니 될 것
이니 그리 알라.

부 록

【하나님께서 가르쳐 주신 운동】

천재지변이 일어날 때, 동물이나 미물들은 미리 알고 대피하지만, 인간은 알지 못하고 큰 화를 당합니다. 하나님께서 인간에게 가장 높은 지혜를 주시고 완벽하게 창조해 주셨기에 동물들보다 더 잘 알 수 있지만, 욕심으로 마음이 혼탁해져서 한 치 앞을 보지 못하는 것입니다.

마찬가지로, 인간은 누구나 스스로 필요한 운동을 해서 건강을 지킬 수 있도록 하나님께서 만들어 주셨습니다. 우리의 머리에서 우리 몸에 필요한 동작을 해 달라고 끊임없이 신호를 보내지만, 인간이 혼탁하게 살아서 그 신호를 알아채지 못합니다. 그러니 자연스럽게 자기 몸이 원하는 그 신호를 따라서 운동하는 것이 하나님께서 가르쳐 주신 운동 방법입니다. 바로, 우리의 영이 육을 이끄는 운동입니다.

▶ 하나님 운동법

1. 눈을 감고, 발을 어깨너비로 벌리고 바르게 선다.
2. 몸에 힘을 풀고, 허리를 숙이면서 손과 머리를 아래로 내린다.
3. 허리를 펴고 싶을 때, 천천히 펴면서 하고 싶은 동작을 하면 운동이 시작된다. (사람마다 다르다.)
4. 멈추지 말고, 어떤 동작이든지 자기 몸의 느낌대로 계속 이어서 한다.

▶ 참고 사항

① 눈을 감은 상태로 아무 생각 하지 않고, 자기 몸의 느낌대로 움직입니다.
② 마음을 비우고, 욕심을 버리고, 지난날의 잘못을 반성하면서 몇 차례 시도하다 보면, 자기도 모르게 하고 싶은 동작이 끊임없이 생깁니다.
③ 운동 장소는 방 안이든 운동장이든 관계없으며, 걷거나 달리고 싶을 때는 눈을 떠도 됩니다.
④ 매일 40분 이상, 주 4회 이상, 3개월 이상 하면 음식 조절에 들어갑니다.
- 음식으로 생긴 병은 음식으로 치료하게 되며, 어떤 음식을 먹어야 하는지 스스로 알게 됩니다.
(자기 몸에 필요한 음식만 먹고 싶어집니다.)
⑤ 사랑하는 사람과 함께 운동하면 서로 치료해 주기도 합니다.
⑥ 운동을 하다가 몸의 어느 한 부분을 계속 손으로 자극한다면 그쪽에 이상이 있는 것이니, 의사에게 상담을 받고 적절한 치료를 받으면 됩니다.
⑦ 다이어트 및 기타 건강관리에 효과적입니다.
⑧ 꾸준히 운동하여 영이 맑아지면, 자신의 과거와 미래를 스스로 보게 됩니다.

누구나 스스로 하실 수 있습니다.

간행사

《새로운 성경》은:

· 새로운 성경은, 하나님께서 선량하고 선한 자를 선택하여 십계명을 암송하도록 하시고, 십계명을 암송한 다음에 음성으로써 들려주시는 말씀을 듣고 그대로 카세트테이프에 녹음해서 받아쓴 책입니다.

· 90분짜리 녹음테이프 700여 개에 달하는 말씀으로, 1999년 8월부터 2004년 7월까지 총 160권(권당 288쪽)을 완성하였으며, 그 이후에도 현재까지 계속 말씀을 내려 주고 계십니다.

· 새로운 성경은 "하늘을 두루마리 삼고 바닷물을 먹물 삼아 쓰고 써도 다 못 쓴다"는, 끝없이 방대한 하나님의 말씀이 두루마리로 직접 내려오는 것입니다. 이러한 새로운 성경은 구약과 신약을 폐하려는 것이 아니라 "인봉된 성서의 비유의 뜻"을 상세히 설명하여 완성하고자 하나님께서 직접 내려 주신 말씀입니다.

《새로운 성경》의 구성:

· 제 목: 2013년, 160권 모음집을 발간하면서, 본 도서의 제목을 "하나님! 말씀하옵소서"에서 《새로운 성경》 으로 명해 주셨습니다.

· 단행본: 각 권당 288쪽(신국판) 책이 160권까지 시리즈로 출판됩니다.
(모음집은 단행본을 16권씩 묶어서, 총 10부로 구성됩니다.)

《새로운 성경》의 성경적 근거:

· 신약 성경 [요한복음] 16장 13절에 "진리의 성령이 오시면 그가 너희를 모든 진리 가운데로 인도하시리니 그가 자의로 말하지 않고, 오직 듣는 것만을 말하며" 하신 말씀처럼 하나님의 음성을 들은 것만 기록하였으며,

· "장래 일을 너희에게 알리시리라" 하신 말씀과 같이 개인, 나라, 인류의 "장래"일을 하나님께서 알려 주시는 것만 기록하여 책으로 만들었습니다.

《새로운 성경》의 기록 방법:

· 1999년 8월부터 하나님께서 저에게 들려주시는 음성을 기록하였습니다. 처음에는 제가 들은 말씀을 불러 주면 저의 아내가 기록하여, 2000년 1월 29일에 1권 초판이 세상에 나왔습니다. 2000년 4월부터는 주시는 말씀을 받아 녹음기에 기록하여 시리즈로 출간하기 시작하였습니다.

· 녹음을 시작하면서 하나님의 말씀을 받는 데 가속도가 붙었고, 2001년 5월 3일에 1부(1~16권까지)를 인쇄하여 출판하였으며, 2004년 7월까지 총160권 분량의 말씀을 받아 기록하였습니다.

하나님께서 저에게 주신 것은:

· 첫째, 만백성을 상대로 내려 주시는 "기도", 둘째, 수시로 내려 주시는 "묵상", 셋째, 개인의 과거, 현재, 미래를 알려 주시는 "개인 기도", 넷째, 개인의 건강을 위해서 내려 주시는 "음식 처방", 다섯째, 하나님께서 가르쳐 주신 "운동"등이 있습니다. 이 중에 첫 번째, "기도"를 책으로 편찬하였습니다. 사람의 생사, 개인의 미래에 관한 천기는 수록하지 말라 하셨습니다.

강론 안내:

· 하나님께서는 지금도 매일 저에게 새로운 하늘의 비밀의 말씀을 내려 주고 계십니다. 수시로 내려 주시는 말씀을 정리해서 제자를 육성하라는 말씀에 따라 매주 강론을 하고 있습니다. 누구나 무료로 들으실 수 있습니다. (book160.com)

《새로운 성경》을 읽는 분들에게 드리는 선물:

· 개인 기도: 개인의 과거, 현재, 미래에 관하여 말씀을 내려 주십니다.

· 음식 처방: 사람은 음식을 먹고살다가 건강을 잃으니, 음식과 운동으로 건강을 되찾는 방법을 알려 드립니다. 단, 하나님이 계심을 믿고, 십계명을 지키겠다고 진실로 서약하는 분들께 알려드립니다.

《새로운 성경》의 은혜와 기적:

· 새로운 성경 전160권은 16권씩 묶어서 총 10부의 모음집으로 구성됩니다. 모음집 한 부를 읽고 깨우치는 자에게 하나님께서 다음과 같은 기적이 있다고 하셨습니다.

· "첫째, 그가 죽어 하늘에 갔을 때 그의 죄를 묻지 아니하며, 구원을 받는 위대한 은혜가 있으며, 둘째, 그의 소원과 소망이 이루어지고, 셋째, 죽은 자(부모, 형제, 자식, 사랑하고 은혜 입은 분)의 이름으로 구입한 책을 읽고 누군가 한 사람이 깨우칠 때, 그 죽은 자가 지옥에서 천국으로 구원을 받게 되며, 넷째, 유산, 중절 수술 등으로 태어나지 못한 아이를 위하여 구입한 책을 보고 한 명이 깨우쳤을 때, 그 아이가 사람으로 다시 한 번 태어나는 은혜를 받는다."

· "새로운 성경"을 3회 이상 정성을 다해 정독하는 자, 성서의 비밀을 알게 되고, 세상의 이치를 알게 되며, 세상을 지배하고 통제할 수 있는 지혜를 다 얻게 된다고 하셨습니다. 이 책은 만백성이 정독하고 이웃에게 전하여, 평생 가슴에 묻은 슬픔과 고통의 짐을 벗고 미래를 위한 힘찬 삶을 살아가도록 하는 책입니다.

끝으로

· 하나님께서는 흰 눈이 세상을 덮듯이 새로운 성경을 온 세상에 전하라고 하셨습니다. 《새로운 성경》을 각국어로 번역해서 온 인류에게 구원의 길을 깨우쳐 주고, 그 수익으로 가난하고 어려운 백성을 구제하여, 만백성의 영과 육을 함께 구원하는 선지자의 임무를 수행하라고 저에게 명하셨습니다.

· 하늘에서 내려 주신 말씀의 보화를 만백성에게 나누어 주는 것이 선지자의 임무라고 하셨습니다. 새로운 성경을 통해서 얻는 재물을 사용할 곳도 하나님께서 일일이 명해 주십니다. 모든 재물은 저의 자의로 쓸 수 없고, 하나님께서 명하시는 대로만 쓰여집니다.

· 어떤 명분으로든 십일조나 각종 헌금을 거두어들이지 말라 하셨으며, 국내뿐 아니라 각국에 성전과 단독 서점을 운영하며, 한국의 많은 젊은이들을 전 세계에 지도자로 내보내라고 하셨습니다.

· 우리는 세계적으로 새로운 성경을 보급하며 어려운 이들을 돕는 역사를 해 나갈 것입니다. 지금까지 비록 몇 명 안 되는 제자들과 함께 이러한 일을 역사했지만, 앞으로도 계속 하나님께서 기뻐하시는 일들을 해 나갈 것입니다. 부족한 저희에게 여러분들의 지혜와 성원을 보내 주시기를 바랍니다. 많은 분들의 참여와 도움을 간절히 기다립니다. 감사합니다.

한국어로 내려온 《새로운 성경》 단행본을 출간하며
2016년 4월 10일

발행인 **김 용 철**

한국어로 내려온

새로운 **성 경** · 4부 · 제49권

지은이 하나님 말씀
대역자 김용철

초판인쇄 1쇄 2012년 7월 18일
재판인쇄 1쇄 2017년 4월 3일

펴낸 곳 도서출판 하얀마음
등록번호 제 10-2107호 (2001년 2월 14일)
주소 서울시 노원구 덕릉로86길5, 2층
전화번호 02) 313-1114
팩스 02) 393-5554
전자우편 book160@hanmail.net
편집위원 조나영 김미향 이석교
제작지원 김서영 이상빈 김정기 이병우 이순남 서성자 이규숙

도서상담 1600-7527
ISBN 978-89-5875-149-6 (04230)
978-89-5875-100-7 (세 트)

값 10,000원
잘못된 책은 구입하신 곳에서 바꾸어 드립니다.

※이 책은 10부로 제작되며, 각 부 16권씩 총160권으로 구성됩니다.※

1부	2부	3부	**4부**	5부	6부	7부	8부	9부	10부
1권	17권	33권	**49권**	65권	81권	97권	113권	129권	145권
2권	18권	34권	50권	66권	82권	98권	114권	130권	146권
3권	19권	35권	51권	67권	83권	99권	115권	131권	147권
4권	20권	36권	52권	68권	84권	100권	116권	132권	148권
5권	21권	37권	53권	69권	85권	101권	117권	133권	149권
6권	22권	38권	54권	70권	86권	102권	118권	134권	150권
7권	23권	39권	55권	71권	87권	103권	119권	135권	151권
8권	24권	40권	56권	72권	88권	104권	120권	136권	152권
9권	25권	41권	57권	73권	89권	105권	121권	137권	153권
10권	26권	42권	58권	74권	90권	106권	122권	138권	154권
11권	27권	43권	59권	75권	91권	107권	123권	139권	155권
12권	28권	44권	60권	76권	92권	108권	124권	140권	156권
13권	29권	45권	61권	77권	93권	109권	125권	141권	157권
14권	30권	46권	62권	78권	94권	110권	126권	142권	158권
15권	31권	47권	63권	79권	95권	111권	127권	143권	159권
16권	32권	48권	64권	80권	96권	112권	128권	144권	160권